旅游书架

行程精确 资讯贴心 双语地图

线路百搭让你高效利用7天时间

美国

一周游

第2版

《亲历者》编辑部 编著

中国铁道出版社
CHINA RAILWAY PUBLISHING HOUSE

图书在版编目（CIP）数据

美国一周游/《亲历者》编辑部编著 . --2版 . -- 北京：中国铁道出版社，2017.4
（亲历者）
ISBN 978-7-113-22772-2

Ⅰ．①美… Ⅱ．①亲… Ⅲ．①旅游指南—美国 Ⅳ．①K971.29

中国版本图书馆CIP数据核字（2017）第019447号

书　　名：美国一周游（第2版）
作　　者：《亲历者》编辑部 编著

策划编辑：聂浩智
责任编辑：孟智纯
编辑助理：杨　旭
版式设计：彭玲俐
责任印制：赵星辰

出版发行：中国铁道出版社（北京市西城区右安门西街8号　邮码：100054）
印　　刷：中煤（北京）印务有限公司
版　　次：2015年2月第1版　2017年4月第2版　2017年4月第1次印刷
开　　本：660mm×980mm　1/16　印张：18　字数：400千
书　　号：ISBN 978-7-113-22772-2
定　　价：58.00元

众所周知，美国在经济、政治、科技、军事、娱乐等诸多领域影响全球，可谓是世界上的超级大国。但是，真正吸引众多人前往的原因却是美国人对自由的崇尚。

美国这片土地上有众人熟知的好莱坞，有千奇百怪的地质风貌，有旖旎的热带风情，还有传奇的西部热土，以及那载满故事的南部农场……这个年轻的国家可以包容各种思想、风俗、文化，可以说很多人心中都有一个"美国梦"。

来到美国，你可以站在帝国大厦一览最繁华的都市风光，在百老汇大道上接受艺术的熏陶，在白宫感受这个国家的政治风貌，在好莱坞见证美国大片的诞生，在迪士尼乐园重拾童年的乐趣，在黄石国家公园领略大自然的造物奇迹……

美国还是很多人心中的购物天堂。这里大大小小的购物街以及世界级的大型百货商场，足以让购物狂们眼花缭乱。闻名世界的第五大道上涵盖了全世界所有知名品牌的旗舰店，是美国购物的必到之处；美国有一座真正的娱乐城——拉斯维加斯，这里的每一个酒店都是娱乐者的天堂，让每一个来到这里的人都乐而忘返；美国一直是一个热门旅游国家，整体消费偏高。不过这个"世界第一强国"所拥有的魅力，足以让很多人心神向往。这本书结合众多旅游达人的旅行经历，并参考了相关权威旅游书籍编写而成。

本书以一周为周期，并以旅行者的视角谋篇布局。开篇详细介绍了旅行前的计划、准备、出发，以及返回的实用攻略；正文则分为美国东部一周游、西南部一周游、西北一周游、北部一周游4部分，以旅行线路串联纽约、华盛顿、芝加哥、波士顿、洛杉矶、拉斯维加斯、旧金山、西雅图等旅游目的地。整本书由简入繁，层层剖析各条旅行线路的吃、住、行、购等细节，并充分考虑到旅行中的安全等问题，制定了真正为游客着想的行程安排，从而使整本书具有非常高的实用价值。

目录 CONTENTS

Part2:美国西南部一周游
126-187

Part4:美国北部一周游
242-287

芝加哥海军码头

导读 畅游美国，只需一周

导读 畅游美国，只需一周

计划

一周时间能去哪

　　美国是一个领土面积非常大的国家，想要用一周的时间游遍美国，显然是不可能的。所以建议大家做一个合理的安排，在一周的时间内将美国的某个区域玩透，这样不失为获得最佳旅游体验的方式。美国的旅行路线可以这样安排：美国东部纽约、华盛顿一带，美国西南部洛杉矶、拉斯维加斯一带，美国西北部旧金山、西雅图一带，以及美国北部芝加哥、波士顿一带。

一周游美国路线概览			
目的区域	游玩城市	区域特色	行程安排
美国北部	芝加哥、波士顿等	美国北部最具代表的城市就是芝加哥，当然这里还有风光优美的五大湖区。波士顿拥有深厚的文化氛围，还是美国最古老、最具历史意义的城市	美国北部的经典旅游路线是"芝加哥—波士顿"。喜爱自然风光的人还可感受一下尼亚加拉大瀑布的风采，或者到底特律游玩一番
美国东部	纽约、华盛顿、费城、亚特兰大等	美国东部最具代表的城市非纽约和华盛顿莫属了，纽约是美国最为繁华的城市，而华盛顿作为美国的首都，文化底蕴深厚。对于初次到美国的朋友，这些城市是了解美国的最佳地方	纽约一定会是你到美国的第一站，所以美国东部的必选路线是"纽约—华盛顿"，当然两地之间的费城也是一个不错的选择。如果你还想欣赏一下南部风情，可到亚特兰大游览一番
美国西南部	洛杉矶、拉斯维加斯、圣迭戈等	如果只是纯粹游玩，美国西南部可以说是首选，洛杉矶有好莱坞、迪士尼乐园等游玩胜地，拉斯维加斯则是名副其实的娱乐城，而这附近还有大峡谷国家公园和死亡谷国家公园	美国西南部景点旅游路线"洛杉矶—拉斯维加斯"，有时间，再加上圣迭戈也是一个不错的选择。你也可以在游玩大峡谷国家公园后直奔死亡谷国家公园
美国西北部	旧金山、西雅图、黄石国家公园、红杉树国家公园	美国西部一直被誉为"美国精神所在地"。在这里，自驾游是最好的旅行方式。选择自驾游，可欣赏各式国家公园以及感受海滨小镇的浪漫	美国西北部的经典旅游路线是"旧金山—西雅图"，除此之外，你还可以选择黄石国家公园或者红杉树国家公园，当然这里的自然风光才是这片区域的迷人之处

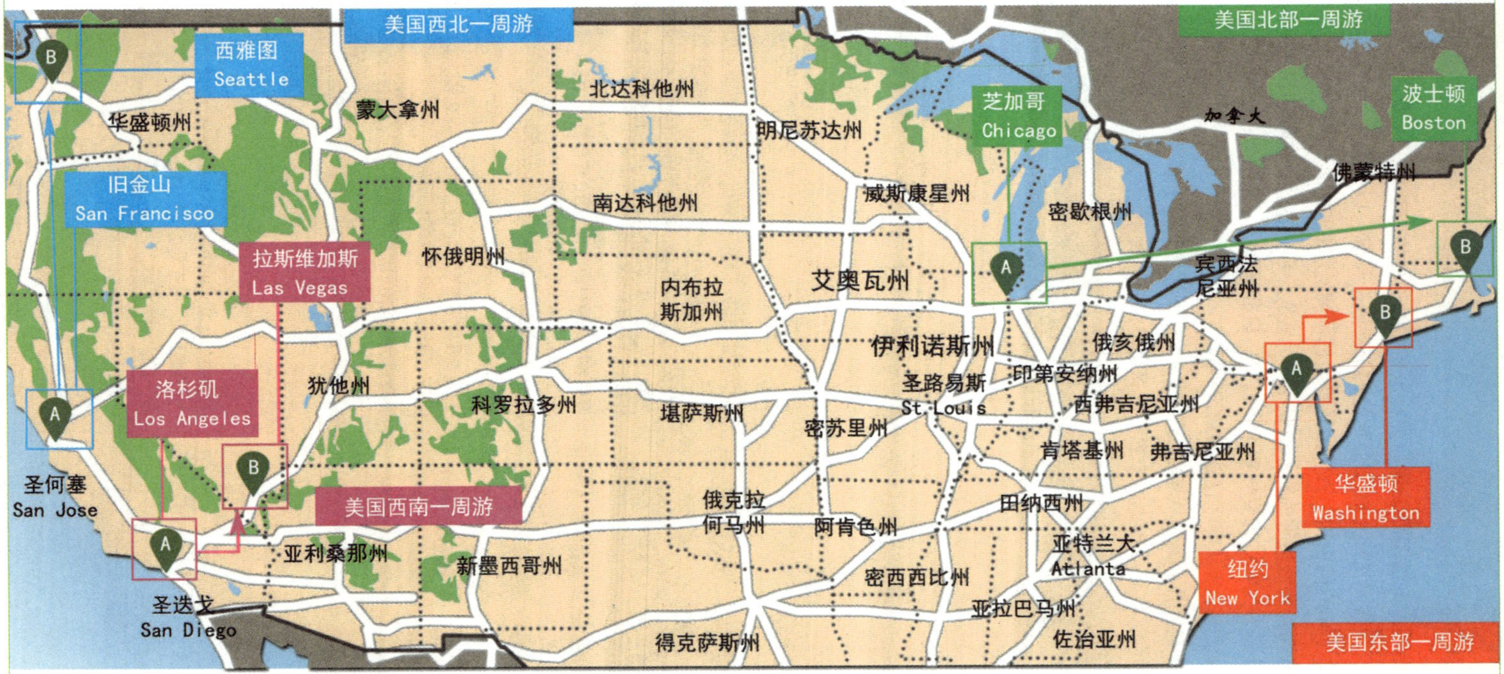

波士顿
Boston

B

佛蒙特州

B

加拿大

A

宾夕法尼亚州

纽约
New York

芝加哥
Chicago

A

密歇根州

俄亥俄州

印第安纳州

西弗吉尼亚州

弗吉尼亚州

肯塔基州

亚特兰大
Atlanta

佐治亚州

威斯康星州

爱奥瓦州

伊利诺斯州

圣路易斯
St.Louis

密苏里州

田纳西州

亚拉巴马州

密西西比州

明尼苏达州

北达科他州

南达科他州

内布拉
斯加州

堪萨斯州

俄克拉
阿马州

阿肯色州

怀俄明州

科罗拉多州

得克萨斯州

新墨西哥州

蒙大拿州

拉斯维加斯
Las Vegas

犹他州

亚利桑那州

西雅图
Seattle

华盛顿州

旧金山
San Francisco

洛杉矶
Los Angeles

B

A

圣地亚哥
San Diego

B

A

圣何塞
San Jose

▲美国旅游行程示意图

一周需要多少钱

　　相对中国而言，美国消费偏高。尤其是在纽约这样的大都市，衣食住行都需要花费一大笔钱，因此建议游客无论如何都要为自己的开支做个预算，以免超支。如果你是一个"购物狂"，美国大大小小的购物村、百货商场等地都可满足你对购物的需求，还可以享受到打折活动，尤其是一些高端奢侈品牌的折扣力度相对比较大，所以在这里购物还是比较合适。在美国出行，具体要准备多少钱，需要依据个人而定。只要你要求不是非常奢华，一般25000元人民币的预算就可以让你非常从容地在美国游玩一周。

　　下页的表格中列出了美国从准备出发到结束旅程的费用，供游客参考，表中的货币单位是换算后的人民币元，你可以根据这个表格估算自己的旅程费用。

项目	类型	费用	内容
护照	首次签发	200元	在申办护照办公室拍照，加收20~40元
	换/补发	220元	包括到期、失效换发，损毁、被盗、遗失补发等
签证	签证（3个月）	约980元	关于美国签证详情，可参考美国在中国签证官网。美国签证费约980元，查询网址为www.ustraveldocs.com/cn_zh/index.html?firstTime=No
行李	需添置物品	酌情定	行李箱、防晒霜、插头转换器等平时不常用但此时需添置的物品
机票	往返联程	7000~13000元	建议至少提前一个月关注票价，买好往返票，这样能享受较多的优惠，且避免临时买不到票的情况；表内费用是经济舱的价格
住宿	纽约等大城市	约800元/天	纽约的住宿费用很高，条件不错的酒店价格为800元/晚，如果想要住经济一点的旅馆，可以找当地的青年旅舍或者住在离市中心稍远的地方
	大城市之外	约600元/天	在西雅图等相对较小的城市，住宿费会低一些，每天花费600元左右就可以住个中档的旅馆
饮食	快餐店	约70元/餐	美国最受欢迎的就是一些方便快捷的快餐店，价格实惠，而且非常省时间
	星级餐厅	约300元/餐	如果想要坐下来吃个正餐，享用一些精致的美食，那就需要多准备一些钱，300元人民币应该差不多了
市内交通	出租车	市内出行约100元	美国出租车起步价约为15元人民币，节假日、深夜价格会提高一些，另外需要付一些小费给司机。一般短途的出行需要花费100元左右
	地铁、公交车	单次约15元	美国很多城市公交车、地铁会发行一些1日票、3日票、周票、月票等优惠票。以纽约公交车为例，单程票为15元，周票为177元，可以在规定时间内无限次乘坐
购物	化妆品	每件200元左右	美国的一些本土化妆品价格相对是国内的4~5折，而且还有很多优惠活动。美国本土的化妆品品牌有倩碧、碧欧泉、美宝莲等，首推倩碧
	电子产品	笔记本电脑4000元左右	电子产品可以买笔记本电脑或相机（回国过海关时，一人只能带一台），尤其是苹果的一系列电子产品，其价格要比国内便宜得多
	香水	每瓶200~800元	一些国际品牌的香水在美国卖要比国内便宜很多，而且能买到很多国内没有的款式

美国旅行费用预算（单位：人民币元）

项目	类型	费用	内容
购物	品牌服饰	100元起	Lee的牛仔裤在打折时会低至约120元，CK、Forever 21等也要比国内的便宜很多，耐克等运动系列的鞋、服装绝对推荐
	纪念品	200元左右	Body Shop的礼品常年打折，价格实惠，品质也好，送朋友最合适
娱乐	酒吧	100～500元/晚	美国每个城市都少不了酒吧等娱乐会所，而且有很多酒吧都有设定的主题
	体育馆	600元/场	在美国看一场NBA比赛，想必是很多游客来此的必备行程之一
	音乐剧	70～500元/小时	美国的百老汇是每个喜爱戏剧的朋友最想去的一个地方，当然好莱坞也是一个不容错过的目的地
景点票价	博物馆	0～50元/馆	在美国，很多博物馆都是不收费的，当然有些博物馆的费用也比较高
	其他景点	0～120元/景	美国很多景点是可以免费参观的，一些国家公园虽然收费，但很多时候只收一辆车的费用，不论里面乘坐几个人

　　通过以上表格来看，在美国旅游的花费比较高，除去来回的机票，也要花费1万多元人民币才能玩得比较好。所以，游客一定要了解在这些经费里面，哪些消费是必须的，哪些消费是可以灵活变动的，这样才不至于预算超支。

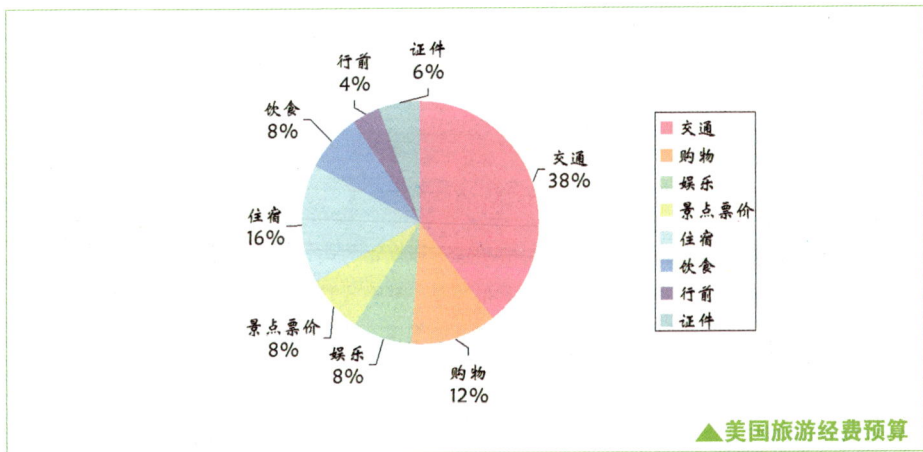

▲美国旅游经费预算

项目	交通	购物	娱乐	景点票价	住宿	饮食	行前	证件
金额（单位：人民币元）	10000	3000	2000	2000	4000	2000	1000	1400

一周如何自助游

　　自助游因为时间相对比较自由，因此成为大多数游客喜爱的一种出行方式。自助游有2种方式，即全自助游和半自助游。

　　全自助游有最大的自由度，你可以根据自己的喜好有选择地游玩，但是选择全自助游需要做好充分的准备工作，查阅大量资料，制订详细计划，以防途中出现突发状况。

　　半自助游也分为两种方式，一种是由国内旅行社代订往返机票和酒店，另外一种是机票和酒店自己预订，到了目的地之后跟团旅游。第一种方式的缺点是出发和回程日期已经固定，不可以随意更改；第二种方式的缺点是，游览哪些景点，自己做不了主。

常见住宿类型的特点			
特色 ＼ 住宿类型	经济型酒店	青年旅舍	露营地
电梯	配备电梯，免提重物	可能无电梯；楼层不高	在野外，没有楼梯
床型	单独的大床或双床房	有单人房、通铺、上下铺	帐篷、睡袋
卫生间	独立卫生间，可淋浴	公用大卫生间，可淋浴	露营地会有公共卫生间
家电	一般提供电视、电话	电视在客厅或交流室	一般没有家电
网络	通常提供免费宽带	房间内通常无宽带，大厅内可能有能上网的电脑	没有网络，时常会出现信号中断
清洁服务	有定期整理房间的服务	退床后有人整理	大多需要自行整理
早餐	大多提供早餐	早餐可自制，需收拾餐具	会有烧烤等设备，自己做饭
空调	提供空调	一般没空调，可能有风扇	没有空调，可能会有电风扇
热水	提供热水	一般厨房可自行烧热水	可以自己烧热水
价格	价格一般三者中最高	房间床位越多越便宜	价格比较低
游客间互动	酒店前台可交流	公共区域可交流	露营地里的所有人在一起交流、做活动
厨房	不能做午、晚餐	有厨具，可节约餐饮费	有野炊设备
活动	一般没有旅游相关活动	定期举办各种活动	每天都会有活动
位置	不一定在热门景点附近	大多数位于热门景点附近	在景区内部

　　通过上表可以看出每种住宿都有各自的优缺点，你可以根据自己的需要进行选择。如果你计划在景区待比较长的时间，对住宿要求不是太高，又喜欢与人交朋友，可以选择露营或者青年旅舍。如果对住宿有一定要求，可以选择经济型旅馆。总之，无论是选择哪种住宿方式，都要考虑自己的实际情况，适合自己的，才是最合适的。

自助游如何更省钱

　　在外旅游，交通、购物、娱乐、景点门票等都是很大的开支，如何在自助游中节约开支是必须考虑的问题，下面提供一些建议，方便你根据自己的情况调整开支。

自助游省钱窍门	
省钱方法	细节
制订旅行计划	确定时间、地点，以重点目的地为中心，沿途选择其他次级目标，防止景点重复
巧用时间差	尽可能选择淡季出游，住宿、交通都有很大优惠，能省不少钱；提前订购飞机票优惠多
选择交通工具	可以选择夜间卧铺，边睡觉边赶路，白天观光可以争取时间，节约住宿费用
带上信用卡	带现金既麻烦又容易丢失，带上信用卡既方便，又能攒积分
以步代车	步行前往较近的景点，这样既能减少走马观花的失落感，又能节省不少交通费用
在景区外食宿	景区内的食宿一般都贵，中午可以携带方便食品填肚子，出了景区再找食宿

省钱方法	细节
筛选景点	选择经典的景点，重复或者意义不大的景点可不游；留些时间去当地人集中的地方游览，省钱又能深切感受当地民俗风情
慎买景区商品	景区商品的物价都很高，你可选择前往特色街区购物，能买到便宜且具有纪念意义的物品
结伴出游	在城市里面，独自出游很合适；但若是到美国较为偏远又有特色的地区观光，结伴自驾、包车等更合适，安全且能省一些费用

一周如何自驾游

　　众所周知，美国是个"车轮上的国家"，道路设施非常完善，所以在美国自驾游是一种非常受欢迎的旅行方式。美国的汽车租赁业相当发达，大的租车公司主要有赫兹（Hertz）、安飞士（Avis）、巴杰特（Budget）和国家租车（National）等。

在美国自驾游怎样租车

　　美国很多城市之间的道路特别适合开敞篷车，这在美国特别流行。租上一辆敞篷车，既能大视野欣赏沿途风光，又能体验美国式的热情。美国的租车手续非常简单，外国游客只要凭护照、驾照和信用卡就可以租车了。届时租车公司会提供一份名为"中国驾照英文认证书"的表格，填写好后他们会录入登记，你拿着登记好的表格，在美国驾驶车辆就属于合法了，不过值得注意的是，美国有些州不接受国外驾照或需要国际驾照，所以出行前了解清楚。

　　在租车的时候，要仔细检查车辆有没有故障，还要问清楚租车的费用、保险、能否异地还车等。在交付费用的时候，一定要签租车协议，并仔细阅读协议上的事项。

美国租车公司		
租车公司	**简介**	**网址**
安飞士租车公司（Avis Rent A Car System）	这是一家美国的租车公司，在欧洲及美国的各大城市遍布租车网点	www.avis.cn
赫兹租车公司（The Hertz Corporation）	这是一家美国租车公司，网点较多，车辆种类齐全	www.hertz.com
国家租车（National Car Rental）	这是美国一家经营汽车租赁的跨国集团，在美国、欧洲、亚洲等地都有营业网点	www.nationalcar.com

美国租车注意事项	
事项	**详细**
行驶方向	靠右行驶，左舵车，与中国一样
租车价格	建议在网上多看几家，多做比较，大致价格可参考后面的内容
签订合同	签订正规的租车合同，合同上应标明取车的车牌号、剩余油量、哪些地方有刮痕（可以拍照留作证据）、喇叭和雨刷等是否好用、计价方式等细节；并且在签订之前要求租车公司工作人员陪同看车
购买保险	美国租车公司要求购买车损险（DLW）、车辆全保险和人员保险等，车损险是强制的，后两种可以自选，保险费用比较贵，如果你在国内买过相关的境外意外保险就不需要再买了

续表

事项	详细
携带证件	护照、驾驶证等带在身上，防止交警突击检查惹麻烦，如有驾照公证件，也一并带上
是否敞篷	开敞篷车确实很拉风，也非常适合美国这个自由奔放的国家，不过怕晒的旅友就要慎选；实在不行可准备50++的防晒霜，出行前半小时涂上厚厚的一层，这样就能保护好皮肤
加多少油	租赁公司的车辆都是加满油的，如果你选择"空箱租"，就需要先支付一箱汽油钱，这样还车的时候有多少油都无所谓；如果选择是"满箱租"则不需要先支付油费，但还车的时候就需要加满油，不然就要付费了。另外，美国的汽油标号与国内不同，为83#、87#和93#，上路后一般加83#汽油就可以了
交通标识	交通标识国际通用，尤其注意单行线和步行道
拿上名片	别忘记拿一张租车公司的名片，万一迷路或者需要救援，就可拨打名片上的电话
GPS导航仪	一定要有，可以用iPad导航，能显示单行道；赫兹的NEVERLOST车载卫星导航设备、电脑制作的驾驶指南以及SIRIUS卫星收音机，都是特别为国外驾驶者提供的贴心服务
副驾作用	副驾最好懂开车，能帮忙指路；专业的GPS有语音播报，但是iPad没有，即使有语音，在稍微吵一点的路段也听不清楚，此时副驾驶可以帮着指路
付款方式	美国的信用体系发达，取车时不需要付款，但是需要刷信用卡作为担保，所以你的信用卡可用额度必须要足够支付租车的所有费用，否则就无法取到车辆。车辆的所有费用会在你还车时扣除，一周以后你就可以在网上查到电子账单

Tips

租车保险

Loss Damage：购买此保险，保租的车损坏了，无需赔付。

Liability：相当于第三者责任险，是赔付对方的，建议路况不熟或者技术一般的游客购买此保险，图个放心。由于美国车险跟人走，如果要大家轮流开，最好增加一个DRIVER的保险，保险多个10～20美元。如果长途旅行的话，为了避免驾驶疲劳，最好买2个人的保险，这样比较安全。

美国租车价格

美国租赁的车辆品种齐全，从日本各种品牌的经济车型，到美国本土产的道奇、别克、福特等，再到豪华的奔驰、宝马、捷豹、林肯加长车，可谓应有尽有。需要注意的是，租车的价格不是按品牌而是按照车型和大小规格分组的，你要先决定是租普通轿车（Car）、多功能运动型轿车

美国租车价格表	
车型	价格
紧凑型	300～500元/天
标准型	500～800元/天
全尺寸	600～900元/天

（SUV）还是其他特别类型的车辆，比如赫兹有些网点就提供豪华车组或绿色环保车组等特殊车组。大型租车公司提供的都是9成新的车辆，车龄不到一年或是行驶里程不到2万英里。

然后需要决定所选车组的车型尺寸，一般从小到大分为：紧凑型（Compact Size）、标准型（Standard Size）和全尺寸（Full Size）。

租车都是以24小时计算，精确到分钟。如果异地还车，费用会高几百美元。

一周如何跟团走

如果担心自己的语言能力，或者没什么出国旅行的经验，怕在当地遇到麻烦，可以选择随团旅行。选择跟团游最大的优势就是，吃住玩全部不用自己操心，比较省事。看的景点必定是经典的，而且会有相应的人陪同介绍，路线也比较合理，不会白白浪费掉时间。这种旅行方式适合那些经济上比较宽裕、平时比较忙、没时间或者也根本不愿意去做旅行计划的人。

熟悉各大旅行社情况

如果你打算跟团旅行，首先要熟悉各旅行社的情况。尽量选择正规、大型的旅行社，这样更有保障一些。你最好能够多了解几家旅行社，多做些咨询和调查，真正做到货比三家。在选择旅行社时不要轻信旅游广告，也不要一味只看价格，因为价格与旅游商品的内容、质量是联系在一起的，要注意比较价格构成，看看是否物有所值，避免因直观价格过低而上当受骗。

一般来说，旅行社的报价包括2种：一种是全包价，即包括食、宿、行、游全部费用等；另一种是小包价，即只包一部分费用或在某一段行程中的费用。游客应根据自己的消费能力，选择合适的消费档次。

选择旅行团时，可着重鉴别的内容如下：1. 行程安排是否合理，与自己预想的行程是否接近；2. 明确费用内容和质量，同时要注重服务内容的细节，如：出行返回时间、交通工具、住宿（店名、地点、星级及入住房间标准）、用餐（店名、地点、用餐标准）、景点票价的支付与否、有无全程导游、有无购物安排、旅行社是否已购买旅行社责任险、是否按规定向游客建议购买足额的旅游意外保险等等。3.行程表是否写的比较详尽，行程表越详尽，游客与旅行社中途随意更改变动行程安排的可能性就越小。

中国国内非常有影响力的旅行社有中国旅行社（简称"中旅"）、中国国际旅行社（简称"国旅"）、中国康辉旅行社、中青旅、锦江旅行社、春秋旅行社、广之旅、中信旅行社。

国内部分旅行社相关信息			
名称	地址	电话	网址
中国旅行社（北京）	北京市朝阳区霞光里15号霄云中心B座12层	400-6006065	www.ctsdc.com
中国国际旅行社（广州）	广东省广州市越秀区沿江东路421号	020-83279999	www.ctsho.com
中国青年旅行社（上海）	上海市黄浦区黄陂北路228号	400-6777666	www.scyts.com

跟团游注意事项

跟团游时间相对不那么自由，最需要注意的是要有团队观念。对于一个景点，不要随心所欲地待很久，也不要离团队太远，以免脱离团队。

旅游网站推荐

常用旅游网站	
网站名	网址
携程	www.ctrip.com
途牛	www.tuniu.com
神舟	www.btgbj.com
去哪儿	www.qunar.com
中青旅	www.aoyou.com

准备

3个月前需要做哪些准备

办理护照

护照是公民出国旅行通过各国国际口岸的一种通行证明，是游客在国外证明自己身份合法的证件。办理护照需要一定的程序，所以建议你在准备去美国之前3个月就开始着手办理护照。

护照办理步骤

① 领取申请表

有两种申请方式，所以就有两种领表方式：

1.现场办理，携带本人身份证、户口簿到居住地或户口所在地的县级和县级以上的派出所、公安分局出入境管理部门或者参团旅行社领取申请表

2.从当地公安局官方网站上下载并打印

② 提交申请表

提交本人身份证及户口簿等相应证件

填写完整的申请表原件

彩色照片一张（需在出入境管理处或者是他们指定的照相馆照相）

录入指纹并提交护照工本费200元

Tips：

北京、上海等地可以异地办理护照，并且需要采集指纹。

网址：www.bjgaj.gov.cn

③ 领取护照

审批、制作和签发护照需10～15个工作日

领取护照时，需携带本人身份证或者户口簿、缴费单等证件，也可在办理护照时委托工作人员邮寄护照

如果你没有护照或者所持护照有效期不满6个月，就必须去办理或者更换护照。根据最新的规定，全国现在共有40多个城市的外地人可以携带本人有效身份证或户口簿在当地办理外，其他城市的人则需要携带有效身份证或户口簿在本人户口所在地办理。可以就近办理护照的城市有：北京、天津、石家庄、太原、呼和浩特、沈阳、大连、长春、哈尔滨、上海、南京、杭州、宁波、合肥、福州、厦门、南昌、济南、青岛、郑州、武汉、长沙、广州、深圳、南宁、海口、重庆、成都、贵阳、昆明、西安、无锡、常州、苏州、温州、嘉兴、舟山、泉州、株洲、湘潭、珠海、东莞、佛山。值得注意的是，就近办理护照者须满足在当地连续缴纳社保或税一年以上等诸多条件。

办理签证

办理美国签证的人非常多，所以很多人会提前半年左右办理。3个月前开始办理美国旅游签证已经是比较紧凑的安排了。

申请办理签证之前，首先确定自己是否需要办理签证。如果出行人持有与出访目的相符的有效美国签证，或者持有豁免签证计划成员国护照或加拿大护照，则无需重新申请美国签证。如果是年龄在14周岁以下或80周岁以上的申请人，或者上一个美国签证失效日期未超过48个月，则可以通过免面谈续签服务申请签证。

除以上情况外，其他需要申请非移民签证的申请人，应当遵循以下步骤准备申请签证。

1.填写DS-160表

填写之前需要通读填写指南，确保所有信息均正确无误。提交表格之后，将无法进行任何更改。如有疑问，可向移民律师或相关专业翻译人员咨询。预约中心无法提供有关填写DS-160表的支持服务。提交后牢记DS-160编号以便预约面谈时间。

2.缴纳签证费用

确定签证类型以后，就进入签证申请费的缴纳环节。申请B1/B2签证（包含旅游签证的签证类型）160美元（约960元人民币）/人。缴费后申请人会收到一张收据。该收据自付款之日起生效，有效期1年，可以凭此收据预约美国大使馆或总领事馆的面谈。

3.预约面谈时间

通过支付签证手续费时使用的凭证登录个人资料页面。进入系统之后，即可看到左手侧菜单上的"安排面谈时间"（Schedule Appointment）。预约面谈首先需提供：签证申请缴费收据上的编号、DS-160确认页上的10位条形码编号、护照号码，然后依次选择签证类型、输入个人信息、添加亲属、选择文件送达地址、确认签证费用的缴纳状态，最后一步是安排面谈时间。

4.进行面谈

按照约定的时间到美国大使馆进行面谈，面谈前尤其要准备好自己的工作简历及其他资料（虽然面试官不一定会看全部材料，但是如果出现材料丢失的话，面试官会要求申请者补交材料，并增加审核时间约4~5天，通过了才能获得签证，若未通过，可能连申诉的机会都没有了）。

5.收取护照

如果签证获批，护照将寄送至申请人在预约面谈时选择的指定地点。

Tips

儿童申请美国旅游签证也需要填写DS-160表，14周岁以下由家长陪护参加面签（游学或者留学等），或者免面签（旅游）。申请美国签证的缴费方式目前主要是通过中信银行信用卡，一般不支持现金和汇款。

DS-160表可以间接地填写，在提交之前也可以更改，但是一定要确保自己的信息准确无误，去面签时提供的材料也要能够满足、支持自己在DS-160表中填写的每条信息，比如表中写"我想在美国游玩西雅图，正好我有朋友在这里"，那么你就要提供朋友的相关信息，并且最好有他的推荐表。如果表中写"我的父母可以支持我在美国旅游期间的费用"，那么就需要提供父母的工作、月薪，以及父母支持自己去美国游玩的相关信件。

面试时，只需要放松，大胆地说中文即可。面签前熟记自己DS-160表中的每条信息，确保自己回答问题时流利、轻松。如果有特殊情况急用签证，可以在面试结束后，申请加急。

可以登录相关的官方网站www.ustraveldocs.com了解详情。

游客在美国驻留的时间从你入境接受海关检查时开始，海关官员会根据你的具体行程给出相应的停留时间，一般会在3个月以内。

1个月前需要做哪些准备

购买机票

签证办下来后，就可以着手购买机票了。提前1个月购买机票，还可享受一定的折扣。另外，如果你的行程已经确定好，建议购买往返机票，这样会划算不少。

中国有直达美国纽约、旧金山、洛杉矶、华盛顿、芝加哥、西雅图、波士顿等城市的航班，一般会从北京、上海、广州、香港等地起飞，飞行时间在11～13个小时。

常用航空订票网站	
航空公司	网址
中国国际航空公司	www.airchina.com.cn
南方航空公司	www.csair.com
东方航空公司	www.ceair.com
香港国泰航空公司	www.cathaypacific.com
香港港龙航空公司	www.dragonair.com
美国联合航空公司	www.united.com
美国达美航空公司	www.deltaww.com

Tips

美国本土航空公司的竞争力较强，往往在航班起飞前1～2月才放出低价票。亚洲的航空公司，如东方航空公司则往往提前3个月甚至更久就提供比较便宜的飞机票，加拿大航空公司也经常会出售不少折扣飞机票。寻找折扣飞机票，除了我们比较熟悉的携程、艺龙等网站外，天巡、美中机票网都是不错的机票、航班搜索引擎，可以为客户搜索到基于价格和地点的比价，让你从众多的飞机票中找到价格合适、符合自己出行要求的飞机票。

携程手机客户端定票步骤

① 下载客户端

直接进入官网下载手机客户端，或者通过扫描二维码等方式下载

② 查机票信息

输入出发时间和返回时间，以及出发机场和到达机场，就能看到往返的机票信息。通常往返的机票比单程2次的票价格便宜，所以可以把往返票一起订好

③ 填写订单

填写订单，主要选个航空险，填写一下个人信息。手机客户端最大的好处就是极其简洁

④ 付款

付款可支持的银行卡种类很多，这里要格外提醒，尽可能不要绑定银行卡，并且不要让手机记住银行卡密码；否则，如果手机丢失或者系统漏洞遭攻击，你银行卡里的钱很可能被盗刷

预订酒店

去美国旅游的人一直都很多，所以提前安排好住宿是出行旅游的首要事件。以下推荐几个网站，大家可根据实际情况预订酒店。想要了解该酒店的住宿情况和配套设施可登录该酒店官网查询。订酒店前最好设置好自己想要的价位，这样可以快速找到你想要的酒店。酒店的设施一般都是越贵越好，想要预订到性价比较高的酒店就要提前订，越早越好。如果条件允许，最好选择国际连锁酒店，这样的酒店一般会有中文工作人员帮你，如果入住国际连锁酒店最好办理一张会员卡，这样价格会优惠很多。

常用预订酒店网站	
名称	网址
雅高达网	www.agoda.com
缤客网	www.booking.com
携程网	www.ctrip.com
艺龙网	www.elong.com

美国出行常用英语			
中文	英语	中文	英语
请	Please	火车站	Station
你好	Hello	飞机场	Airport
谢谢	Thank you	公交车站	Bus Station
对不起	I'm sorry	出租车	Taxis
没关系	Never mind	酒店	Hotel
再见	See you	医院	Hospital
早餐	Breakfast	洗手间	Toilets
午餐	Lunch	收银处	Cashier
晚餐	Dinner	多少钱	How much is it
地铁站	Subway Station	—	—

7天前需要做哪些准备

办理旅游保险

出门旅游不比在家里，有时遇到一些状况，在国内可以很顺利地解决，但要是在国外发生，很多人就有点措手不及。买一份保险，花的钱不多，但却可以有一份保障，买一份安心。尽管每个人都不希望有用上它的机会。

此外，由于在美国旅游过程中，信用卡的使用频率较高，因而建议游客买一份信用卡保险。具体购买哪些旅游保险，游客可以向旅游代理公司咨询，他们会提供给你合理的购买保险的方法。

保险导购网站

如今网络上有不少保险导购网站，通过这些保险导购网站，你可以根据自己的需求来选择合适的境外旅游保险。平安保险、人寿保险、太平洋保险、泰康人寿保险等都是值得信赖的保险公司。不过，无论选择哪家保险公司，一定要选择购买适合自己境外旅行的险种。

常用保险公司	
网站名	网址
平安人寿保险	www.life.pingan.com
中国人寿保险	www.e-chinalife.com
太平洋保险	www.ecpic.com.cn
泰康人寿保险	www.taikang.com

补充遗忘物品

出国前一周就要开始准备行李，这样能有比较长的时间补充遗忘的行李。准备行李前，不妨列个清单，将应带行李分类。当然，选择不同旅游方式的旅友，需要准备的行李也不完全相同，这些在本书出发前的部分有图示，可以供参考。

美国旅行行李类型	
类型	说明
证件类	打印或者复印好，用防水文件夹收起，并在邮箱里存一份备用电子文件
衣物类	去美国旅行不需要准备太多衣物，有些可以到美国后购买
器材类	喜欢摄影、玩手游的旅友，别忘记携带装备，电源转换器也必不可少
日常生活用品	平时保养、护理离不开的物品，如女士必备化妆品
药物类	身体不太好，常用药物的人，要准备足量的药物，并且开具医嘱及其英文翻译件
其他物品	根据你的行李箱空间和个人需要添置一些物品

牢记海关禁带物品

海关禁止携带的物品需要提前知道，以防在海关检查时被扣留下来或被罚款。另外，登机时，关于行李的大小、规格的限定也要提前知道。

手提行李每人限携带一件，规格不得超过56厘米x36厘米x23厘米（22寸x14寸x9寸）；寄舱行李重量以不超过20千克为准。海关还会限制某些商品的进入。如旅客可携带合理数量自用品入境；携带高级相机（带长镜头、变焦）或摄像机须向海关申报，以免出境时补交税款。

美国禁止或限制入境物品信息	
类别	说明
书籍、音像资料、电脑程序和磁带	盗版书籍、电脑程序及音像制品不得进入美国，盗版制品会被没收销毁
水果、蔬菜和植物	许多水果、蔬菜、植物、枝条、种籽等未经处理的植物产品，以及特定濒危物种一般都禁止进口或是需持有许可证才能进口。所有植物、植物产品、水果或蔬菜都必须向海关申报并接受检查
肉类、牲畜和禽类	肉类、牲畜、禽类及其副产品禁止入境。对于罐头装的肉类产品，如检验官员能够确认该产品系熟制、已经商业封装，则允许入境。其他罐装及腌制的肉类产品及干肉产品均严格限制入境
货币	携带入境的货币（美国或其他国家的硬币及货币、旅行支票、现金汇票和可流通证券等）金额超过1万美元要征收关税
鱼和野生动植物	野生鸟类、哺乳动物等，以及野生濒危物种和由此制造的产品禁止进出口
枪支	访美人员一般需持有美国酒精、烟草、枪支和爆炸物管理局的进口许可，才能临时进口用于打猎或其他合法运动目的的枪支、弹药
文化古器和财产	进口文化古器需持有他国的出口许可证明。可登录美国国际文化财产保护网站获得更多资料
狗和猫的皮毛	在美国进口、销售、出口、制造含猫狗皮毛的产品属于违法
生物制品	进口未经消毒的人类和动物组织（包括血液、人或动植物排泄物）、活体细菌培养基、病毒或类似有机体、被怀疑感染人畜共患疾病的动物，需从美国疾病控制和防治中心取得进口许可证
治疗药物	仅允许携带适量必需药物。如需携带的药物中含有潜在的成瘾性成分或麻醉成分（如一些治疗咳嗽的药物、镇定剂、安眠药、抗抑郁剂或兴奋剂等），应向相应的海关和边境保护局官员申报；将药物置于原装容器中，仅携带正常所需用量

类别	说明
免税物品	
个人物品	个人的衣物、珠宝、化妆品、照相机、便携式收音机，以及其他个人物品，如仅用于个人使用可免于征税
酒精饮料	年满21岁的游客可免税携带1公升啤酒、葡萄酒、白酒等酒精饮料入境，但仅限个人使用。超过上述数量的酒精饮料将被征收海关税和国内税
烟草产品	游客可以在下列3种限量烟草中选择一种入境：200支香烟、50支雪茄、2公升（4.4磅）烟草
家用物品	可免税携带一定的餐具、书籍、艺术品等家用物品
免税礼品	游客可免税携带不超过100美元的礼品
应予征税的物品	
物品	超出上述免税范围的物品将被征税。其征收方法是：物品总价值减去应予免税的金额后，超出1000美元以内的商品，超出部分将被征收统一税率为3％的关税，超过1000美元的部分将按适用于该商品的税率征税

Tips

在赴美途中的飞机、船舶等交通工具上，服务员会向旅客发一张美国的海关申报表（6059B表），此表被译成多种语言，包括中文。旅客可事先填写该表，以便加快通关速度。

开通国际漫游

如果不打算到美国当地买电话卡的话，在临出发1周前可以将自己的手机开通国际漫游业务，不过最好先关掉手机的语音信箱功能，否则一进入语音信箱，即开始计算漫游费用。中国手机开通国际漫游的具体资费，可拨打各运营商的客服电话进行咨询。

国际漫游资费详情			
类型 　　　　运营商	中国移动	中国联通	中国电信
拨打美国本地电话	0.99元/分钟	0.96元/分钟	0.99元/分钟
拨打其他国家或地区	3.00元/分钟	3.86元/分钟	3元/分钟
在美国接听电话	0.99元/分钟	0.96元/分钟	0.99元/分钟
发其他国家、地区短信	1.29元/条	1.26元/条	1.19元/条
GPRS漫游	3元/3MB	5元/5MB	3元/3MB
发中国（不含港澳台）短信	0.39元/条	0.36元/条	0.39元/条
拨打中国（不含港澳台）电话	0.99元/分钟	0.96元/分钟	0.99元/分钟
客服电话	10086	10010	10000
网址	www.10086.cn	www.10010.com	www.189.cn

出发

确认行李清单

在旅行的过程中，我们常常会发现遗漏了必要物品在家，从而造成旅途的不便。为了防止这样的事情发生，你不妨在出发前，准备一份行李清单，并逐个核实，以确保所需物品已经放入行李箱或是放在手提包内。

Tips

1.将重要的证件等放在手提包内，一来可以方便检查，二来以免行李箱丢失造成不必要的麻烦。

2.将自己的行李箱做上特殊的标记，这样在机场领取行李时，能更快地找到自己的行李，也以免被他人拿错。

3.美国使用110~120伏的电压，60赫兹为标准，中国游客需要携带转换插座。

自助游的行李示意

登山包

相机	手机	笔记本电脑	移动电源	电源转换器

钱包	证件夹	移动硬盘	充电线	家门钥匙

旅游保险	水杯	手电筒	急救药包	

行李箱

风衣外套1件	休闲运动服（春装）2套	运动鞋2双	内衣4套	化妆包

防水套装	雨伞	洗漱品包	防晒霜	纸笔

拖鞋	毛巾	袜子	薄毛衣	T恤

自助游、跟团游的行李

如果选择自驾游的方式，你所需要准备的行李很多都与驾驶相关。怎样准备行李才能既轻便又实用，是个值得深思的问题。除了自助游相关的必备物品之外，你还要带些应急物品，比如指南针、擦车布、最新地图（租一套"车三宝"）等，导航仪可以在租车公司租用；到了美国多换些零钱，以备停车、过收费站使用。

安装实用软件

APP软件推荐

手机、平板电脑如今已成为现代人常见的阅读工具。因此在准备去美国前，不妨下载一些有关美国旅行的APP软件以及翻译器等，这样在旅行途中有什么不清楚的地方可以随时拿出手机或平板电脑查询。

在苹果手机的App Store，以及安卓手机的Android Market上，你都可以下载到有关美国旅行的APP应用。

美国旅游全攻略

"美国旅游全攻略"囊括有美国各个地方的旅游景点，是一本从"衣食住行"4个方面帮助游客出行的旅游指南。下载该旅游指南后便可离线流畅阅读。该指南配有书签标识，可自动记录最后阅读位置功能。

大小：4.4 MB

支持：iPhone手机、iPad、iPod Touch

"美国旅游全攻略"手机界面

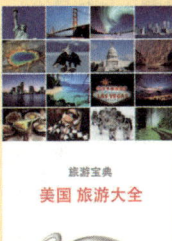

美国旅游大全

"美国旅游大全"收录纽约、旧金山、波士顿、芝加哥、洛杉矶等300多个热门旅游城市的10000多个美景、美食、购物、夜生活地点，包含地址、电话、价格、开放时间、交通、简介等资讯，其用地图与资讯紧密衔接的浏览方式，让你随心所欲地探索美国的美景、美食、购物、夜生活。

大小：35.4 MB

支持：iPhone、iPad

"美国旅游大全"手机界面

百度翻译

一款集翻译、词典、字典、情景例句于一身的翻译应用，支持离线翻译、语音翻译和摄像头翻译、跨软件翻译等功能。

大小：16.9MB

支持：Android2.2以上的手机

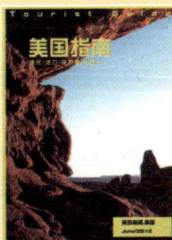

"百度翻译"手机界面

收藏必用网站

　　在前往美国之前，我们必须对美国作个全方面了解，如怎样买前往这个国家的机票，怎样办护照、签证；这个国家有哪些著名的景点；前往美国的航班有哪些；这个国家的住宿情况是怎样的诸如此类的事情，而最快捷的了解方式便是先登录相关网站，下面是为准备出游的你提供的一些有用的网址。

美国出行必备网址	
名称	**网址**
美国驻华大使馆	chinese.usembassy–china.org.cn
美国国家旅游局	www.gousa.cn
申请美国签证官方网站	www.ustraveldocs.com/cn
美国旅游网	usa.bytravel.cn
美国环通	www.huantongusa.com
洛杉矶旅游局	hellola.cn

保存求助电话

　　去美国旅游，很可能会遇到各种各样的突发事件，这时你就需要拨打能够帮助你的电话来求助。所以，在你准备去美国前，不妨记些应急电话。你可以将所有的应急电话备份到手机上，这样当你遇到紧急情况时就可以直接拨打电话求助。

　　911是你必须知道的号码，它是全美范围内设立的一个统一的电话号码，包括火警援救、警察高速公路巡察、救护紧急医疗和空降救护紧急援救。拨打911时，你的地点会自动显示在安全控制中心的屏幕上，急救人员能迅速地到达出事地点。另外你还应该存有中国驻美国的大使馆以及总领事馆的号码，当你遇到比较棘手的问题时，你第一个就该想到向大使馆求助。

美国应急求助电话	
名称	**号码**
中国驻美国大使馆	202–4952266
中国驻纽约总领事馆	212–2449392/212–2449456
中国驻旧金山总领事馆	415–8525900/415–8525924
中国驻洛杉矶总领事馆	213–8078088
中国驻芝加哥总领事馆	312–8030095
中国驻休斯敦总领事馆	713–5201462
警察、消防和急救	911

其他常用电话	
名称	号码
气象台	213-5541212
法律协助基金会	213-4873320
消费者投诉电话	800-9525225
巴士服务华语服务专线	888-6295992

美国时区

　　美国有多个时区，它的时区界限并不完全按照经线划分，不同的时区覆盖的州市多少不同。若与北京时间相比，美国各地的时间属于北京时间的前一天。

美国时区	
时区	所属地区
东部时区（EST）	包括大西洋沿岸及近大陆的19个州和华盛顿特区，代表城市为华盛顿、纽约
中部时区（CST）	代表城市为芝加哥、新奥尔良
山区时区（MST）	代表城市为盐湖城、丹佛
太平洋时区（PST）	包括太平洋沿岸的4个州，代表城市为旧金山、洛杉矶、西雅图
阿拉斯加标准时间（AKST）	只限于阿拉斯加州
夏威夷—阿留申时区（HST）	只限于夏威夷群岛

　　美国有6个时区，时区与时区之间的时差在1～5个小时。每个时区与中国的时间都相差很大，最少是13个小时，最多是18个小时。

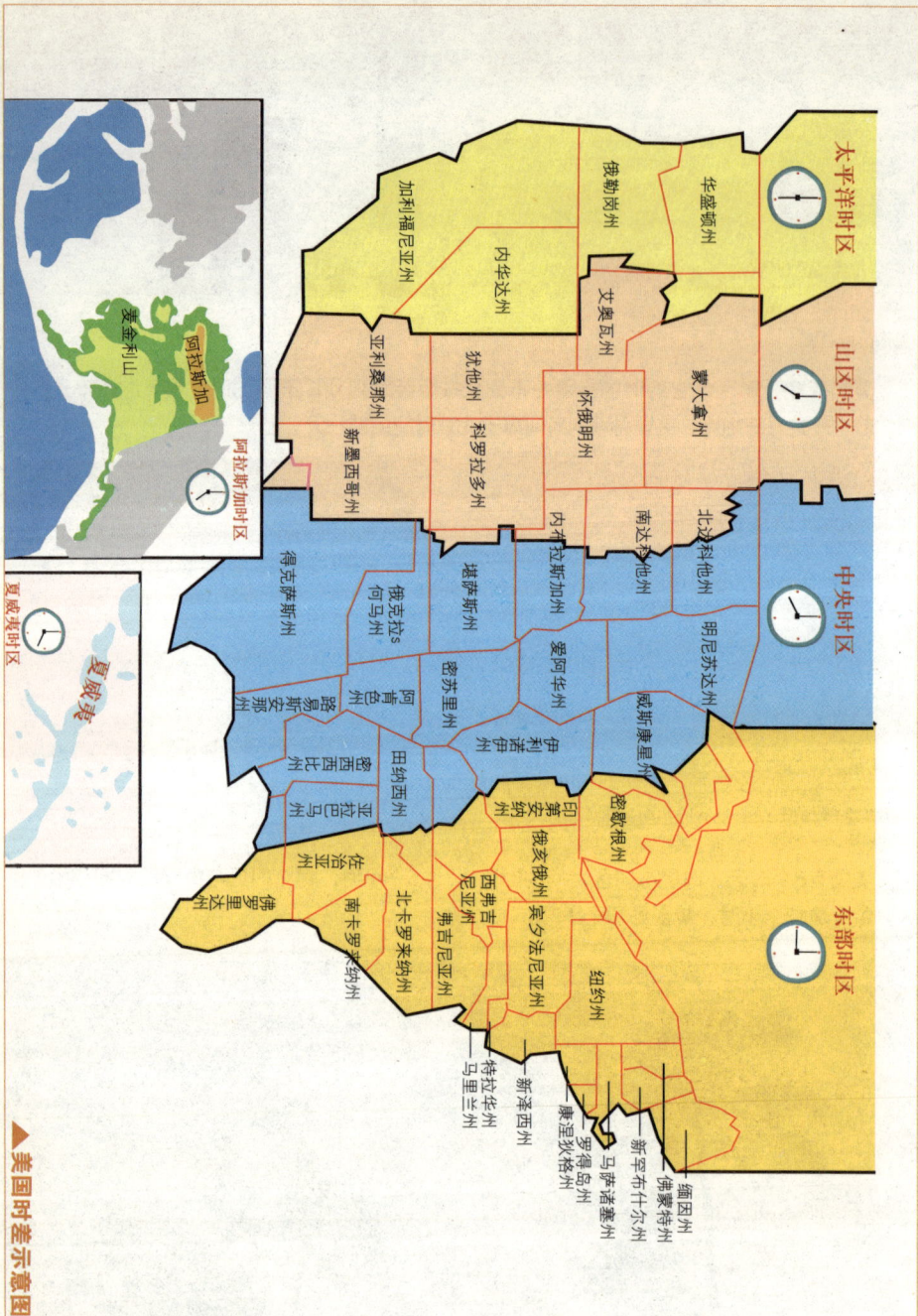

▲ 美国时差示意图

太平洋时区
山区时区
中央时区
东部时区
阿拉斯加时区
夏威夷时区

华盛顿州
俄勒冈州
加利福尼亚州
内华达州
爱达荷州
蒙大拿州
亚利桑那州
犹他州
怀俄明州
科罗拉多州
新墨西哥州
北达科他州
南达科他州
内布拉斯加州
明尼苏达州
得克萨斯州
俄克拉何马州
堪萨斯州
爱阿华州
威斯康星州
密苏里州
阿肯色州
路易斯安那州
密西西比州
亚拉巴马州
田纳西州
肯塔基州
伊利诺州
印第安纳州
俄亥俄州
宾夕法尼亚州
密歇根州
西弗吉尼亚州
弗吉尼亚州
北卡罗来纳州
南卡罗来纳州
佐治亚州
佛罗里达州
纽约州
特拉华州
马里兰州
新泽西州
康涅狄格州
罗得岛州
马萨诸塞州
新罕布什尔州
佛蒙特州
缅因州

麦金利山
阿拉斯加

美国夏令时

美国夏令时始于每年4月的第1个周日，止于每年10月的最后一个周日。夏令时比正常时间早1小时，相应的美国各地时差与北京时间减少1小时。

例如，北京时间20:00，美国太平洋时间就是4:00。在夏令时，时差少1小时，北京时间20:00，美国太平洋时间就是5:00。

美国联邦政府确定的全国节假日			
节日	时间	节日	时间
元旦	1月1日	劳动节	9月第1个周一
马丁·路德·金日	1月第3个周一	哥伦布日	10月第2个周一
总统日	2月第3个周一	老兵纪念日	11月11日
阵亡将士纪念日	5月最后1个周一	感恩节	11月第4个周四
独立纪念日	7月4日	圣诞节	12月25日

掌握入境技巧

获得签证后并不表示你就可以进入美国，按照美国移民法规定，签证只是表示持证人具有进入美国的资格，并不是进入美国的保证。所以，你是否能进入美国，还取决于入境口的移民官。那么如何才能顺利入境美国呢？以下是美国旅游局公布的一些入境要求，掌握好这些入境技巧，进入美国很简单。

入境步骤

① 填写入境卡

美国海关与边境保护局现实施外籍旅客入境免填出入境登记卡的规定。外国旅客在登机前往美国前，其资料就已同步通过旅客资料预报系统传送至美国。

游客在飞机上只需要填写海关申报单（6059 B表）。海关申报单顾名思义，就是向海关申报你带了哪些东西的表格。填写海关申报单时一定要据实填写，如果没有据实填写，海关依法将没收所带物品。

② 前往移民局柜台

下飞机后，可以沿着标有Arrival的方向去接受入境检查（Immigration）。到达入境关口时，选择非美国公民（No-resident）窗口进行排队。这时，你可以将护照、签证、海关申报表准备好以备检查。当进入检查环节时，你需要通过数字化出入境登记系统（US-VISIT）的检查。一名CBP官员将会记录你的电子指纹和照片作为你旅行记录的一部分。同时US-VISIT将通过你的指纹来建立与核实你的身份证明材料。

美国的海关人员及边境保护官员将检查你的旅游证件，例如护照、签证，并将详细询问你在美逗留的信息。按照惯例，你也可能需要回答一些问题，包括你所从事的职业，是否为你的旅行准备好了足够的钱（最好准备一张信用卡）和你将于何时以何种方式离开美国（准备好一份旅行日程）。回答这些问题时，不必紧张，如实回答，只要与你的旅行目的相符，检查人员都会让你通关。

③ 盖入境章

移民官在检查完护照签证后，会在护照上盖入境章，上面注明允许你在美国的停留时间。

④ 领取托运行李

入境之后，才可以领取托运行李或转机。提取行李后离开机场，会有专门的行李检查人员。

Tips

旅客应小心看管自己的行李，下机后，应尽可能快地通过移民局的检查（但千万不要争先恐后，插队抢位），到达提取行李处。以免行李被错拿或遗失。如无托运行李，可径直去海关。

⑤ 出海关

到了海关检查关口，就找一个窗口排队，等待接受行李检查。接受检查时，将海关申报单交给海关，并如实回答他询问的问题。如果要求你打开行李检查，不要犹豫，应立即打开供其检查。海关检查通过后，你就正式入境美国了。

Tips

排队时，选择一队排好，不要东张西望，不要看另一队通关迅速而临时换队，这样会让海关觉得你"形迹可疑"；如果很容易就让你通关的话，也不要诧异，出去便是。

到达

在美国吃什么

去一个地方旅游，除了观赏美景、感受异国风光外，享用美食也是旅途中的重中之重。一次美好的味蕾体验必定可以为你的旅行大大添分。美国虽不是一个讲究精细美食的国度，但其吸纳多国美食文化，又融合本国特色的美食也不乏强烈的"美国风味"：分量大、油炸多、奶酪多。另外，快捷方便也是美国食物的一大特色，快餐店、路边的移动食品车随处可见。

美国美食图鉴

牛肉汉堡

汉堡是美国食物的代表，而夹着碎牛肉的牛肉汉堡最为美国人所喜爱。美国的Arby's汉堡店（www.arbys.com）的牛肉汉堡，又薄又软，有别于一般的碎牛肉馅。

路易斯安那秋葵

这是用大米、蔬菜、肉类或者海产品制成的一道美食，是一种美国南部的汤饭，流行于路易斯安那州。这道美食味辣且鲜美，冬季食用十分暖胃。

费城起司牛排堡

将洋葱、高丽菜、西红柿及各种香料炒过的碎牛肉与浓浓的起司夹在长形面包里就成了味道鲜美的费城起司牛排堡。

彩虹鳟鱼

彩虹鳟鱼是弗吉尼亚州的特色美食，肉质鲜美、无鳞、少刺，吃法多样，易于烹饪和食用。

甜甜圈

甜甜圈是一种用面粉、砂糖、奶油和鸡蛋混合后经过油炸的甜食。最普遍的两种形状是中空的环状和实心的甜甜圈，实心的甜甜圈中间会包入奶油、蛋浆（卡士达）等甜馅料。

玉米烤饼

玉米烤饼是一种玉米粉面包，是新英格兰地区（美国东北角）的一种当地美食，色香味俱全，有嚼劲。

堪萨斯城烧烤

堪萨斯城烧烤（Kansas City Barbecue）是美国密苏里州堪萨斯城的特色美食，可谓世界闻名。堪萨斯城烧烤的特点在于它用木材（通常为山核桃木）慢烤，最长可长达18小时。品尝烧烤时添加适量的酱汁，会令烧烤更加美味。

毛伊岛洋葱圈

毛伊岛洋葱圈（Maui Onions）是夏威夷州毛伊岛上的特色美食，香甜可口。金黄油炸的洋葱圈更加美味。

莱克查尔斯海鲜

来到莱克查尔斯，一定不要忘了品尝热气腾腾的小龙虾、成堆的炸布丹香肠球、水煮龙虾和新鲜的蓝蟹等美食。

巧克力曲奇冰激凌

巧克力曲奇冰激凌由大块乳脂软糖、条状太妃糖、核仁巧克力碎以及巧克力曲奇制成，十分香甜可口。

美国餐厅种类图鉴

高级餐厅

美国的高级餐厅有西餐厅、意大利餐厅、日本餐厅、中餐厅等，这些餐厅除了提供精美的食物外，在规模、设施上也颇有格调，而且服务十分周到，给顾客营造了极为舒适的用餐环境。如果你打算去高级餐厅用餐，可能需穿正装。一般，女性以裙装为宜，男性应打领带、穿深色西服。通常西装外套只扣上扣，也可全部不扣，但切忌全扣。西装背心最下一个扣通常不扣。深色西装应穿黑色皮鞋、深色袜子，切忌白袜黑鞋。

自助餐厅

自助餐厅在美国极为普遍，规模大点的基本都是连锁店，比如"故土布菲"（Old Country Buffet）。美国的自助餐厅包括美式、中式等自助餐厅，也有分类的自助餐厅，如龙虾自助餐厅、螃蟹自助餐厅、寿司自助餐厅、比萨自助餐厅等。美国自助餐的各地价格有差异，且因时间不同价格也存在差异，通常中午便宜些，成人每位8美元左右。晚上和周末贵些，需要10多美元。当然，菜式多一些的，像龙虾、螃蟹自助餐比较贵，需要20美元左右。

快餐厅

美国各大城市都有大众化的快餐店，卖各种快餐，如三明治、汉堡包、意大利馅饼、炸薯条等。美国较为常见的快餐厅有肯德基、麦当劳、汉堡王、Taco Bell、Ihop等。

午餐室

　　午餐室一般设在车站或商店内，除供应午餐外，还供应早餐。午餐室供应的食品种类很多，服务速度快，十分经济。午餐室内设有一张长柜台，台前放有椅子或隔成一格一格的座位，顾客可以就座用餐。

移动食品车

　　提供来自世界各地美食且价格经济实惠，可以说是美国的一种美食潮流。在美国各大城市的街头，我们很容易就能看到涂着卡通画的移动食品车，里面除了出售一些瓶装饮料、袋装零食、蛋筒冰激凌、热狗等食品外，还会提供汉堡包、牛肉卷等各式美食。

中国游客最喜欢的餐厅

　　中国人的唐人街遍布世界各地，美国很多城市的市中心都会有一个唐人街，这些地方聚集了众多中国人开的餐馆。在唐人街你可以吃到最正宗的中国食物，其材料都来自中国，很多身在异乡的留学生们都喜欢这个地方，因为这里有浓浓的家乡味。当然，一些性价比较高的比萨、汉堡店也深受欢迎。

Lombardi's Pizza

　　这是纽约最有名的比萨饼店之一，用传统炉子烤制，以脆薄比萨闻名，尤其是意大利香肠比萨非常出名。无论什么时候去都要排长队，但是绝对值得一等。还有很多特别的美食供应，如香菜蛤蜊等。缺点是这里只收现金，而且人多，要排长队。

地址：32 Spring St（between Mott St & Mulberry St），New York, NY 10012
交通：乘坐地铁J、Z号线在Bowery站下车步行3分钟即到
网址：www.firstpizza.com
电话：212-9417994

Shake Shack

美国超具人气的汉堡店，*New York*杂志评选这里的汉堡为纽约最棒的汉堡！这里的牛肉汉堡肉汁丰富、口感鲜甜。原味薯条外脆里软，芝士薯条上的芝士，配上他家的各种酱（番茄、美乃滋、芥末），非常美味。这里的草莓奶昔很浓稠，非常好喝。但想在这里吃到美味的汉堡，排30分钟的队绝对是极其正常的事。人气最旺时，凌晨1:00都还有人在排队。

地址：691 8th AvenueNew York, NY 10036
交通：乘坐地铁A、C、E号线在42 St – Port Authority Bus Terminal Station下车可到
网址：www.shakeshack.com
电话：646–4350135

华盛顿北京饭店

华盛顿北京饭店（Peking Gourmet Inn）是华盛顿郊外一家高档中餐馆，餐厅整体装潢富有中国古典美，以红黄为主调，还挂着一些复古的灯笼，非常有中国特色。该餐厅有一面照片墙，上面挂满了一些名人的合影，都是曾在这里用过餐的世界名流，布什一家就曾数次光顾这里。这里提供非常地道的中国菜，例如烤羊排、北京烤鸭、孜然牛肉以及大闸蟹等，非常受当地人推崇。

地址：6029 Leesburg PikeFalls Church, VA 22041
交通：乘坐公交车28A、28X路在Leesburg PK & Glen Carlyn Rd站下车可到
网址：www.pekinggourmet.com
电话：703–6718088

岭南小馆

岭南小馆（R&G Lounge）是旧金山最出名的广东菜餐厅。如果你想在此享用晚餐，记得提前订位，不然可能要等长达2个小时之久。餐厅交通方便，坐BART在Montgomery站下步行就能到达，如果你是自驾游，那这里可以免费停车。这家餐馆菜量很大，不用点太多就足够吃饱。推荐品尝这里的招牌椒盐焗大蟹，口味独到，鲜嫩无比。

地址：631 Kearny StreetSan Francisco, CA 94108
交通：乘坐公交车4、27、44路在Sansome St & Sacramento St站下车可到
电话：415–9827877
网址：www.rnglounge.com

在美国就餐须知礼仪

领座

在美国非快餐店就餐，一般要由领位的侍者引位。通常餐馆的门口设有一个服务台，或者门口有写着Please wait to be seated的牌子。如果有这样的服务台或牌子，自己不要直接进去，要先在门口稍等一下。侍者带位前都会问客人"几位"。有时候也会问是否选择吸烟或非吸烟区。这时你也可以提出想坐靠窗的座位，或者想要安静一点的地方等要求，以便侍者找到你最满意的位子。

看菜单

等你入座后，负责这一桌的服务员会送上菜单。在点餐前，服务生会先问你是否来点酒水。如果没有决定好，就可以说：I'm not sure yet. Give me a couple of minutes（我还不确定，请稍等）。如果你不想点，可以来杯免费冰水（Water）。服务生酒水拿上来之后，你就可以慢慢地看菜单了。有的餐馆有当日特别推荐的菜式，服务生在点菜前也会为你介绍。

点菜

想好点什么菜后，就把菜单合起表示"可以点菜了"。你若是一直打开菜单，服务生会误以为你还在看。如果服务员一直没来，也千万不要试图招呼服务员，会被认为非常不礼貌。一般情况下，服务员会很快注意到客人的菜单是否已经合起。点菜时，要尽量言简意赅。

用餐

点完菜稍坐片刻，服务生就会陆续上菜。一般都是先上酒水，然后上开胃菜（汤或色拉），接着是主菜，最后是甜点。通常等你吃完开胃菜才会上主菜，吃完主菜则上甜品。在进餐过程中，服务员通常会主动过来一次，会问菜是否可口"How do you like it"，你可以回答"I like it, Very good, Perfect"等。

结账

服务员看客人差不多吃完了，会上来询问是否需要再来点甜点。若不需要，就可以准备结账了。账单会放在一个夹子里，或者用小托盘拿上来。需要注意的是，在美国的餐馆吃饭，尤其是比较正式的餐厅，付小费是不变的定理。

在自助餐厅、快餐店用餐不必付小费。但如果在正式餐馆就餐，就一定要给小费，数额约为就餐费的15%，在高级餐馆就餐，所付小费更多。小费不开在账单上，由顾客另付，也可以在付款时不要找零。在午餐室用餐，可以将小费直接放在桌子上。

网上订餐

到了美国，除了可以去餐厅吃饭外，你也可以选择网上订餐。美国的网上订餐服务很多，食品网（food.com）是目前美国网上订餐行业中比较好的一个。该网站服务于全美约13000间餐馆。登录该网站，输入邮区号码，你就可以找到自己附近的餐馆，并可以浏览餐馆的菜单，进行点餐。点餐完毕后，不到2分钟的时间，你就可以通过电子邮件确认订单。再过一会，就可以收到所订的美食了。选择网上订餐，不仅方便快捷，价格也会便宜不少。

美国网上订餐网址推荐	
名称	网址
Allmenus	www.allmenus.com
ChowNow	www.chownow.com
Chewse	www.chewse.com
Goodies	www.goodies.co
Munchery	munchery.com
OLO	www.olo.com

在美国住哪里

美国的住宿种类广泛多样，有城堡改建的旅馆、学生公寓、提供早餐的B&B等。如果不是旅游旺季来美国旅游，投宿绝不是问题。在美国，一般高档酒店的双人间费用170美元以上/晚，中档酒店70~150美元/晚，经济型旅馆40~70美元/晚。青年旅舍是背包客的选择，一天只需要15美元左右/晚。

美国住宿图鉴

星级酒店

实际上，美国的酒店并没有星级之分，我们在网上所见的酒店星级标识，都是消费者在入住酒店之后给酒店打的分数。不过，名为Holiday Inn、Radisson的酒店通常是美国的三星级酒店，名为Hilton、Sheraton的酒店则为四星级酒店，Ramada Inn、Days Inn等酒店为二星级以下。四五星级的酒店十分豪华，当然价格也十分昂贵。二星级的酒店条件相对会差一些。对于旅行者而言，三星级的酒店最为合适，价格不那么高，环境也很舒适。美国的星级酒店一般在市中心的繁华地带，治安与环境都很好，且设有餐厅、游泳池、体育俱乐部等附属设施。入住这些酒店，你可以让国内的旅行社帮忙预订，也可以到网上查询并预订，这样可以节省不少开销。

预订酒店网址推荐

网址	概况
www.expedia.com	全美知名度高的酒店在该网站都能搜索到
www.priceline.com	酒店预订网站，独有的Name Your Price服务，经常能预订到比其他网站价格低很多的酒店
Cn.taketours.com	拥有中文界面和客服服务，可在线预订酒店、机票、旅游团，同时提供租车服务
booking.com	酒店在线预订网，预订全世界各个目的地的酒店都可享受超值优惠，安全保障

青年旅舍

　　美国的青年旅舍隶属于联合国教科文组织下的国际青年之家总会，由各国的青年协会独立经营。青年旅舍有大通铺也有个人住房。住在这里，游客可以自由结交世界各地的朋友，也能得到一些旅游的折价优惠。

短期公寓

　　美国有不少公寓型的旅馆，里面有齐全的家具、电器与生活用品，还有厨房，适合居住时间较长的游客入住。而这些短期公寓所在的地方交通非常方便，价格也比较实惠，住宿的时间短到1天，长的话可以延长到1年。如果是一家人到美国旅游，可以选择入住这样的住宿地。

美国短期公寓出租网站推荐	
网址	概况
www.woogo.com	纽约出租公寓及旅馆的网站，没有要求最低住宿的天数
www.HospitalicyCo.com	纽约出租公寓的网站，从简易型到豪华型都有
www.extstay.com	在全美200多个城市都有连锁，可以提供长期或者短期居住的公寓，简易型与豪华型都有

经济旅馆

　　如果要找经济型的旅馆，最好是到达目的地后再寻找。因为到达目的地后，你可以询问当地人，如出租车司机，各个商店的服务员等，也可以询问背包客，这些人的旅行经验丰富，知道哪里有经济型的旅馆。一般来说，汽车旅馆比较便宜，每间房一天收费在30美元左右。另外，还可以试试B＆B住宿加早餐的旅馆。如果你在旅馆住1个月以上，不要忘了询问折扣。

Tips

　　请搬运工帮忙搬行李、接受房间服务时要给予小费。搬运行李的小费，每件1～2美元；清理房间，每晚每床1～2美元；客房服务的小费金额是消费金额的15%～20%；叫出租车的小费为1美元。

中国游客最喜欢的住宿地

柏宁酒店

　　柏宁酒店（Park Lane Hotel）是一家拥有欧洲风情的豪华酒店，可欣赏中央公园的美景，临近第五大道，距离纽约现代艺术博物馆和洛克菲勒中心也都不到10分钟步行路程。酒店客房配有超大的窗户，可欣赏纽约风光。游客还可使用酒店内的健身中心。酒店有会说中文的员工，来此不用担心语言问题。

地址：36 Central Park SouthNew York, NY 10019
交通：乘坐地铁N、Q、R号线在5 Av/59 St站下车可到
网址：www.parklanenewyork.com
参考价格：200美元
电话：212-3714000

在美国怎样出行

　　美国拥有完整而便捷的交通运输网络，交通工具多种多样。来往美国各个城市的交通工具有飞机、火车、长途巴士等，在各个城市内也有诸多的交通工具可供选择，如公交车、地铁、巴士等。另外，美国的汽车制造业相当发达，而且建造了高通行量、高速度的高速公路，所以在美国自驾旅游也是非常不错的。

乘坐飞机

　　来往于美国东西海岸，最方便快捷的方式自然是乘坐飞机。在美国乘飞机就像乘巴士一样舒适、方便，美国的飞机场一般都设在城市附近。乘坐飞机游美国，还可以在空中欣赏美国风光：漫山红叶、落基山上的积雪、小小的村庄……

航空公司信息		
名称	简称	网站
美国航空（American Airlines）	AA	www.aa.com
全美航空（US Air）	US	www.usair.com
大陆航空（Continental Airlines）	CO	www.continental.com
西北航空（Northwest Airlines）	NW	www.nwa.com
西南航空（Southwest Airlines）	WN	www.southwest.com
达美航空（Delta Airlines）	DL	www.delta.com
蓝机航空（Jet Blue Airlines）	B6	www.jetblue.com
阿拉斯加航空（Alaska Airlines）	AS	www.alaskaair.com

购买机票

　　上网买机票是最便捷的方法，自由选择度较高，且能买到特价票。在美国购买机票是需要技巧的，美国有的航空公司会推出"区域制票价"，即只要买一个城市的区域制票，就可以额外搭乘到该区域内其他城市的航班。比如你打算在美国东海岸的纽约、华盛顿、波士顿几个城市游玩，你就可以购买这样的"区域制票价"，十分划算。

Tips

　　1.买票时要注意票的种类，比如是直飞（Direct Flight）的还是非直飞的。非直飞的会转机，而且会延误很长时间。一般情况下，廉价的机票都是非直飞的。

　　2.看清机票是否可以改签，它的有效期是多长。因为有些便宜的机票时间不可改变（non-changeable）和不可退换（non-refundable）。

　　3.购票最好提前7天以上，因为便宜的机票往往很早就售完了。美国的暑假、每年4月中的春假和年底圣诞节是飞行旺季，此时的机票都非常昂贵。

　　4.网上买票通常需要信用卡。在网上用信用卡购票后只要打印出电子票（Electronic Ticket）并带到机场柜台报到即可。

　　5.如果你的行程安排包括几个城市，可以查询下是否可以购买"区域制联票"。

灰狗巴士

　　美国的长途巴士（Greyhound Bus）主要是灰狗巴士，它舒适、快捷、价廉，是来往于美国城市之间的最主要的长途汽车。灰狗巴士的覆盖面积广，发车频率高，重要的线路每周7天均有发车，而且每天发车10余趟，非常方便。灰狗巴士的标志为一只快速奔跑的狗，很醒目。美国的长途巴士站设施都非常齐全，设有统一标准的加油站、休息室、快餐店和厕所。

灰狗巴士编号

开往的目的地

灰狗巴士标志　　行李箱

Leg Room表示有活动腿的空间，Wi-Fi表示有无线网络，Outlets表示有电源插座

▲灰狗巴士标识解析

火车

　　与其他交通工具相比，火车并不是最快、最便宜或者最方便的选择，但是它能使旅行成为一种放松，并可以欣赏最美的风景。美国几条长途铁路横贯美国东西部，甚至穿越南北。这些铁路连接了美国所有的城市。美国北部铁路拥有全美铁路里程的1/2，美国最主要的铁路枢纽也集中在此，其中最大的是芝加哥，其是30多条铁路的交会点。在铁路网中，以东西干线为主，南北干线较少，东西干线有芝加哥—匹兹堡—费城—纽约—芝加哥—堪萨斯城—洛杉矶的线路等。南北干线有西雅图—洛杉矶、纽约—华盛顿—迈阿密的线路等。

美国市内交通图鉴

专线巴士

　　游客可以在旅游观光信息中心或者巴士信息中心拿到专线巴士路线图，然后参照路线图了解自己的目的地巴士路线。乘坐专线巴士时，从前门上车，支付车票。市内的专线巴士基本上是统一票价，而到郊区的巴士或者特快巴士的票价会有所变化。另外，记得自备零钱，因为美国的巴士都不设找零。

地铁

　　美国的很多城市都有地铁，而且历史悠久，如芝加哥地铁最早可以追溯到1892年。美国的纽约、华盛顿、波士顿、芝加哥等城市的主要交通工具就是地铁，有的城市地铁线路还是24小时运行。地铁在郊区都是在地上行驶，到了市中心才转为地下。

　　地铁票价的支付方式有2种，一种是全市区内票价统一，进地铁站时支付票价，只要不出地铁站就可以随意乘坐；另一种是根据目的地的不同支付不同的票价。乘地铁时，需先确定好目的地，然后在自动售票机上买票。

出租车

美国大多数城市的出租车都是黄色的，如纽约、华盛顿等，但也有黑色等其他颜色的豪华电召车。一般在出租车的车顶和车门上都有相同的4位数字，如果车顶上的数字是亮的，就表示这辆车是空车，你可以招手乘坐。美国的出租车是按里程收费的，起步价大约2.5美元，之后每英里加收1.5～2美元。此外，司机会对等候和行李包等收取额外费用，而且有10%～15%的小费。

观光巴士

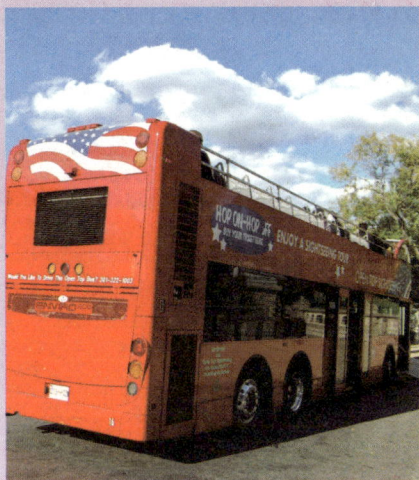

观光巴士可以运行到专线巴士不能到达的郊区，因此要到郊外观光的游客可以乘坐有导游陪同的观光巴士。美国有的观光巴士可以预约，会派车到酒店接乘客。

租车自驾

在美国旅游，最自由、最随意的旅行方式就是租车自驾游。一是能观赏到乘飞机绝对体会不到的美国风光；二是租车费用便宜，出行极为方便。如果你有驾照，那就租一辆车开始你的美国之旅吧！美国驾驶人礼让的态度、完善的停车位、舒适的汽车旅馆、无限的风光……相信你会有一个难忘的自驾之旅。

公交车

美国各个城市的公交车都是非常方便的，但因为美国多数人都有私家车，并且其他交通工具也很多，因此乘公交车的人并不多。美国的公交车通常没有国内大城市的公交车那么大，但有的城市也有双节式的公交车。一般公交车都是两开门的，前门上，后门下。乘坐公交车时一般都有座，很少有人站着。

043

在美国游哪里

在美国，你可以拥有多种游玩方式，如到博物馆陶冶情操，去国家公园感受大自然的奇妙，在林间的公路上自由驰骋，在宁静优美的小道上闲庭散步……在这里，无论你选择怎样的游玩方式，都可以拥有一个最美的旅行心情。

美国四季游图鉴

不同时间到美国旅游，面对同样的风景却有不同的感受，这是因为美国四季变幻万千，不同的季节有不同的风景。如果能够在最美的季节前往所向往的旅游目的地，自然让旅行更合心意。

春季

春季是美国旅游最好的季节，这个季节不冷也不热，适合看风景、自驾游。此时，你可以在华盛顿盛开的樱花树下漫步，在帝国大厦楼顶看湛蓝的天空，到百老汇看一场舞台剧。春季的美国无疑是闲适、浪漫的。

夏季

狂欢是美国夏季的主题，这个时候美国各处都沉浸在火辣辣的夏季狂欢节中。你除了参加夏日节庆外，还可以到夏威夷海滩冲浪、乘"雾中少女"邮轮游览尼亚加拉大瀑布、在迪士尼度假区与卡通人物们一起打闹……夏季的美国是充满欢乐与激情的。

秋季

美国的秋季气温适宜，风光旖旎。此时，黄石国家公园的树叶已经泛黄，落基山脉也染上了斑斓的色彩，到处是一片秋意浓浓的氛围。秋季的美国是充满诗意的。

冬季

冬季的美国充满了喜庆的气氛，年末将至，美国处处洋溢着圣诞节的气氛。此时，各大商场都会打折，是购物的好时候。美国还有众多非常棒的滑雪场，冬季来美国滑雪也很适合。冬季的美国可以让人感受美国独特的"新年"气氛。

美国国家公园图鉴

美国国家公园数量众多，且各具特色，其中风景优美、地质奇特的黄石国家公园闻名世界。来到美国，若能挑选几个国家公园作为旅游目的地，自然让旅行变得更有意义。

黄石国家公园

黄石公园是世界第一座国家公园，被美国人自豪地称为"地球上最独一无二的神奇乐园"。该公园集温泉、湖泊、峡谷、森林、草地为一体，是一处有着绝美风光的人间天堂。

优胜美地国家公园

优胜美地国家公园是美国西部最美丽、参观人数最多的国家公园之一，与黄石国家公园齐名。公园以山谷、瀑布、内湖、冰山、冰碛闻名于世，除此之外，公园内还有3个巨大的世界爷（巨杉）树林（地球上最古老的树木之一），蔚为壮观。

大雾山国家公园

大雾山国家公园是美国游客去得最多的国家公园，四季都适合前往旅游。春天这里山花烂漫、夏天清净凉爽、秋天树叶纷飞、冬天宁静可人。除此之外，这里还有不少动物，包括浣熊、负鼠、狐狸、蜥蜴等珍稀动物。

大峡谷国家公园

大峡谷国家公园即科罗拉多大峡谷，以气势磅礴、错综复杂的山峡和深谷而闻名。搭乘飞机观赏科罗拉多大峡谷绝对是一件让视觉满足的事。

夏威夷火山国家公园

　　夏威夷火山国家公园有世界上最大的2个活火山，即冒纳罗亚火山和基拉韦厄火山。火山口喷吐的烟雾与园内橙色的硫磺，以及茂密的森林形成了公园内最美的景象。

美国著名景点图鉴

自由女神像

　　自由女神像全名为"自由女神铜像国家纪念碑"，被誉为美国的象征，是法国赠送给美国独立100周年的礼物。1984年，它被列入世界遗产名录。

第五大道

　　位于纽约曼哈顿岛中心地带的第五大道，是美国最著名的高档商业街，也是纽约繁荣的标志，商业的旗舰。第五大道聚集了全世界的顶级名牌商店，是高级购物场所。

白宫

　　白宫是美国的总统府，位于华盛顿纪念碑正北方，因其外墙为白色砂岩石，故而得名。白宫分为主楼和东西配楼，主楼底层有外交接待大厅，厅外是南草坪，来访国宾的欢迎仪式一般在这里举行。此外，白宫的东侧有"肯尼迪夫人花园"，西侧有"玫瑰园"。东楼供游客参观，西楼是办公区域，包括总统的椭圆形办公室。

好莱坞星光大道

好莱坞星光大道是一条沿着美国好莱坞大道与藤街伸展的人行道，如今星光大道上已经有2500多颗镶有名人明星手印的星形奖章，以纪念他们对娱乐业做出的贡献。街道上的每颗星皆由一颗水磨石制成，粉色星形青铜上刻有授奖者的名字，在此下面则为一环状标志，代表受奖人领取星星的领域。

金门大桥

金门大桥跨越了旧金山湾和太平洋的金门海峡，被认为是旧金山的象征，是世界著名桥梁之一，大桥造型宏伟壮观、朴素无华，是近代桥梁工程的一项奇迹。在淘金热的时候，这座桥如同是通往金矿的一扇大门，因此被命名为"金门大桥"。

千禧公园

千禧公园是芝加哥的一座大型城市公园，公园的一边是芝加哥最繁华的密歇根大街，另一边则是风景秀丽的密歇根湖。置身公园中，处处可见后现代建筑风格的印记，露天音乐厅、云门和皇冠喷泉是千禧公园中最具代表的3大后现代建筑。

在美国买什么

从美国购物回来的人都有一个这样的体会：在国内价格高高在上的品牌商品，在美国却能以十分低廉的价格购到。所以，在美国旅行一定要买一些物美价廉的东西回去才不枉此行。

美国特产图鉴

电子产品

美国有很多著名的电子品牌，例如苹果、GE、微软、黑莓、戴尔等。在这里你可以买到你喜欢的最新潮的数码产品。美国的电子产品很少打折，其次高端产品特别是新款更少打折，一般只在更新换代时或者感恩节、圣诞节的时候会打折。尽管如此，美国电子产品整体价格相对国内还是属于比较低的。

Tips

从美国带回国的电子产品不按价格算，笔记本电脑可随身带回来2台，但是不能带包装，而且要和海关人员声明是自用。

化妆品

大部分女性到美国旅游都会购买化妆品。化妆品以美国本土的品牌最便宜，主要品牌有倩碧、雅诗兰黛、契尔氏、BENEFIT、品木宣言等。其中，倩碧的售价大约是中国的5折。购买化妆品时可先到网站上了解一番，一般百货公司都有自己的网站，网站上都标明化妆品的价钱，而且这个价钱是全美统一的。美宝莲、露华浓、欧莱雅一类的牌子在超市里都能找到；高端的品牌 LA MER、HR、LP很难找，不过机场免税店基本都有；剩下的医用美容品牌、药妆等建议去美国的SEPHORA看看。

体育用品

美国是世界公认的篮球之国，这里的篮球水平占世界领导地位，篮球装备的数量和质量也是世界上绝无仅有的，在这里可以买到最新款的篮球鞋、篮球背心等。在美国买Jordan、阿迪、耐克的篮球用品非常便宜，而且不用担心假货的问题，NBA迷则可以在美国买到球队的服装，价格相对比国内便宜很多。

奢侈品

说起奢侈品，一般指的就是 Chanel、Christian Dior、Gucci、Ferragamo、Celion、Versace、Space 等。这些牌子的东西十分昂贵，动辄几百甚至上千美元，但还是比国内便宜。买这些东西一定要去购物村，而且尽量从各种渠道拿到优惠卷，最好在美国的节假日，或者在打折季购买。

美国购物退税、免税

美国旅游业发达的纽约州、加利福尼亚州、佛罗里达州和夏威夷州，对海外和其他州来的游客，不会给予退税。美国只有2个州允许国外旅游者退税，分别是德克萨斯州和路易斯安那州（Louisiana）。在路易斯安那州，凭外国护照和90天内有效的赴美往返机票，可以享受退税。

美国免税的州

美国有5个州免税，分别是俄勒冈、阿拉斯加、特拉华、蒙大拿、新罕布什尔。这5个州的州政府不对任何商品征税，但州内的地方政府（市政府）会征收购物消费税。

各州免税购物日期

为促进消费，美国有些州每年会在特定的日期实行免税政策。在免税日，购买规定类别的商品是完全免税的，常见的免税品有：学校用具、衣服、鞋子、节能产品等。

美国免税商品

美国大多数州对农产品（如蔬菜、水果、蛋类等）免税，处方药只有伊利诺伊州征税，对于非处方药（营养保健品，如维他命）除5个免税的州外，还有纽约、德克萨斯、弗吉尼亚、宾夕法尼亚等州免税。对于服装类商品，明尼苏达、新泽西、宾夕法尼亚等州是免税的；麻省对175美元以下、纽约对110美元以下、佛蒙特州对100美元以下的服装免税。

049

美国DFS免税店		
城市	店名	详情
夏威夷	希尔顿夏威夷乡村海滩度假村DFS	Tapa楼，一楼地址：2005 Kalia Road 电话：808-9511447 营业时间：9:30 ~ 23:00
檀香山	檀香山Waikiki DFS环球免税店	地址：330 Royal Hawaiian Avenue 电话：808-9312700 营业时间：9:00 ~ 23:00
檀香山	檀香山国际机场DFS	电话：808-8373172 营业时间：每周七天
关岛	关岛DFS环球免税店	地址：Pale San Vitores1296号 电话：671-6469640 营业时间：10:00 ~ 23:00
关岛	关岛国际机场DFS	地址：A.B. Won Pat 电话：671-6428000 营业时间：每周七天
纽约	纽约肯尼迪国际机场DFS	地址：4号候机楼，3楼 营业时间：5:00至次日1:00
旧金山	旧金山国际机场DFS	地址：100 International Loop A区 电话：650-8278681 营业时间：8:30至次日1:00
洛杉矶	洛杉矶国际机场DFS	地址：380 World Way,Tom Bradley 电话：310-3482678 营业时间：7:00 ~ 12:00
洛杉矶	好莱坞DFS	地址：6801 Hollywood Blvd 电话：323-9604888 营业时间：10:00 ~ 18:00

Tips

　　Outllets是美国极具特色的购物场所，中文译为工厂直销店。美国有300多家这样的购物中心，几乎每个州都有，多建在距离大城市1 ~ 2个小时车程的小城镇中。Qutlets出售著名品牌的展示样品、瑕疵品，以及库存商品，价格一般是百货公司及专卖店里市场价格的2 ~ 8折。在这里，你可以买到的品牌包括BCBG、Gucci、Chanel、Coach等。在Outllets购物，需要注意一些事项：

　　1.在Outllets有很多店铺，店铺间的差别很大，建议多看几家。

　　2.大部分Outllets的折扣店都开设了网站，可以先在网上做了解再前往。

　　3.当地有的旅行社会开设前往Outllets的旅游项目，可参加旅行团前往。

　　4.店内的商品上若是标着"Irregular"的标签，表示商品为瑕疵品，选择这样的商品时一定要仔细检查，确保质量。

　　5.因为Outllets的东西比较便宜，所以到了周末人会比较多，如果打算在周末前往的话，建议早上早点去。

在美国怎样娱乐

　　美国的娱乐活动丰富多彩，你既可以选择到艺术中心欣赏歌剧、舞蹈；也可以到各式各样的酒吧感受美国人的热情。此外，运动作为美国全国性的休闲活动，其受欢迎的程度是其他休闲活动无法比肩的，美国著名的体育赛事包括棒球、橄榄球、篮球、冰球等，到体育馆看一场比赛自然是不错的娱乐活动。

艺术中心

　　美国各大城市，如纽约、芝加哥、洛杉矶等这些大城市都拥有自己的艺术中心。这些城市的艺术中心，聚集了来自世界各地的顶级艺术家，你可以在此欣赏到世界顶尖艺术表演。

推荐地

　　百老汇（Broadway）其实是条大道，南起炮台公园，由南向北纵贯纽约曼哈顿岛。因为这条路两旁分布着为数众多的剧院，是美国戏剧和音乐剧的重要发源地，因而成为了美国戏剧及音乐剧的代名词。

博物馆和美术馆

美国所有的城市至少都有一个美术馆和博物馆，许多博物馆不仅具有传统职能，还成为多种娱乐活动举办的场所。例如，华盛顿的各大博物馆坚持为公众举办免费音乐会；国家艺术博物馆的花园中每周日19:00举行免费音乐会等。要了解这些信息，可以在美国周末报纸的博物馆及美术馆的文化活动专栏了解信息，部分地方刊物也可查到博物馆的活动安排及可供参观的展览项目。

推荐地

大都会艺术博物馆（Metropolitan Museum of Art）是美国最大的艺术博物馆，也是世界三大博物馆之一。整个博物馆被划分为19个馆部，藏有几百万件艺术品。馆内的陈列室就有近250个，常年展出的有几万件展品，但这也仅是博物馆库存的冰山一角。馆内有众多永久收藏品，包括许多出众的古典艺术品等。

图书馆

美国的图书馆不仅是供人们阅览图书和查找资料的地方，它还是举办教育、文化娱乐和社团活动的场所。很多大图书馆都经常举办各种文艺演出、展览和报告会，并放映不同语言的电影。

推荐地

纽约公共图书馆是美国最大的公共图书馆，有着近百年历史，位于曼哈顿繁华的闹市区，离购物天堂第五大道仅一个街区。这里免费对公众开放，藏书众多，图书馆还为读者提供学习英语和电脑等课程的免费培训活动，还有图书馆商店，你可在此购买喜欢的书籍。

酒吧

美国的每个城市里，基本上都有酒吧，到了晚上，你可以在这些地方放松。需要提醒的是，如果开车，一定不能饮酒，美国对酒后驾驶这一现象管理得非常严。

推荐地

威尼斯人饭店将威尼斯运河、贡多拉、圣马可广场、钟楼、叹息桥等都"搬"了过来，充分展现了水城威尼斯的风光。酒店范围内到处都有威尼斯特色的拱桥、小运河及石板路，特别是酒店二楼的人造大运河、充满了威尼斯情调的拱桥、每20分钟变化一次的人造天空等，都洋溢着浓郁的威尼斯气息。

电影

美国电影票价为7~11美元，每个工作日15:00之前入场的观众还可享受折扣，一般可便宜3~15美元。在美国杂志、报纸的有关电影的专栏上，都会看见电影的等级划分。

电影等级：G是可以全家一起观看；PG会出现一些不适合儿童观看的场面与语言；R表示17岁以下儿童必须由父母陪同或成人陪伴观看；X表示成人电影，17岁以下的人禁止观看。

推荐地

杜比剧院（Dolby Theatre）原为"柯达剧院"，这是每年奥斯卡颁奖礼的专用剧场。它建成于2001年底，后来被选为奥斯卡的永久举行地。剧院内有全美最大的舞台，面对舞台的四周设计了多个豪华包厢，可以容纳3400多位观众，内部装潢高贵奢侈，一展好莱坞的独特风情。

体育馆

美国人非常喜欢运动，美国几乎每个城市都会有一所体育馆。运动作为美国全国性的休闲活动，其受欢迎的程度是其他休闲活动无法匹敌的。美国著名的体育赛事包括棒球、橄榄球、篮球、冰球等。

应急

出境旅游最怕的就是遇到什么麻烦，因为人生地不熟，语言不通，万一遇到事情就会束手无策。建议游客外出旅游，无论是吃住行游都该保持一份警惕心，不要粗心大意，出门前检查随身物品，在外注意保管好行李……万一遇到什么事，应该处事不惊，冷静对待，善用方法并且懂得寻求帮助。

东西丢失

重要物品丢失的解决办法	
名称	解决办法
证件遗失	证件遗失后，你第一个想到的应该是中国驻美国使领馆，拨打电话过去，使领馆会告诉你怎么办。通常使领馆会让你尽快向当地的警察局报案，报案后，警察会登记你丢失的证件号码，接着会给你一个报案号码的小卡片。之后你也可以向当地中国驻美国使领馆申请补办护照
行李遗失	首先，你可以在行李上做一些独有的记号，这样会为你找回行李提高成功几率。如果实在找不到，就要对行李进行遗失登记。在登记遗失行李表时，要详细地写清楚行李箱中的物品和价格，如3天没有找到行李，则可以向有关部门要求理赔
信用卡遗失	遗失了信用卡就要立即打电话至发卡银行，办理挂失与停用。同时，你也可以与当地信用卡公司的办事处或合作银行取得联系

中国驻美国使领馆			
使领馆名称	地址	工作时间	电话
中国驻美国大使馆	3505 International Place, NW, Washington, D.C.20008	9:00～17:30(周一至周五，节假日除外）	202-4952266
中国驻纽约总领事馆	520 12th Avenue New York, NY	9:00～12:00，13:30～17:00（周一至周五，节假日除外）	212-2449392
中国驻旧金山总领事馆	1450 Laguna Street, San Francisco	9:00～12:00，13:30～17:00（周一至周五，节假日除外）	415-8525900
中国驻洛杉矶总领事馆	443 Shatto Place, Los Angeles, CA90020	9:00～12:00，14:00～17:00（周一至周五，节假日除外）	213-8078088
中国驻芝加哥总领事馆	100 west Erie Street Chicago, 1L 60654 OSA	9:00～12:00，14:00～17:00（周一至周五，节假日除外）	312-8030095
中国驻休斯敦总领事馆	3417 Montrose Blvd., Houston,TX77006	9:00～12:00，13:30～17:00（周一至周五，节假日除外）	713-5201462

身体不适

在旅行途中，因为种种原因会遇到水土不服等身体不适的麻烦，因此要事先掌握一些急救的措施以缓解这些情况的方法。为应对身体不适，在旅途中最好自带点常备药品，如黄连素、感冒药、消炎药、止痛药、创可贴、风油精等，可根据自身情况带足备用药。

美国主要旅游城市的医院信息				
城市	医院	地址	电话	网址
纽约	Mount Sinai Hospital	1 Gustave L. Levy PlaceNew York	212-2416500	www.mountsinai.org
	New York Downtown Hospital	170 William Street New York	212-3125000	www.downtownhospital.org
洛杉矶	California Hospital Medical Center	1401 South Grand AvenueLos Angeles	213-7482411	www.chmcla.org
	White Memorial Medical Center	1720 East Cesar E Chavez AvenueLos Angeles	323-2685000	www.whitememorial.com
旧金山	CPMC Alzheimer's Residential Care	3698 California StreetSan Francisco	415-600-6392	www.cpmc.org
	Kaiser Permanente: Shafaee Navid MD	2425 Geary BoulevardSan Francisco	415-8339182	www.kaiserpermanente.org
芝加哥	Mercy Hospital & Medical Center	2525 South Michigan Avenue Chicago	312-5672000	www.mercy-chicago.org
	John H Stroger Jr Hospital of Cook County	1969 West Ogden Avenue Chicago	312-8646000	www.cookcountyhhs.org

英语药名

外出应急药品		
中文药名	英文药品	实物
感冒药	Tainuo	
咳嗽药	Hyland's	
胃药	Equate	
泻药	Dulcolax（Bisacodyl Tablets）	

返回

在美国游玩一圈下来，肯定会买不少东西，有带给亲朋好友的，有留作纪念的。这么多东西若是乘飞机时办理行李托运的话会比较麻烦，而且有的航空公司对乘客携带的行李有一定的限制。所以，最好的办法就是邮寄行李。

美国邮政

美国邮政（USOS）服务公司负责全美的邮政服务，其负责的范围极广，包括邮件投递、包裹传送、货物运输等一系列的服务，并且可以提供网上服务。

美国邮政属于联邦政府部门，国定假日所有人工服务停止营业。周日也全天关门，周六营业半天。所以，打算去邮局邮寄行李的游客，需要注意避开这些时间段。在美国邮寄东西，最好使用定额的包裹，如书就以"Book"的方式运送。如果你东西太多，没有大的行李袋，可以到邮局购买行李用的大箱子等包装物品。

美国邮政官方网址：www.usps.com

前往机场

有些航空公司会要求乘客在离境前的72小时内，再次确认预约的机票。即使离境前72小时内已经确认了航班信息和机票信息，建议再去机场之前再打一遍电话确认一下，或是可以向航空公司服务处询问你到达机场办理登机手续的最佳时间，以防赶不上飞机。如果你不知道怎么去机场，可以向航空公司服务处询问怎么乘坐机场巴士或公交车到机场。另外，在去机场之前要确保你带齐了护照、签证等证件。

离境手续

　　和出境手续相比，离境手续要简单得多，不过还是要提醒你一定要提前2～3个小时前往机场，这样时间上比较充裕，不会手忙脚乱。到达机场后，先找到你所搭乘航班的服务台，在那里换登机牌。换登机牌时，护照上的出境小卡会由机场人员撕去。领到登机牌和座位号后，工作人员会告知你从几号门登机。通常，登机在飞机起飞前30分钟开始，起飞前15分钟关闭机舱门。

离境流程图

到达机场	→	换登机牌	→	托运行李、出境手续	→	退税、安全检查	→	登机
最好在飞机起飞时间前2～3小时到达机场，杜绝意外		拿着机票、护照到指定柜台进门就可见航班信息大屏幕，上有对应航班的柜台编号）交给工作人员		大件行李要托运，通常有免费托运行李要求；如果超重超大，需要额外付费；记得买份意外保险		需要提供3样物品：身份证、机票、登机牌。随身的手提包里不能有道具、危险品等，甚至连水、肉类等也不能携带		在指定的登机口登机，如果喜欢坐在窗边，可以在换登机牌时就提出；乘坐时间较长，可以将自己平时休闲用的物品放在手提包内

Part 1

美国东部
一周游

Part 1 美国东部一周游

美国东部印象

★★★ 文化都城

美国东部的城市聚集了美国著名的博物馆、艺术馆、图书馆等文化场所。这里有数不清的珍宝和文化书籍，更是艺术者最爱的天堂。所以说，美国东部可谓聚集了一座座文化名城。

★★★ 不夜城

在纽约的上空，每天夜晚都是一片灯火辉煌，会给你一种扑面而来的繁华时尚之感，白天的这里繁忙一片，晚上则完全是一个娱乐的天堂。在纽约，你即使在百老汇听音乐剧到凌晨，依然可以乘坐24小时运行的公共交通工具回家。

★★★ 首脑聚集

之所以用这个名词形容美国东部，是因为白宫、国会大厦都聚集在这一片土地，美国最开始成立也是在这片土地。联合国总部更是矗立在纽约，在这里看见各国首脑似乎已是最见怪不怪的事情。

★★★ 购物天堂

一直以来，美国被誉为"世界的购物中心"，而美国的购物中心又以纽约为最。仅仅第五大道就包揽了世界众多知名品牌的旗舰店，更不乏一些顶级设计师的私人定制店，几乎所有知名品牌的最新款，都在这里最先上市。此外，纽约东部还聚集了大大小小的购物村，绝对是名副其实的购物天堂。

推荐行程

A 纽约 —— 约364千米 —— **B** 华盛顿

森伯里 Sunbury

班戈 Bangor

伯利恒 Bethlehem

纽约 New York

A

波茨维尔 Pottsville

阿伦敦 Allentown

米德尔敦 Middletown

哈里斯堡 Harrisburg
卡莱尔 Carlisle

莱巴嫩 Lebanon

雷丁 Reading

多伊尔斯敦 Doylestown

特伦敦 Trenton

East Brunswick

雷德班克 Red Bank

赫希 Hershey

波茨敦 Pottstown

莱维敦 Levittown

豪厄尔 Howell

布里克 Brick

兰开斯特 Lancaster

费城 Philadelphia

杰克逊 Jackson

约克 York 哥伦比亚 Columbia

AB约364千米

Vincentown

汤姆斯里弗 Toms River

威尔明顿 Wilmington

威斯敏斯特 Westminster
Reisterstown

Sewell Sicklerville

Wharton State Forest

瓦恩兰 Vineland

大西洋城 Atlantic City

盖瑟斯堡 Gaithersburg

邓多克 Dundalk

米德尔敦 Middletown

米尔维尔 Millville

安那波利斯 Annapolis

多佛尔 Dover

开普梅法院 Cape May Court House

B

华盛顿 Washington

米尔福德 Milford

Lower Township

刘易斯 Lewes

交通方式对比

路线	交通方式	优点
	火车	价格便宜，速度快
	长途汽车	班次多，乘坐舒适
	自驾车	时间自由
	飞机	快速、便捷

	缺点	运行时间
纽约—华盛顿	班次集中在早上和晚间	1.5小时
	价格贵，速度慢	4.5小时
	需熟知美国交通规则	约4小时
	可能会出现晚点，价格贵	0.5小时

最佳季节

前往美国东部旅行，最好的季节是在春季和秋季，此时东部气候最温和。华盛顿属亚热带森林气候，温暖湿润，植物繁茂，春季时各处鲜花盛开，非常漂亮。秋季时，这里没有夏日的闷热和潮湿，是人们最喜欢的季节。纽约属于温带落叶阔叶林气候，冬季较冷，夏季较温和，多雨。纽约的春天，中央公园内繁花似锦，届时里面有很多前来踏青的游人。

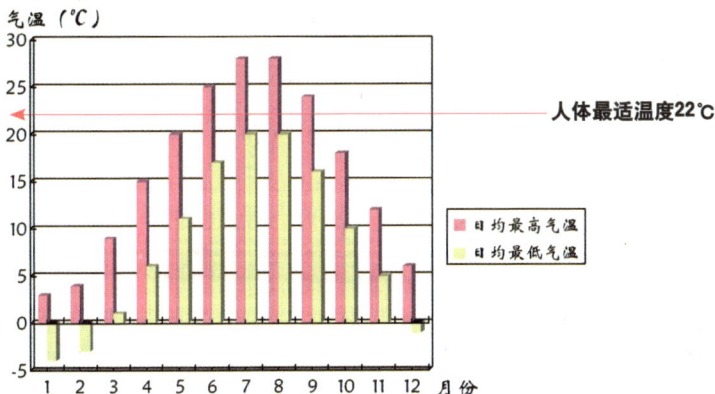

▲ 纽约全年日均气温变化示意图

最佳季节的衣物

美国东部春秋时节温度适宜，最适合出行观光。这两个季节晚上的温度非常舒适，降雨量相对均衡，所以此时前往美国东部，只需准备轻便、透气的服装。由于晚上空气湿凉，有件薄外套很有必要，同时也要携带防风、防暑、防晒的物品。衣物完全可以按照在国内春秋季节所穿衣物准备，提醒游客一定要携带舒适方便的鞋子出行，同时建议带一套适合重要场合穿的正装，美国有一些餐厅和公共场所不允许人们穿便装进入。

美国东部最佳季节衣物						
衣物种类	4月	5月	6月	7月	9月	10月
棉质短袖	—	√	√	√	√	—
薄外套	—	√	√	—	√	—
长裙	—	√	√	√	√	—
单层套装	√	√	√	√	√	√
牛仔裤	√	√	—	—	√	√
泳装墨镜	—	√	√	√	√	—
厚外套	√	—	—	—	—	√
运动鞋	√	√	√	√	√	√
正装、礼服	√	√	√	√	√	√

美国东部路线： 纽约—华盛顿7天7夜游

7天7夜的美国东部路线			
城市	日期		每日安排
纽约	Day 1	上午	中央公园→大都会艺术博物馆
		下午	美国自然历史博物馆→百老汇或时报广场
	Day 2	上午	第五大道
		下午	纽约现代艺术博物馆→帝国大厦
	Day3	上午	联合国总部
		下午	归零地→格林威治村
	Day 4	上午	自由女神像
		下午	华尔街→唐人街
华盛顿	Day 5	上午	白宫→华盛顿纪念碑
		下午	五角大楼→乔治城
	Day 6	上午	美国国家美术馆
		下午	国家自然历史博物馆→肯尼迪艺术中心
	Day 7	上午	国会山
		下午	美国国会图书馆

到达纽约

纽约（New York）是美国第一大都市和第一大商港，同时也是美国的金融中心。一个世纪以来，纽约在全球商业和金融业方面发挥着巨大的影响力。纽约作为一座世界级城市，还直接影响着全球的媒体、政治、教育、娱乐与时尚界，联合国总部也位于该市，因此纽约被公认为世界之都。

通航城市

纽约的飞机场有3个，其中最大的是约翰·F·肯尼迪国际机场（John F Kennedy International Airport）。肯尼迪国际机场位于皇后区，距离市中心曼哈顿大约24千米；它的西北部是拉瓜迪亚机场（La Guardia Airport），距离市中心约13千米；纽瓦克国际机场（Newark International Airport）位于哈得孙河对岸，距离市中心约25千米。拉瓜迪亚机场主要用于停靠美国国内航班。

从中国飞往纽约的航班

从中国乘飞机到达纽约的纽瓦克机场，机票相对便宜，纽瓦克机场有美国大陆航空公司运营的纽约每日往来北京、上海的班机；肯尼迪机场有中国国际航空公司运营的每日往来北京和纽约的航班。乘飞机往返纽约的机票价格一直很高，但最高的时间要属6月中旬至9月中旬（夏季）和圣诞节前后的一周。每年2月、3月以及从10月一直到感恩节之后，这几个时间段的机票价格略有下浮。

中国飞往纽约的航班				
航空公司	航空公司客服电话	城市	单程所需时间	出航信息
中国国际航空（www.airchina.com.cn）	95583	北京	13.5小时	中国国航每天有2趟航班从北京直达纽约，时间分别是每天的9:00和13:00
		上海	约13小时，中转16~20小时	每天11:40，国航都有一趟从上海飞往纽约的直飞航班，其他航班需从北京、法兰克福等城市中转
		广州	中转18~23小时，部分航班需隔天	每天都有中转航班飞往纽约，中转城市一般为北京和上海
中国东方航空（www.ceair.com）	95530	北京	中转13~18小时，部分需隔天	每天11:30，东方航空都有一趟从上海飞往纽约的直飞航班，北京、广州等地要在上海中转
		上海	15小时45分钟	—
		广州	中转18.5~20小时，部分需隔天	—
中国南方航空（www.csair.com）	95539	北京	中转19~20小时，部分需隔天	每天1:40，南方航空都有一趟广州飞往纽约的直飞航班，北京、上海等地要在广州中转
		上海	中转14~20小时，部分需隔天	—
		广州	直达15小时40分钟	—

续表

航空公司	航空公司客服电话	城市	单程所需时间	出航信息
联合航空（www.united.com）	800-810-8282（全国）400-650-6686（京广沪）	北京	约13小时，中转14～17.5小时	每天15:45，联合航空都有从北京首都国际机场直飞纽约的航班，其余航班需要在芝加哥等城市中转
		上海	14.5小时	每天15:55，联合航空都有一趟从浦东机场飞纽约的直飞航班，其他航班需要从北京等城市中转
大韩航空（www.koreanair.com）	400-658-8888	北京	16～23小时	每天都有中转航班从北京飞往纽约，在首尔中转
		上海	16～23小时，部分需隔天	每天会有多次中转航班从上海飞往纽约，需要在首尔中转

Tips

怎样计算单程所需时间？什么样的机票既优惠又节省时间？涉及到请假具体天数的问题需要仔细考虑，在旅途中节约了交通时间，就能多出至少一天的游玩时间。

下面是中国国际航空公司提供的航班信息：

这里以广州至纽约需中转的航班为例，介绍如何快速计算航班单程所需时间。

1.航班号CA1310的航班，出发时间是10月31日8:30，由广州白云机场（CAN）飞到北京首都机场（PEK）约3小时，这很容易计算。

2.中转等待时间是10月31日11:30到第二天9:00，共约21.5小时，这也很容易计算。

3.航班号CA989的航班，出发时间是11月1日9:00，由北京首都机场（PEK）飞到纽约肯尼迪机场（JFK），到达纽约时是美国时间11月2日10:30，共13小时20分钟。

4.以上3步的时间相加，共约35小时，这就是广州到纽约单程所需时间。

如何到市区

纽约的拉瓜迪亚机场主要负责美国境内的班机起降。从中国飞往纽约的航班多停靠在肯尼迪国际机场或纽瓦克国际机场。

从肯尼迪国际机场前往市区

肯尼迪国际机场是纽约市的主要国际机场，也是全世界最大机场之一。从该机场前往纽约市区可乘坐机场捷运、机场大巴、出租车、巴士等交通工具。

地址：John F. Kennedy International Airport（JFK），New York, NY 11430

网址：www.panynj.gov/airports

肯尼迪国际机场捷运

肯尼迪国际机场捷运（AirTrain JFK）全年全天候运营，方便快捷，适合行李不多且追求实惠的出行者。机场捷运通过接驳地铁或火车到纽约市大部分地区，全程耗时1个多小时。

JFK连接肯尼迪国际机场和纽约地铁的A、E、J、Z线，和地铁A线的接驳站为Howard Beach，每5～10分钟一班；和地铁E、J、Z线的接驳站为Sutphin Boulevard，每5～10分钟一班。从机场到地铁接驳站全程需要10～20分钟。机场捷运单程5美元，地铁单程2.25美元。

机场大巴

多家公司都在肯尼迪机场提供机场巴士（NYC Airporter）服务，以官方推荐的NYC Airporter为例，每30分钟一班。可在纽约市的宾州车站（Penn Station）、港务局巴士总站（Port AuthorityBus Terminal）和中央车站（Grand Central Station）停靠。该机场大巴单程13美元起，可上网购买。时刻表可登录www.nycairporter.com/Schedules.aspx查询。

出租车

纽约的正规出租车（Taxi）为黄色，上面有NYCY Taxi字样。机场出租车服务比较规范，有机场服务人员领到车前，给一张收费单，详细列出机场到各区域的规定收费。如从肯尼迪国际机场前往曼哈顿的路程统一收费45美元（不包括小费及过路费）。小费一般占总费用的10%左右。乘出租车前往曼哈顿的路程最快只需25分钟。

巴士

巴士线路Q3、Q6、Q7、Q10、B15连接肯尼迪国际机场至纽约地铁和长岛铁路的车站，在机场第4航站楼可搭乘。其费用单程2.25美元，可付现金（不找零）或者刷地铁卡（Metro Card）。需要注意的是，这些巴士都是慢车，几乎每站都停，且无空间放大件行李，不推荐给时间不充裕且行李多的出行者乘坐。

从纽瓦克国际机场前往市区

纽瓦克国际机场位于新泽西州，距离曼哈顿西南方约26千米，是大纽约地区第2大机场、全国第5繁忙的机场。从该机场前往市区可乘坐机场轻轨、机场大巴、出租车、巴士等。

地址：Newark International Airport（EWR），1 Brewster Road, Newark, NJ 07114

网址：www.panynj.gov/airports

纽瓦克机场轻轨

纽瓦克机场轻轨（Air Train Newark）方便快捷，适合行李不多且追求实惠的出行者。在机场铁路转运站（Newar k Liberty International Airport）可以接驳新泽西捷运系统，前往纽约市中心，包括如纽约宾州车站等转运中心，耗时30分钟左右；也可在纽瓦克宾州车站转纽新捷运系统，到达纽约市下城和中城，耗时40～60分钟。票价根据目的站收费不同，到纽约市需要12美元左右。可在车站人工临柜或自动购票机购买新泽西捷运系统车票，其中已包含了机场轻轨的车资。

机场大巴

多家公司提供机场巴士（NYC Airporter）服务，该机场大巴单程13美元起，可上网购买。

网址：www.nycairporter.com

时刻表可登录www.nycairporter.com/schedules.aspx查询。

出租车

乘坐出租车从纽瓦克机场到纽约市，根据距离收费，一般为50～70美元（不包括小费和过路费）。

纽约4日行程

纽约是世界最大的城市之一，整座城市值得游玩的景点非常多。在纽约你可以到百老汇欣赏最顶级的艺术表演；可以到美术馆、博物馆欣赏稀有的艺术真迹；可以到第五大道购物；还可以到中央公园欣赏这个城市绿洲。纽约所能带来的惊喜，不需要你慢慢体会，而是一走进这个城市就会扑面而来的。

Day 1
中央公园→大都会艺术博物馆→美国自然历史博物馆→百老汇或时报广场

在纽约第一天的清晨，就去空气清新、环境宜人的中央公园吧！公园很大，里面有大都会艺术博物馆，这是世界首屈一指的大型博物馆，估计仅这里就会让你驻足很久。如果饿了，博物馆里有美食区可以充饥。然后你还可以横穿中央公园到美国自然历史博物馆，探知大自然的秘密。晚上你就可以到百老汇大街，找一家剧院看一场精彩的歌舞剧；还可以到著名的时报广场漫步。

纽约第1天行程		
时间	目的地	行程安排
9:00~11:30	中央公园	中央公园有纽约"后花园"的美誉，是纽约最大的都市公园，园内包含树林、湖泊等美景。如果幸运，你还能碰上在这里举行的演唱会等大型活动
11:30~14:00	大都会艺术博物馆	这是美国最大的艺术博物馆，也是世界三大博物馆之一。大都会博物馆共4层，馆藏有几百万件艺术品，徜徉在这艺术的河流里，一定会让你忘记时间
14:00~15:00	午餐与休息	午餐建议你在参观大都会博物馆时解决，因为博物馆很大，如果因为要吃午餐而匆匆游览一番便离开，想必你会有很多遗憾，也可以在参观完博物馆之后再就餐
15:00~19:00	美国自然历史博物馆	这是世界上规模最大的自然历史博物馆之一，其古生物和人类学的收藏在世界各博物馆中居首位。在博物馆大厅中，首先映入眼帘的就是两座巨大的恐龙骨架，一个是长颈龙，一个是霸王龙，别忘记和它们合影
19:00~21:30	百老汇	百老汇大街两旁分布着为数众多的剧院，是美国戏剧和音乐剧的重要发源地。在这里可以找家剧院欣赏一场歌舞剧
	时报广场	时报广场是曼哈顿中城西部的一块街区，不大的广场周边高楼密集，附近聚集了近40家商场和剧院，是繁华的娱乐和购物中心。你可在此逛逛，感受一下夜晚繁华的纽约风光

North Meadow

曼哈顿
MANHATTAN

Jacqueline
Kennedy
Onassis
Reservoir

上西城
UPPER
WEST SIDE

中央公园
Central Park

A

AB约1.1千米，
步行约15分钟

BC约1.2千米，
步行约18分钟

CD约1千米，
步行约15分钟

C

B

美国自然
历史博物馆
American
Museum of
Natural
History

The Lake

大都会艺术
博物馆
Metro Politan
Museum of Art

百老汇
Broadway

LINCOLN
SQUARE

上东城
UPPER
EAST SIDE

65th Street Transverse

East Dr

E 72nd St

LENOX HILL

W 57th St

W 59th St

5th Ave

3rd Ave

▲ 纽约第1天行程路线示意图

中央公园

　　中央公园（Central Park）占地面积约3.4平方千米，始建于19世纪中叶，有纽约"后花园"的美誉。它是纽约最大的都市公园，也是纽约第一个完全以园林学为设计准则建立的公园。园内有树林、湖泊、牧场、动物园、花园、溜冰场、游泳池、运动场、剧院、广场、草坪以及一个野生动物保护区。这里不只是纽约市民的休闲空间，更是全球人民所喜爱的旅游胜地，每天有数以万计的市民与游客在此游玩。在这个风光旖旎、人文荟萃的地方，你一定能感受到纽约别样的宁静之美。这里还常常举办全球各大奢侈品牌秀、时尚私人聚会和令人激动的各种演唱会。

旅游资讯

地址：纽约曼哈顿正中央处

交通：乘多趟地铁可到，具体详情见表格

网址： www.centralparknyc.org

票价：免费，内设部分景点收费

电话： 212-3106600

★★★ 旅友点赞

公园很大，徒步的话建议换上舒服的鞋，这样才能更加享受在这片"绿洲"中的惬意。公园内有美食区，你可以在那购买食物到草坪上用餐，不过用餐完毕后记得收拾一下垃圾。公园内的表演一般为一些街头艺人自发组织，且一年四季都会举办不同的活动，具体活动内容和时间可上官网查询，且虽然全天开放，但建议白天前往，因为夜晚公园内的流浪汉很多，并不安全。

前往中央公园部分交通路线	
公园入口	**交通**
公园东南角Grand Army Plaza入口	乘坐地铁N、Q、R线在5th Avenue/ 59th Street下车即可；乘坐公交车M1、M2、M3、M4到达5th Avenue/ 59th Street下即可
公园西南角Columbus Circle入口	乘坐地铁A、C、B、D、1线在59thstreet/Columbus Circle站下即可；乘坐公交车M5、M7、M10、M20、M104在Central PK w/Columbus Cir站下车即可
公园南面中段Center Drive入口	乘坐公交BxM2、M5、M7、X1、X7、X9在Central Park S/6 Av站下，沿Center Drive向北走进入公园
公园东面第五大道上所有入口	乘坐公交M1、M2、M3、M4在第五大道上从Central PK N站起至59 St站中的任何一个站下车，从公园东侧进入公园；65th St入口进入是中央公园动物园；72th St入口进入是Conservatory Water；79th St进入是大都会博物馆；85th St进入是大湖Reservoir；102th St入口和106th St入口进入后是Conservatory Garden植物园
公园北部东北角Duke Ellington Statue入口、北部中段Lenox Ave入口和Adam C Powell Bl入口	乘坐公交车M2、M3、M4可到达
公园北部西北角Cathedral入口	乘坐地铁B、C线在Cathedral Pkwy（110 St）站下车即可；乘坐公交车M3、M4、M10在Central PK w/Cathedral Py站下车即可
公园西面Center Park West上所有入口	乘坐公交M10在Center Park West上从Central PK N站起至59 St站中的任何一个站下车，从公园西侧进入公园；乘坐地铁B、C线在Center Park West上的72 St站、81 St站、86 St站、96 St站、103 St站下车，从公园西侧进入公园；66th St、67th St、69th St入口进入是Sheep Meadow；72th St入口进入是永远的草莓地（Strawberry Field）；77th St入口进入是The Lake和美国自然历史博物馆；81th St入口进入也是美国自然历史博物馆；86th St、90th St入口进入是大湖Reservoir；106th St入口进入是Great Hill；108th St入口进入是Block House

中央公园部分景点介绍

景点	详情	资讯
中央公园动物园（Central Park Zoo）	园内有海狮表演、北极区，以及一个种满各种热带植物与花卉的热带雨林区，是一个非常有意思的景点。虽然园内的动物和类不是很多，但仍可看到企鹅、猴子、北极熊等。周末这里还有海洋标本展	门票：2.5美元
戴拉寇特剧院（Delacorte Theater）	每到夏天，这里就会演出莎士比亚的戏剧。演出是免费的，剧院每天18:15开始发放免费票券，每人限领一张票，发完为止	详情：19:15入场，20:00开始演出，单场时间约1小时30分钟；每年夏天开放，周一休息
绵羊草原（Sheep Meadow）	这是人们非常喜欢的野餐之地和享受日光浴的好地方。在这里，你可以看到很壮观的日光浴场景。尤其在夏日，这里的茵茵草地上躺满了享受日光浴的人	电话：212-3106600 网址：centralparknyc.org
草莓园	草莓园因有世界各国捐赠的植物，被称为"国际和平公园"。园内有步道、灌木丛、森林、花丛等，非常适合漫步散心	电话：212-6880380 网址：www.strawberrystores.com
保护水域	保护水域以"模型船池塘"闻名，是一个孩子们喜欢的区域。这座水域北部有一座爱丽丝梦游仙境的雕像，周围还有猫与兔子；在湖的西面有丹麦童话作家安徒生的塑像……这里仿佛就是一个童话世界	春天至秋天的周六早上10：00，这里会举行模型船比赛
眺望台城堡（Belvedere Castle）	眺望台城堡坐落在远景岩上，是中央公园学习中心的所在地。这里也是眺望中央公园之戴拉寇克剧院与大草原的好地方	开放时间：周二至周日10:00~16:00，周一休息
Wollman溜冰场	喜欢溜冰的游客可以来这里玩乐一番，这是一个非常棒的溜冰场。在这里，10月以前有滚轴溜冰和高尔夫球场，冬天可以溜冰。这里还开设有溜冰课程，由专业的教练授课	电话：212-4396900
温室花园（Conservatory Garden）	这里有喷泉和美丽的花园。花园内有丁香、苜花、天竺葵等多种植物，因环境幽雅美丽，吸引了很多当地新人在此举行婚礼	网址：www.centralparknyc.org

大都会艺术博物馆

建立于1870年的大都会艺术博物馆（Metro Politan Museum of Art），是美国最大的艺术博物馆，也是世界三大博物馆之一。博物馆的室内设计模仿不同历史时期的风格，从1世纪的罗马风格延续至现代美国。大都会博物馆共4层，地下1层，地面3层；地下1层为博物馆的服务设施，藏品主要集中在地面3层。整个博物馆被划分为19个馆部，藏有几百万件艺术品。馆内的陈列室就有近250个，常年展出的有几万件展品，但这也仅是博物馆库存的冰山一角。众多永久收藏品中，涵盖了埃及、近东、远东及希腊、罗马、欧洲、非洲等各类文物和艺术品。

旅游资讯

地址：1000 5th AvenueNew York, NY 10028

交通：乘坐公交BxM2至5 Av/w 81 St.站下车；或乘坐公交M1、M2、M3、M4至5 Av/East 84 St.站下车即到

网址：www.metmuseum.org

票价：25美元，65岁及以上老人17美元，学生12美元，12岁以下儿童由成人陪同免费

开放时间：周日至下周四10:00～17:30，周五至周六10:00～21:00，感恩节、12月25日、1月1日以及5月的第一个周一不开放；展览室会在闭馆前15分钟进行清场

电话：212-5357710

★★★ 旅友点赞

大都会博物馆非常大，如果你只花一天时间是不可能看完全部的展品，但可以挑自己感兴趣的看。在众多的展厅中，最受欢迎的就是埃及展厅，还有可以了解美国历史的美国展厅和中国游客必看的中国展厅。中国展厅里有相当出色的中国藏品，号称是中国以外最好的中国佛教雕塑收藏馆。在博物馆的大厅中央有一个服务台，向游人提供不同语言的博物馆地图，并有专人为游客解答各种问题，如果你是带着孩子来的，博物馆还专门准备了儿童喜欢的动画地图和家庭地图。

Tips

1.大都会艺术博物馆非常大，建议游客游玩之前先在官网制订好自己想要参观的展厅。

2.博物馆讲解器7美元一个，提供英语、法语、德语、意大利语、日语、汉语、葡萄牙语和西班牙语等多种语言服务。选择语言后，再输入你想了解的展品编号，就可以听到详细的解说。除此之外你还可以参加博物馆的专人讲解。每周五和周六17:00以后为5美元，但是不能与其他折扣同时享用。

3.博物馆禁止游客带食物和饮料，但是可以带瓶装水。博物馆内设有食堂，可以在此进餐。

4.博物馆内不能使用闪光灯和摄像机。只有铅笔可以在画廊中使用，其他笔不能使用，尤其是钢笔。此外，除非另有公告，否则所有展览室均不允许使用婴儿车。

中午在哪儿
吃

午餐建议你在大都会博物馆内部的食堂解决，因为博物馆很大，游览起来要花费很多时间，当然你也可以在参观完博物馆之后再就餐。美国自然历史博物馆附近也有不少就餐地，你可以选择到那里吃午餐。

1 Petrie Court

这是大都会博物馆内部的一片美食区，提供美国最为常见的快餐，如汉堡和热狗等食物，也提供一些甜品和咖啡等饮料。你可以在这里边吃午餐边观看种类丰富的艺术品。

地址：1000 5th AvenueNew York, NY 10028
交通：乘坐地铁4、6号线在86 St站下车可到
网址：www.metmuseum.org
开放时间：11:30～16:00
电话：212-5703964

2 Gari Columbus

这是一家日式料理餐厅，其装修主要以木质材料为主。餐厅的氛围非常舒适，让人放松。餐点也是传统的日本料理，简单而富有艺术感。餐厅就在美国自然历史博物馆附近，环境非常幽雅。

地址：370 Columbus AvenueNew York, NY 10024
交通：乘坐地铁A、B、C号线在81 St – Museum of Natural History站下车可到
网址：sushiofgari.com
电话：212-3624816

3 Café Frida

这是一家墨西哥餐厅，就在美国自然历史博物馆附近，餐厅内部是传统的墨西哥装修风格。餐厅主要是以最传统的烹饪方式，制作最具有原始墨西哥风味的料理。

地址：368 Columbus AvenueNew York, NY 10024
交通：乘坐地铁A、B、C号线在81 St – Museum of Natural History站下车可到
网址：www.cafefrida.com
电话：212-7122929

美国自然历史博物馆

美国自然历史博物馆（American Museum of Natural History）是世界上规模最大的自然历史博物馆之一，也是美国主要自然史研究和教育中心之一，始建于1869年。它位于纽约曼哈顿区中央公园西侧，占地总面积7万多平方米，建筑物为古典形式。博物馆有地面4层和地下1层，走进正门，在大厅中首先映入眼帘的就是两座巨大的恐龙骨架，其中一个是长颈龙，一个是霸王龙。博物馆的陈列藏品主要包括天文学、矿物学、人类历史、古代动物和现代动物5个方面，其古生物和人类学的收藏在世界各博物馆中占居首位。博物馆内设有图书馆和奥斯朋古脊椎动物分图书馆，藏有自然历史方面书刊30万册左右，其中许多是很有价值的首版专著。

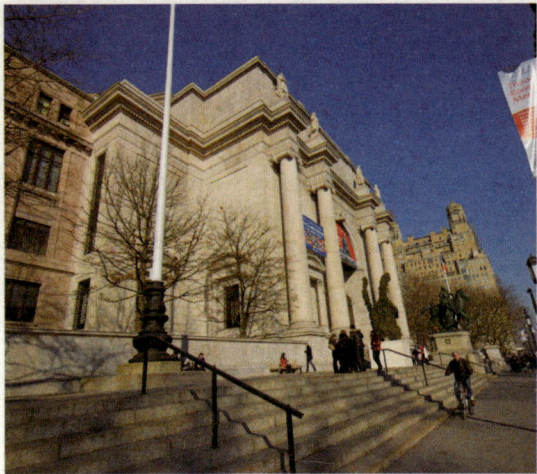

旅游资讯

地址：Central Park W & 79th St New York, NY 10024

交通：乘坐地铁A、B、C线至自然历史博物馆站（81街）下车即可；乘坐公交车M81至W 81 St/Columbus Av站下车即可；乘坐公交车M7、M11、M79至Columbus Av/w 80 St站下车可达；也可乘坐公交车M10至Central PK w/w 79 St站下车到达

网址：www.amnh.org

票价：22美元

开放时间：周日至下周四10:00～17:45，周五至周六10:00～20:45，感恩节和圣诞节闭馆

电话：212-7695100

旅友点赞

馆内的人类学展厅展示了印第安人、爱斯基摩人，以及中美洲、非洲和大洋洲等地居民的风俗习惯、住所、用具、服饰等，其多采用立体布置。而在这里的中国厅中，展示了北京老城的模型，还有中国的一些艺术品。博物馆里每一个标志性城市展厅，就会有专门的"烙印机"，可以在"护照门票"上盖个大章。恐龙馆里有原角龙的骨架和蛋，其中有的是刚从蛋壳中孵化出来的极为难得的小原角龙标本。

晚上在哪儿玩

晚上建议到百老汇找一家剧院欣赏一场音乐剧，但最好提前预订一张歌剧票。之后，你还可以漫步到百老汇街道上的时代广场，这里也是来美国的必游地。当然你大可不必担心游玩的时间太晚，没有回家的交通。纽约是名副其实的"不夜城"，地铁24小时运营。

1 百老汇

百老汇（Broadway）其实是条大道，南起炮台公园，由南向北纵贯纽约曼哈顿岛。因为这条路两旁分布着为数众多的剧院，是美国戏剧和音乐剧的重要发源地，因而成为了美国戏剧及音乐剧的代名词。百老汇大街44街至53街的剧院称为内百老汇，41街和56街上的剧院则称为外百老汇；其中内百老汇上演的是经典的、热门的、商业化的剧目，外百老汇演出的是一些实验性的，名气较低、低成本的剧目。

地址：Broadway New York, NY 10036
交通：乘坐地铁N、Q、R线至49St站下车步行可达；乘坐地铁S线、1、2、3、7号线至42St站下车即可
网址：www.nycgo.com（纽约市政府网站）
www.playbill.com（剧目优惠网址）
票价：各剧院有自己的网站，可购票，从纽约市政府网站也可购买；时报广场的售票处会以很低的价格出售当日的余票，需排队；有些剧目会推出优惠票或者以抽奖形式买到低价票

旅友点赞

在51街上的东之花园是久负盛名的老剧院，剧院内部非常漂亮，音乐剧《猫》就在这里连演了多年，是百老汇连续上演时间最长的剧目。也可观看经久不衰的经典剧目《歌剧魅影》；近年最流行的音乐剧之一《魔法坏女巫》舞台效果好，适合小朋友观看；对语言要求不高的人可看《狮子王》《欢乐满人间》等。

2 时报广场

地址：Manhattan, NY 10036
交通：乘坐地铁N、Q、R线至49街下车即可；乘坐地铁S线、1、2、3、7号线至时报广场42街下车，步行可达；乘坐公交车M104至7Av/w47St站下车即可
网址：www.timessquarenyc.org

时报广场（Times Square）因《纽约时报》早期在此设立总部大楼而得名。如今这个有着百年历史的广场，是游客到纽约的必到景点之一，也是各个大片的取景地。时报广场是曼哈顿中城西部的一块街区，中心位于西42街与百老汇大道交会处的一块三角地带。不大的广场周边高楼密集，附近聚集了近40家商场和剧院，走在时报广场上，抬头随处可见让人眼花缭乱、渐次排列的霓虹灯广告招牌。这里是繁盛的娱乐和购物中心，也是纽约的标志。

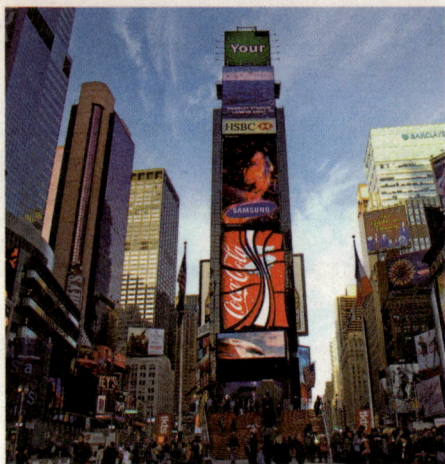

来时报广场的最佳时间是晚上。夜幕降临时，广场上会有各种街头表演，非常热闹。广场上装有摄像头，在Forever21店上方有一块超大屏幕，街上的游客可以通过这块屏幕看到自己当前的影像。广场的中央还矗立着一座百老汇艺术的奠基人、音乐剧史上的传奇人物乔治·M·科汉的塑像，雕塑后面有一个视野不错的休息看台。时报广场还是《早安美国》（*Good Morning, America*）的直播现场。

Tips

让时报广场国际驰名的是每年的新年倒计时。每到这辞旧迎新之时，就会有超过50万人汇集于此，共度不眠夜。而每年12月31日从下午开始，警察就会开始封锁广场，进入广场的人都需要接受安检。如果你在新年时节来到纽约，可以参加著名的时报广场新年前夜零时的落球仪式。但是需提醒的是，由于人非常多，你起码要做好在户外寒风中等待6个小时以上的准备，且被人群包围着上不了厕所。

Day 2 第五大道→纽约现代艺术博物馆→帝国大厦

来纽约一定要在第五大道逛一番，这里聚集了世界顶级奢侈品商店和大型百货，虽然价格不菲，但是相比国内，还是便宜不少。下午则可到现代艺术博物馆参观，艺术没有国界，更何况还有中文导游，所以下午的你则是在艺术的天堂畅游。晚上就到帝国大厦观看风景，感受浪漫了。相信这一天的安排足以让你感受纽约最令人心醉的精髓。

纽约第2天行程		
时间	目的地	行程安排
9:30～12:30	第五大道	来到美国最著名的高档商业街，即使不购买东西，看看也是十分有意义的。70街到30街之间的第五大道，被称为"梦之街"，这里聚集了全世界的顶级名牌商店，是高级购物场所
12:30～14:00	午餐与休息	第五大道拥有数不尽的餐厅和咖啡店等餐饮商铺，聚集了来自世界各地的美食，中午选择在这里用餐最好不过
14:00～18:00	纽约现代艺术博物馆	在这里，你能欣赏到梵·高的《星夜》、毕加索的《阿维尼翁的少女》、塞尚的《沐浴者》以及达利的《记忆的永恒》等名家的经典作品
18:00～22:30	帝国大厦	在这里，你可以站在帝国大厦前，欣赏大厦顶部千变万化的霓虹灯的颜色；也可以登上大厦的86层和102层观光平台，眺望整个纽约市全景

▲ 纽约第2天行程路线示意图

地图标注：
- 第五大道 Fifth Avenue (A)
- 东哈莱姆 East Harlem
- Riverside Park
- 曼哈顿 Manhattan
- 上西城 Upper West Side
- Carnegie Hill
- Hudson River
- 中央公园 Central Park
- 上东城 Upper East Side
- Lincoln Square
- Central Park
- Lenox Hill
- 地狱厨房 Hell's Kitchen
- 阿斯托利亚 Astoria
- 纽约现代艺术博物馆 The Museum of Modern Art (B)
- Midtown East
- 帝国大厦 Empire State Building (C)
- AB约4.8千米，乘车约10分钟
- BC约1.8千米，步行约20分钟

第五大道

　　位于曼哈顿岛中心地带的第五大道（Fifth Avenue），南起华盛顿广场公园，西靠中央公园，北抵第138街，是美国最著名的高档商业街，也是纽约繁荣的标志。在70街到30街之间的第五大道，被称为"梦之街"，这里聚集了全世界的顶级名牌商店，是高级购物场所。从熟知的爱马仕（近62街）、香奈儿（近64街）、LV（近57街）、蒂凡尼（近57街）、宝格丽（近57街）、卡迪亚（近58街）、欧米茄（近55街）等国际知名品牌到一些百年家族品牌，这里都应有尽有。除了高级购物场所，第五大道上还有众多景点，由南至北有帝国大厦（近33街）、布莱恩特公园（近42街）、洛克菲勒中心（近49街）以及中央公园等。

旅游资讯

地址： Fifth Avenue，New York City，NY 10016
交通： 乘坐地铁N、R线至E 23St/Broadway站下车（靠近熨斗大厦）即可；乘坐地铁E、M线至53rd Street站下车（靠近优衣库旗舰店），步行可达

★★★
旅友点赞

　　不论你是否有钱，是否在这里购物，都要来一趟第五大道，因为只有来过这里你才算见识过真正的纽约。在这里，你可以沿着大道步行感受它的繁华，也可以坐车匆匆浏览。第五大道是双向四车道的路面，在道路两侧几十层楼高的建筑对比下，更显狭窄。抬头仰望，视线穿过街道两旁各式各样的广告牌，你只能看到一条狭窄的天空，十分奇特。

中午在哪儿 吃

　　纽约作为世界首屈一指的大城市，以及一个移民聚集地，汇聚了世界各地最精华的美味。相信仅仅在第五大道你就会深有体会。

1 Caravaggio

　　这是一家在第五大道74街的意大利餐厅，餐厅外观看着很普通，并不起眼，内部却别有洞天，精致的装修、静谧的氛围，还有浓浓的罗马风情，再加上精致而美味的餐点和香醇的红酒。相信你无论是约会还是独享，这里都是一个不错的选择。

地址： 23 East 74th StreetNew York, NY 10021
交通： 乘坐地铁6号线在77 St站下车可到
网址： caravaggioristorante.com
电话： 212-2881004

2 Szechuan Gourmet

　　这是一家位于第五大道上的中餐厅，中文名字叫"朵颐"，餐厅整体风格和国内的一些餐厅风格很相像，是曼哈顿最好的川菜馆之一，菜肴味道很正宗，可根据自己的口味选择麻辣度，菜单后面的小辣椒代表菜的辣度，小辣椒越多越辣。餐厅接受提前预订，可以送外卖，接受信用卡消费，在街边停车，适合朋友聚会及带小孩前来。

地址： 21 West 39th StreetNew York, NY 10018
交通： 乘坐地铁7号线在5 Av站下车可到
网址： szechuan-gourmet.com
电话： 212-9210233

纽约现代艺术博物馆

在纽约，现代艺术博物馆（The Museum of Modern Art，简称MOMA）常常与大都会博物馆相提并论，大都会博物馆胜在馆藏之多之全，而纽约现代艺术博物馆则奢华却十分低调。艺术馆藏有个人作品超过15万件、电影2万多部以及电影剧照4百多万幅。莫奈的《睡莲》、梵·高的《星夜》、马蒂斯的《舞》、毕加索的《阿维尼翁的少女》、塞尚的《沐浴者》以及达利的《记忆的永恒》等名家的经典作品都收藏于此。

旅游资讯

地址：11 West 53rd Street, New York, NY 10019

交通：乘坐地铁6号线在51街站下，步行前往53街站可到

网址：www.moma.org

票价：25美元，学生14美元；16岁以下儿童免费，65岁以上的老人18美元。周五16:00～20:00免费

开放时间：周日至下周四、周六10:30～17:30，周五10:30～20:30；感恩节和圣诞节闭馆

旅友点赞

这是美国乃至世界文艺青年最喜欢的一个博物馆，几乎拥有世界电影史的全部资料，而且还聚集了梵·高、尚塞、莫奈等画家的真迹，对追求艺术的青年人来说，这里就是艺术的圣殿。

晚上在哪儿玩

在电影《西雅图不眠夜》中，男女主人翁和那个可爱的孩子就是在午夜时分、帝国大厦关门之前那一刻相遇的，电影中浪漫的场景让人印象深刻。所以，纽约第二天的最后一个安排就选择游览浪漫的帝国大厦。纽约是"不夜城"，晚上在帝国大厦观景台能看到一片灯海，非常壮观。

帝国大厦

帝国大厦（Empire State Building）是纽约著名的摩天大楼，与自由女神像共同成为纽约的地标，共有102层，位于第五大道33大街与34大街之间。每逢情人节、圣诞节、美国独立日等美国传统节日，大厦顶部泛光灯的颜色会随之变换。2001年开始，帝国大厦会在每年中国春节期间的夜晚，点亮富有中国特色的红、黄两色彩灯。游客来此都会登上大厦的86层或102层观光平台，眺望整个纽约市全景。

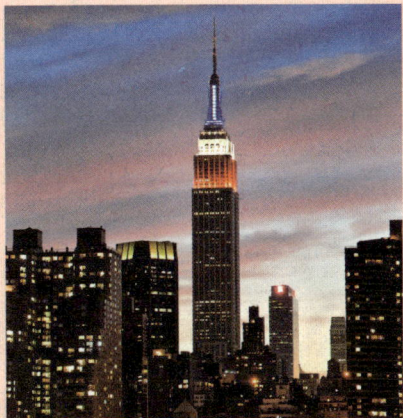

地址：350 5th AvenueNew York, NY 10118

交通：乘坐地铁B、D、F、M、N、Q、R线至34 St – Herald Sq站下车，沿34大街步行即可到达；乘坐公交车BxM6、BxM7、BxM8、BxM9至5 Av/w 34 St站下车即可到达

网址：www.esbnyc.com

票价：仅到86层门票29美元，62岁以上老人26美元，6～12岁儿童23美元，快速套票（无需排队）50美元；86层以及102层门票46美元，62岁以上老人43美元，6～12岁儿童40美元，快速套票（无需排队）67美元

开放时间：8:00至次日2:00，最后一班电梯在1:15

电话：212–7363100

★★★ 旅友点赞

很多电影里面常出现这座大楼，例如我们熟知的《西雅图不眠夜》《金刚》《北京遇上西雅图》等影片。登上帝国大厦，你可以深切地感受电影中的浪漫。

Day 3 联合国总部→归零地→格林威治村

在纽约的第3天，早晨去参观一片国际共有土地——联合国总部。下午则是到人们永远无法忘怀的"9·11"事发地（现在被称为归零地）参观。晚上则到纽约文人艺术家聚集地格林威治村游玩，然后在音像店挑选碟片，在酒吧参加派对。

纽约第3天行程		
时间	目的地	行程安排
10:00～12:00	联合国总部	联合国总部虽然位于纽约市，但其土地实际为国际领土。联合国总部大楼前方有着近200多个旗杆，悬挂着联合国成员国的国旗；参观大厅的地下一层有联合国自己的邮局，来到这不妨买张邮票再盖上联合国的邮戳寄出
12:00～14:00	午餐与休息	联合国总部附近的餐厅距离稍远，也不密集，你可以在参观完联合国总部之后到世界贸易大厦附近就餐。这里餐厅众多，而且有来自世界各地的美食供你选择
14:00～17:00	归零地	归零地指的是在"9·11恐怖袭击"中倒塌的世界贸易中心遗址。纪念馆是原先世贸中心大楼南楼和北楼的基座处，中间有2个巨大的四方形下沉式水池，名为"反思池"
17:00～22:30	格林威治村	格林威治村曾经是叛逆者的天堂，各种激进思想和文艺潮流聚集于此。而如今住在这里的多半是作家和艺术家，这里代表着另一种生活方式，是美国的反文化

AB约4.7千米，
乘地铁约11分钟，
自驾约14分钟，

联合国总部
United Nations

Chelsea Park

The High Line

归零地
Ground Zero

Empire State Bldg

23 St

23 rd Street

NOMAD

18 St

23 St

Kips Bay Towers Condominium
NYU Langone Medical Center

East River

格林威治村
Green wich Village

BC约800米，
步行约10分钟

14 St Union S9

PETER COOPER VILLAGE

▲ 纽约第3天行程路线示意图

联合国总部

　　联合国总部（United Nations）在曼哈顿区的东侧，虽然位于纽约市，但其土地实际为国际领土。联合国总部包括秘书处大楼、会议厅大楼、大会厅和哈马舍尔德图书馆4栋建筑，其中秘书处大楼位于中心，是联合国总部的核心建筑。联合国总部大楼前方有着200多个旗杆，悬挂着联合国成员国的国旗，休息日不升国旗。广场上有2个非常著名的雕塑，一座为左轮手枪的雕塑，手枪的枪管被打了一个结，由卢森堡赠送，代表"要和平，不要战争"；一个是黄铜色很大的破裂状地球雕塑，是意大利赠送，警示人们保护地球。联合国大厦内设有参观大厅，游客进入参观需要通过安检，程序类似机场安检。参观大厅除了提供中文语音导览器外，还有中文人工导游服务（周一至周五），时间约1小时。参观大厅的地下一层有纪念品商店和联合国自己的邮局，你可买张邮票盖上联合国的邮戳寄出。

旅游资讯

地址：New York, NY 10017

交通：乘坐地铁4、5、6、7号线至Grand Central-42 St站下车，沿42大街向东南方步行15分钟至第一大道即可到达；乘坐公交车M15_SBS、M15路至1 Av/E 42 St站下车即可到达

网址：www.un.org

票价：免费

开放时间：周一至周五9:15～16:15；周六至周日只开放游客中心10:00～16:30（无导游）；元旦、2月17日、4月18日、5月26日、7月4日、7月29日、9月1日、10月6日、11月27日、12月25日闭馆

电话：212-9634475

联合国总部内每天都有导游带领参观讲解，并有中文导游，但一周只有一次，需提前在官网查询好中文导览时间。导游讲解的起点在大会公共前厅，会向游客解释联合国及有关组织的工作。部分议会场所可能会因会议停止开放，前往参观的游客需做好准备。进入联合国总部参观，不得身着无袖衣服及短裤，任何液体不得带入，大包需要寄存。

中午在哪儿 吃

联合国总部附近的餐厅距离稍远，也不密集，你可以在参观完联合国总部之后到世界贸易大厦附近就餐，这里餐厅众多，而且拥有来自世界各地的美食供你选择。

1 Calico Jack's Cantina

这是一家墨西哥餐厅，餐厅里有一个特别古朴的吧台，提供各种酒类和饮料等饮品，并提供一些简单美味的餐点和小吃，氛围特别轻松，没有高档西餐厅的那份约束。

地址：800 2nd Avenue Manhattan, NY 10017
交通：乘坐地铁6、7号线在Grand Central – 42 St
站下车可到
网址：www.calicojacksnyc.com
电话：212-5574300

2 Ho Yip

这是一家在世界贸易中心附近的中餐馆，餐厅装修简洁明朗，提供各种中国特色餐点。来这里吃饭你可以单独点一份盖浇饭，也可以选择和朋友一起聚餐，享受多种美味。这里有各种味道的面，也有大饼，同时提供各种炒菜和米饭，以及各种汤。很多在这里工作的华人都喜欢到这里就餐。

地址：110 Liberty StreetNew York, NY 10006
交通：乘坐地铁N、R号线在Cortlandt St站下车
可到
网址：www.hoyipchinese.com
电话：212-3498286

归零地

　　归零地（Ground Zero）指的就是在"9·11恐怖袭击"中倒塌的世界贸易中心遗址，如今已是游客的必到之地。纪念馆是原先世贸中心大楼南楼和北楼的基座处，中间有2个巨大的四方形下沉式水池，名为"反思池"，水池的四壁有瀑布急泄落入反思池中。而在整个水池中央还有一个四方形深洞，反思池中汇集的水流再次汹涌直下其中。在反思池四周黑色大理石的矮墙上，刻有近3000名罹难者的姓名。这里还有一座玻璃房子，形状极不规则，像要倒塌一般。玻璃房子内有很多被烧熔的金属柱子，这就是911博物馆。博物馆内存放着一部分遇难者的随身用品，以及英勇牺牲的消防人员的着装和装备。其中，最令人难以忘却的是那些见生命已无望者，在生命最后时刻发出的短信和留言。如今美国再次在原遗址上重新建了世界贸易中心1号（1 World Trade Center），原名为"自由塔"，大厦高达500多米，成为纽约新的至高点。

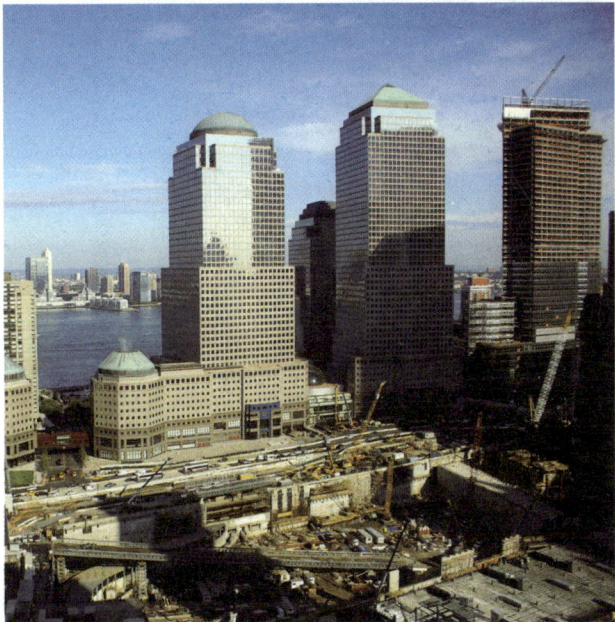

旅游资讯

地址：180 Greenwich StreetNew York, NY 10007
交通：乘坐地铁E号线在World Trade Center站下车可到
网址：www.911memorial.org
电话：212-2665211

★★★ 旅友点赞

　　归零地的南边一条小街道旁的楼墙上有一组差不多20米长的铜浮雕，表现的是9·11事件中英勇救援的纽约消防员。在那场消防战役中，有343名消防官兵献出了宝贵的生命，人们特意建造了这组浮雕以纪念他们，浮雕的一侧还摆有这343名官兵的照片，供人吊唁。

晚上在哪儿玩

　　参观完令人反思的归零地，建议你到格林威治村游览。这里是类似北京南锣鼓巷的地方，又像人们眼中的宋庄。这里聚集了美国的艺术工作者，还有众多酒吧和音响店以及咖啡馆。

1 格林威治村

　　格林威治村（Green wich Village）又名西村，是纽约市西区的一个地名。这里曾经是叛逆者的天堂，各种激进思想者和文艺潮流分子聚集于此，也被称为反主流文化的大本营。格林威治村是在1910年前后在美国形成的，当时这里聚集着各种各样的艺术工作者、理想主义

者，甚至工联分子，他们大多行为乖张，和世俗格格不入。在战后，这里便成为了美国现代思想的重要来源。而如今住在这里的多半是作家和艺术家等，代表着另一种生活方式，是美国的反文化。虽然格林威治村距离曼哈顿中城的摩天大楼不过步行10分钟的距离，但这里看起来却像另一个世界。这里有安静的街道，隐蔽的庭院，绿树成荫的公园和红砖别墅，是一个远离喧嚣人群的好地方，在这里散步、小憩最好不过。

地址：Greenwich Village

★★★ 旅友点赞

　　这里有很多的咖啡馆、酒吧。酒吧始终是隐匿的，半地下，只露出一点儿窗户，不知道的人很难辨认，它们像小群体的聚集点，只有圈里人才知晓。这条街上还有一些乐器店和唱片店。有人说，这里是美国的"巴黎左岸"。每到夜晚，这里的上百支地下乐队便开始"摇滚"着他们的激情。

Day 4 自由女神像→华尔街→唐人街

　　在纽约的第4天，吃完早餐就去乘轮渡看美国的象征——也就是电影里多次出现的自由女神像。之后到世界经济中心华尔街游览，你会看到著名的三一教堂，还可以参观纽约证券交易所的大厅，以及那座铜牛。之后到中国唐人街，这里是纽约的小中国，在此你可以品尝到各种中国美食，也可以购买一些纽约的纪念品，价格比较便宜，而且可以用中文交流。

纽约第4天行程		
时间	目的地	行程安排
9:00~12:00	自由女神像	自由女神像是美国的象征。女神像内部设有博物馆和楼梯，游客可以登上雕像基座并爬到皇冠处，鸟瞰曼哈顿，因为游览人较多，建议至少提前半个小时排队
12:00~13:00	午餐与休息	华尔街紧邻唐人街，所以这里有很多中国餐厅，当然华尔街附近也有很多西餐厅，午餐的选择很丰富
13:00~14:30	华尔街	华尔街西起三一教堂，东至东河旁的南街，街道狭窄而短。其街口的铜牛是游人们必拍的雕塑，代表着经济牛气冲天，你也不要忘了和它合影
14:30~16:30	唐人街	在纽约唐人街，你可以品尝到正宗的中国味道，也能听到乡音……在这里，可以感受一下"他乡遇故知"的人生喜事

BC约1.6千米，
步行约25分钟

Grand St

PAULUS HOOK

CIVIC CENTER

C

Morris Canal

Hudson River

唐人街
China Town

FDR Drive

Liberty State Park

B

华尔街
Wall Street

AB约4.3千米，
步行以及乘坐
轮船约30分钟，
排队会耽误一些时间

巴特里公园
Battery Park

Brooklyn Bridge

埃利斯岛
Ellis Island

哈得孙河

Brooklyn Bridge Park

Governors Island
National Monument

GOVERNORS
ISLAND

Columbia St

A

自由女神像
Statue of Liberty
National Monument

Red Hook
Container
Terminal

COBBLE HILL

▲ 纽约第4天行程路线示意图

自由女神像

　　自由女神像全名为"自由女神铜像国家纪念碑"（Statue of Liberty National Monument），正式名称是"照耀世界的自由女神"，被誉为美国的象征，是法国在美国独立100周年时赠送的礼物，1984年，被列入世界遗产名录。自由女神像穿着古希腊风格的服装，所戴头冠有象征世界七大洲及五大洋的七道尖芒。女神右手高举象征自由的火炬，左手捧着一本封面刻有"1776年7月4日"字样的法律典籍，这一天正是美国独立宣言的签署日。脚下是打碎的手铐、脚镣和锁链，象征着自由、挣脱暴政的约束。自由女神像基座设有博物馆和内部楼梯，你可以登上雕像基座并爬到皇冠处鸟瞰曼哈顿。

旅游资讯

地址：Liberty IslandNew York, NY

交通：前往自由女神像，需从炮台公园坐渡轮前往自由岛。乘坐地铁4号、5号线至Bowling Green站下车可达炮台公园；乘坐地铁1号线至South Ferry站下车可达炮台公园

网址：www.nps.gov

票价：普通票18美元；套票21美元

开放时间：9:30～15:30，除圣诞节关闭，全年开放

电话：212-3633200

★★★ 旅友点赞

很多人说如果没有来看过自由女神像就如同没有见识到真正的美国。开往自由岛的渡船前总有排着长队的人群，进入塑像区的瓶颈一带也总是人群拥挤。不过，等乘电梯到达王冠的观景台看到壮观的风景后，你会发现之前的一切付出都是值得的。

中午在哪儿 吃

午餐你可以选择在华尔街解决，不过这里的餐厅处在寸金寸土的地段，消费会比较高。建议你多走几分钟，到临街的唐人街就餐，这里拥有众多美味的中餐厅，而且价格相对低。

1 Aroy Dee

这是一家泰国餐厅，就在华尔街上，很多在华尔街的泰国人喜欢来这里就餐。因为同属亚洲菜，这里的很多菜还是比较符合中国人的口味。

地址：20 John StreetNew York, NY 10038

交通：乘坐地铁J、Z号线在Fulton Street站下车可到

电话：212-5289922

2 Vegetarian Dim Sum House

这是一家中国素食餐厅，菜很注意养生，而且非常有特色，素食主义者来这里用餐，绝对是一个不错的选择。

地址：24 Pell Street 1New York, NY 10013

交通：乘坐公交车M103路在Bowery/Bayard St站下车可到

网址：www.vegetariandimsumnyc.com

电话：212-5777176

华尔街

华尔街（Wall Street）是一条位于美国纽约市曼哈顿区的狭窄街道，西起三一教堂，东至东河旁的南街，汇聚着对美国甚至整个世界经济具有影响力的金融机构。华尔街街口的铜牛是游客们必照的雕塑，其代表着经济牛气冲天。在这条狭窄的街道上，比肩而立着众多高级金融公司，如纳斯达克、美国证券交易所、纽约期货交易所等。

旅游资讯

地址：Wall Street, New York City, NY 10005

交通：乘地铁2号线、3号线至华尔街下车即可，下车后是华尔街48号；乘地铁4号线、5号线至华尔街下车即可，下车后是纽约证券交易所

★★★ 旅友点赞

实际上，华尔街就是一条高楼林立、狭长的街道。但是提到华尔街不得不提的就是它的标志性建筑——铜牛。原先它被放置在纽约证券交易所前方，但由于每天都被游客围的水泄不通，现在被移至华尔街附近的博灵格林公园内，游客可从华尔街步行过去。在百老汇与华尔街的交界处就是著名的三一教堂，这是一座典型的哥特式教堂。教堂的正前方是纽约证券交易所，斜对面则是联邦大厅国家纪念堂，这是一座古希腊风格的大理石建筑，门前台阶下正中央的那座铜像就是华盛顿的铜像。

晚上在哪儿玩

参观完华尔街，晚上就到唐人街游玩。唐人街不只有众多美味的中国餐厅，还有各种商店。这里一到周末就聚集了大量华人来此购物。在这里，你不但可以买到各种中国特色产品，还可以购买一些美国当地的物品，留作纪念。

唐人街

地址：China Town, NY
交通：乘坐地铁N线到卡纳尔大街站下，然后步行前往唐人街

唐人街（China Town）位于纽约市曼哈顿南端下城，其范围以勿街为中心，包括坚尼街、摆也街、披露街、拉菲耶特街、包厘街和东百老汇大道。唐人街距市政府仅一街之遥，毗邻华尔街，与百老汇相接，优越的地理位置使它在纽约有举足轻重的地位。1890年形成的纽约唐人街，今天已扩展为45条街道，面积超过4平方千米。可以说，纽约唐人街的变迁就是一部海外华人发展壮大的历史。

旅友点赞

在唐人街，通用的语言主要是中文，也有各地方言。许多街口有中文报摊。在街上开车可以听到中文广播，晚间可以看中文电视。在美国，只有在唐人街才有这样的条件和氛围。

如果多待一天

纽约的繁华不是简简单单4天的时间就可以游览完的，如果你在纽约多待一天，可以参观这里各式的教堂、博物馆、图书馆；还可以观看一场经典的歌舞剧，或是到各式酒吧参加狂欢派对；还可以到各大百货公司、品牌旗舰店、购物村扫货；也可以到这里的小意大利区、韩国城等地品尝各类美食。

多待一天的游玩

纽约的知名景点非常多，如果你可以在纽约多待1天，你的选择将会非常丰富，你可以到纽约公共图书馆参观，也可以到哥伦比亚大学游览，或者到布鲁克林大桥拍照留念。

洛克菲勒中心

洛克菲勒中心（Rockefeller Center）位于第五大道上，是洛克菲勒家族出资建造的，由19栋商业大楼组成的建筑群。这里的各大楼底层是相通的，其中最大的主楼有70层之高，著名的峭石之巅观景台就在70层。洛克菲勒中心内部有许多大型商场，分布有各种奢侈品商店。此外，美国三大广播电台之一的"NBC广播电台"也落户其中。

地址：45 Rockefeller Plaza New York, NY 10011
交通：乘坐地铁B、D、F、M线至洛克菲勒中心站下车，步行1分钟即可；乘坐公交车QM1、QM5、QM6至6Av/w49St站下车即可到达
网址：www.rockefellercenter.com
票价：洛克菲勒中心之旅票17美元；峭石之巅观景台成人29美元；两者套票40美元
开放时间：全年开放，峭石之巅8:00~24:00（最后一班电梯23:00）；洛克菲勒中心之旅10:00开始，每半小时一次
电话：212-3326868

② 布鲁克林大桥

　　布鲁克林大桥（Brooklyn Bridge）连接曼哈顿与布鲁克林，是美国最古老的悬索桥之一，也是纽约市象征性景点之一。参观布鲁克林大桥的最佳时机是日落时分，此时沿着木道步行，除了可以观赏曼哈顿的高层建筑和美丽的街景外，还能欣赏壮丽的日落。

地址：Brooklyn Bridge, New York, NY
交通：乘坐地铁4、5、6号线至Brooklyn Bridge–City Hall站下车，步行10分钟后上桥；乘坐地铁J、Z线至Chambers St站下车，步行10分钟后上桥；乘坐地铁R线至City Hall站下车，步行15分钟后上桥；乘坐地铁A、C线至High St站下车，步行10分钟后上桥

③ 圣派区克大教堂

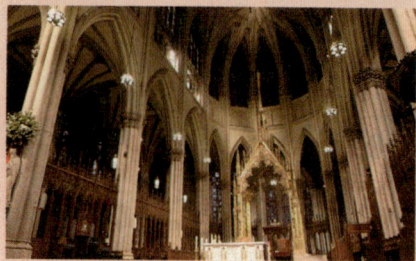

　　圣派区克大教堂（St. Patrick's Cathedral）是纽约最华丽的教堂，也是纽约最大的天主教教堂。教堂大厅里有繁复的穹顶、精巧的雕刻、细腻的玫瑰窗画作，以及约7000个管风琴……整座教堂大厅在几百座玻璃灯盏的映衬下，微微泛着金黄色的光，圣洁且安宁。圣派区克是爱尔兰人的守护神，每年三四月的复活节，他们都会穿着绿色的服装在周日进行大游行，以圣派区克大教堂为中心，沿着第五大道，在44街到59街附近游行。

地址：5th Ave, New York, NY 10022
交通：乘B、D、F、Q线地铁在47街至50街之间的洛克菲勒中心站下可到，也可以搭乘6号线地铁在51街站下可到
网址：www.saintpatrickscathedral.org
开放时间：6:30～20:45，圣诞夜6:30～22:00
电话：212–7532261

④ 哥伦比亚大学

　　哥伦比亚大学（Columbia University），简称哥大，是一所位于美国纽约市的私立研究型大学。哥伦比亚大学根据英国国王乔治二世颁布的《国王宪章》而成立，属于私立的常青藤盟校。哥伦比亚大学的历届毕业生和教职员中，累计共有90多名诺贝尔奖得奖者，于世界各大学中排名第一。其新闻学院颁发的普利策奖是美国新闻界的最高荣誉。美国历史上第一位非洲裔总统奥巴马就是该所大学的毕业生。

地址：116th St and Broadway, New York, NY 10027
交通：乘坐地铁1号线至哥伦比亚大学（116街）站下车即可；乘坐公交车M4、M60–SBS、M104路至Broadway/w 116St站下车即可
网址：www.columbia.edu

纽约公共图书馆

纽约公共图书馆（New York Public Library）是美国最大的公共图书馆，有着近百年历史，其位于曼哈顿繁华的闹市区，离第五大道仅一个街区。这里免费对公众开放，藏书众多，来自世界各地的游客都把这里当作旅游参观的胜地。公共图书馆系统还有85家分馆，遍布整个纽约市，为了方便读者阅读，目前该馆基本采用了电子书库，读者在电脑上便可进行阅读。当然，图书馆也依旧保留了纸质书籍的借阅。图书馆的藏书间全部建在图书馆边上的公园地下。

地址：5th Ave at 42nd St New York, NY 10018
交通：乘坐地铁7号线至第五大道站下车即可；乘坐公交车M1、M2、M3、M4、M5、Q32、X68至第五大道（西41-42街）站下车即可
网址：www.nypl.org
票价：免费
开放时间：周一、周四至周六10:00～18:00，周二、周三10:00～20:00，周日13:00～17:00
电话：917-2756975

★★ 旅友点赞

图书馆还为读者提供英语和电脑等课程的免费培训活动。另外，游客还可在图书馆内的商店购买喜欢的书籍。

多待一天的美食

虽然美国没什么令人称道的美食，但你却能在纽约吃到全球各地的美食。随着移民们的到来，这座城市汇聚了各种地方特色美食。如果你在纽约多待一天，可以找一些比较别致的餐厅来品尝美食。

1 法拉盛

纽约除了曼哈顿的唐人街外，在皇后区还有个新兴的中国城——法拉盛（Flushing），和唐人街的来自广东、香港、福建的移民不同，法拉盛的移民多来自内地城市，如天津、西安、四川、湖南、浙江、上海等，所以要吃地道的内地菜系，法拉盛自然是首选。法拉盛街上全是大大小小的餐馆，还有一些烤羊肉串的大排档，非常像国内。

地址：Flushing, NY 11354
交通：乘坐地铁7号线在Main St Station下可到

2 韩国城

纽约的韩国城（Korean Town）位于西32街和百老汇大街交界处，整条街都是地道韩国餐厅和店铺。这里距离帝国大厦很近，所以非常适合人们在参观帝国大厦之前或者之后来这里补充能量。无论是想要吃一顿快餐或是一餐正统的韩国料理，在韩国城你都可以找到自己需要的。如果不想排队可以到不临街的2楼或3楼的餐厅吃饭，这里不用等位，价格还便宜。

地址：12 W 32nd St New York, NY 10001
交通：乘地铁B、D、F、M、N、Q、R号线在34 Street – Herald Sq Station下可到

3 Sushi Nakazawa

《纽约时报》登出的2013年纽约十佳餐厅，这家日式餐厅就位居榜首。这家寿司店以制作精致味美的寿司闻名，只有10个吧台寿司座位，非常难抢。150美元20道巧手制作的美味寿司将会给你带来惊喜。如果有经济实力尝试一次，你一定不会失望。这里可以刷卡，接受预订，但来此就餐穿着不宜过于随意。

地址：23 Commerce St（between S 7th Ave & Bedford St）New York, NY 10014
交通：乘坐M20路公交车在7 Av S/Barrow St站下车可到
网址：www.sushinakazawa.com
电话：212-9242212

4 Lady M Cake Boutique

这是位于纽约市区的一家蛋糕店，专做精品糕点，深受追捧，在美国其他地区也有很多家分店。店内装饰简约，走进去，映入眼帘的都是白色，透着奢华大气的感觉。这家店非常火爆，很多人专门来此排队买蛋糕，来晚了可能就买不到，其中最值得推荐的是抹茶千层蛋糕，非常美味。

地址：36 W 40th St.,New York,NY 10018
网址：ladym.com
电话：212-4522222
人均消费：74元
营业时间：周一至周四8:00～9:00；周五8:00～22:00；周六11:00～22:00；周日11:00～18:00

多待一天 的购物

纽约市是全球的购物天堂。这里有顶级设计师为名人设计制造服装，并引领着当今时尚的潮流；这里的旗舰店本身就是一个个充满传奇色彩的观光景点；这里从罕见的书籍到量身定制的珠宝，应有尽有。在纽约，无论何处都可以看到一种叫做CONSUMERS（消费者）的连锁商店，在这种商店买东西，要比别处便宜很多。

1 Woodbury Common Premium Outlets

大名鼎鼎的Woodbury名品折扣大卖场，虽然不在纽约市，但离纽约只有1个多小时的车程。这个大卖场规模之大，顶级名牌之多，绝对是名牌爱好者不可错过的血拼胜地。该大卖场的布局不是像百货商店那样全部在一栋楼内，而是每个店都有独立的店面，更像购物街。一天是不可能将之全部逛完的，去之前就要先做好计划，重点逛哪些店，而且去的越早越好。因为店很多，分布的区域很广，要先去游客中心索要购物地图，这样才不容易迷路。这里节假日时人很多，一些热门店面门口口还要排队，所以尽量避开这些时间段去。大卖场设有饮食中心（Food Court），内部有麦当劳等快餐连锁店。

地址：498 Red Apple Ct Central Valley, NY 10917
交通：纽约的港务局巴士总站（Port Authority）有专门去Woodbury的大巴，每0.5小时一班，往返43美元。唐人街也有华人巴士服务，价格便宜些
电话：845-9284000

② 纽约梅西百货公司

　　梅西百货公司（Macy's）是美国的著名连锁百货公司，商场的货品齐全，折扣活动比较多。其旗舰店位于纽约市海诺德广场（Herald Square）。

地址：151 West 34th Street New York, NY 10001
交通：乘地铁A、C、E号线在34 St – Penn Station下可到
网址：www.macys.com
电话：212-6954400

③ 蒂梵尼

　　自创立以来，蒂梵尼（Tiffany & Co.）一直将设计富有惊世之美的原创作品视为宗旨。经典设计让蒂梵尼的每件作品都可以世代相传，魅力永恒。如果条件允许，到这里选购一份蒂凡尼精品，自然是非常棒的。

地址：727 5th AvenueNew York, NY 10022
交通：乘地铁E、M号线在5 Av/53 St站下可到
网址：www.tiffany.com
电话：212-7558000

④ 纽约钻石区

　　全美90%的钻石交易都在纽约钻石区（Diamond District）进行。从大理石地面的豪华店，到只有一个柜台的小铺子，到处摆的"地摊"，各种档次的珠宝店都可以在这片弹丸之地找到。与卡地亚、蒂梵尼等品牌珠宝店不一样的是，这个中心的珠宝因为是一手的、非品牌的，所以价格便宜很多，还可以砍价，但品质良莠不齐，要懂珠宝才能淘到质优价好的。

地址：47 West 47th Street #2e New York, NY 10036
交通：乘地铁A、C、E号线在50 St站下可到

多待一天的娱乐

纽约汇聚了全球顶尖的艺术家和艺术团体，每年都有成千上万场各种艺术演出。如果你有兴趣，不妨查询一下旅行期间这里有哪些演出。当然，在纽约的很多广场和街道，都能看到即兴演出。

卡内基音乐厅

卡内基音乐厅（Carnegie Hall）是美国古典音乐与流行音乐的主要演出地，是世界顶级音乐厅之一，常年有各种演出。这里的音响效果一流，如果有时间，强烈推荐你来这里听一场音乐会。音乐厅官网上会有跨越半年之久的演出详细信息，建议提前预订自己最想要观看的表演。

地址：881 7th Ave New York, NY 10019
交通：乘坐地铁N、Q、R线至57St-7 Ave站下车即可
网址：www.carnegiehall.org
电话：212-2477800

麦迪逊广场花园

地址：4 Pennsylvania Plaza, New York, NY 10001
交通：乘坐地铁 1、2、3、A、C、E线至34 St-Penn Station站下车即可
网址：www.thegarden.com
电话：212-4656741

麦迪逊广场花园（Madison Square Garden）是纽约的一座著名体育场馆，也是许多大型体育比赛、演唱会和政治活动的举办地，也是NBA纽约尼克斯队和国家冰球联盟（NHL）纽约游骑兵队之主场。香港歌手张学友曾在1995年的世界巡回演唱会纽约站中，使用麦迪逊广场花园作为演出场地。

纽约住行攻略

纽约是美国第一大城市，无论是住宿还是交通都非常便捷。在纽约你可以找到各种类型的住宿地，无论你想要什么样的住宿环境，这里都能满足你的需求。纽约交通非常便捷，地铁、公交车大部分都是24小时运行的。

在纽约住宿

纽约拥有各种类型的酒店，你可以找到世界顶级的星级酒店，也可以找到简单便捷的背包客旅馆。不过因为纽约人流量比较大，建议你提前在网上预订，同时纽约消费水平比较高，提前在网上预订会有很多优惠。

1 纽约国际酒店

纽约国际酒店（Hostelling International New York）距离百老汇大街仅有1个街区，距离中央公园也只有10分钟步行路程。酒店设备齐全，服务设施到位，提供免费无线网络连接，部分客房提供早餐。住客还可以免费使用旅馆的公用厨房。旅馆提供多种活动，包括串酒馆、夜总会和室内的戏剧演出和各种表演。

地址：891 Amsterdam Avenue New York, NY 10025
交通：乘地铁1号线在103 Street Station下可到
网址：www.hiusa.org
参考价格：30美元
电话：212-9322300

2 苏豪酒店

苏豪酒店（Sohotel）整体覆盖免费无线网络连接，并提供24小时礼宾服务。其所有客房均设有外露式砖墙，铺有木质地板，配有平面电视、收音机和电话等。酒店还提供行李寄存设施、保险箱和自动提款机，亦设有自动售货机。

地址：341 Broome Street New York, NY 10013
交通：乘地铁J、Z号线在Bowery站下可到
网址：www.thesohotel.com
参考价格：100美元
电话：212-2261482

3 世界大酒店

世界大酒店（World Hotel）位于曼哈顿的唐人街，离小意大利只有一个街区。酒店提供带免费无线网络连接的客房，每间简单的客房均提供有线电视和独立温控器，可提供每日报纸，有24小时前台为你服务。

地址：101 Bowery #2New York, NY 10002
交通：乘地铁B、D号线在Grand St站下可到
网址：www.worldhotelinc.com
参考价格：40美元
电话：212-2265522

4 柏宁酒店

柏宁酒店（Park Lane Hotel）是一家拥有欧洲情调的豪华酒店，可欣赏到中央公园的美景。酒店临近第五大道，距离纽约现代艺术博物馆和洛克菲勒中心也都不到10分钟步行路程。酒店客房内都配有超大的窗户，可欣赏纽约风光。住客可使用酒店内的健身中心。酒店员工会说中文。

地址：36 Central Park South New York, NY 10019
交通：乘地铁N、Q、R号线在5 Av/59 St站下可到
网址：www.parklanenewyork.com
参考价格：200美元
电话：212-3714000

纽约住宿地推荐				
名称	地址	网址	电话	费用
Hostelling International New York	891 Amsterdam Avenue New York, NY 10025	hiusa.org	212-9322300	约50美元起
New York Chinatown Hotel_ US Pacific Hotel	106 Bowery New York, NY 10013	www.uspacificho telnyc.com	212-2260300	约100美元起
Club Quarters World Trade Center	140 Washington Street New York, NY 10006	www.clubquarters. com	212-5771133	约80美元起
Millenium Hilton	55 Church Street New York, NY 10007	www. hilton.com	212-6932001	约70美元起
West Side Ymca	5 West 63rd Street New York, NY 10023	www.ymcanyc. org	212-9122600	约30美元起
Hay Insight Inc	2300 Plaza Five # 2310Jersey City, NJ 07311	www.haygroup. com	201-3775800	约30美元起

在纽约出行

纽约是一座真正的不夜城，在这里，你完全可以在午夜之后乘坐地铁回到你所住的酒店。因为，在纽约一直都有24小时不停歇的公共交通工具。

地铁

纽约地铁是纽约公共交通的运输骨干，几乎覆盖整个城市（除史丹顿岛外的四大区）。纽约地铁有24条服务路线（含3条区间线），各条线路的首末班时间是不同的，有些繁忙路线一天24小时运行。不过，纽约地铁一惯不准时，经常临时改服务，如换道、停运、快车改慢车等，这些服务多发生在非高峰期和周末地铁进行修复活动时，所以出行前要在官方网站上查到最新的路线变更情况。

纽约地铁可无限次站内转乘。纽约地铁站入口处都设有灯柱，颜色的不同代表该站地铁运行时间的不同。绿色灯柱表明该站地铁24小时运行，黄色表示该站地铁只在白天运行，而红色则代表这个地铁站只能作为出站口。纽约地铁大部分列车没有机器语音报站，只有人工报站，所以乘这种地铁时要格外注意站台上的站名。少数曼哈顿的地铁有屏幕显示及机器语音报站。

Tips

深夜乘地铁时尽量坐在人多的车厢，在不太安全的区域坐地铁时，不要坐在靠地铁门旁边的座位玩手机，如果运气不好，会遇到年轻小伙在车门打开时迅速将其抢走，然后跳下车。地铁的闸机（地铁门）是双向的，进站出站都可以用，但进站时需刷卡开门，出站时不用刷卡直接通行。虽然有些站没有人工监管，但如果逃票（比如刷一次票后两个人一起通过）被地铁便衣警察抓住会处以至少100美元的罚款。

纽约地铁官网：www.mta.info。

145 St 1
137 St City College
145 St A·B·C·D
145 St 3
2
135 St B·C
135 St 2·3
4
5
6
125 St 1
125 St B·C
125 St A·B·C·D
125 St 2·3
125 St 6
125 St 4·5·6
116 St Columbia University 1
116 St B·C
116 St 2·3
116 St 6
110 St Cathedral Pkwy 1
Cathedral Pkwy 110 St B·C
Central Park North(110St) 2·3
110 St 6
103 St 1
103 St B·C
103 St 6
96 St 1·2·3
96 St B·C
96 St 6
上西城 Upper West Side
86 St 1
86 St B·C
86 St 4·5·6
81 St–Museum of Natural History B·C
79 St 1
中央公园 Central Park
77 St 6
72 St 1·2·3
72 St B·C
68 St Hunter College
66 St Lincoln Center
林肯表演艺术中心
1 2 3
Lexing Av/63 St F
59 St Columbus Circle A·B·C·D·1
5Av/59 St N·R·W
Lexing Av/59 St
N R W
西中城 Midtown West
57 St–7Av N·R·Q·W
57 St F
5Av/53 St E·V
59 St 4·5·6
V
E
50 St C·E
50 St 1
47–50 Sts Rockefeller Ctr B·D·F·V
51 St 6
Lexington Av–53 St
时报广场
42 St Port Authority Bus Terminal
7
42 St–Bryant Pk
Grand Central 53 St
7
纽约展览及会议中心
34St Penn Station A·C·E
34St Penn Station
33 St 6
28 St 1
28 St N·R·W
28 St 6
切尔西 Chelsea
23 St C·E
23 St 1
23 St F·V
23 St N·R·W
23 St 6
18 St 1
14 St F·V
14 St C·E
14 St 1·2·3
8 St NYU N·R·W
4 5 6
Astor Pl
Christopher St Sheridan Sq1 A C E
Christopher St Sheridan Sq1
Bleecker St 6
Lower East Side–2Av F·V
V
Houston St 1
B D F V
Prince St N·R·W
Delancey St
Essex St J·M·Z
J M Z
1 2 3
Spring St C·E
Spring St 6
Bowery St J·M·Z
East Broadway
Canal St 1
Canal St A·C·E
Canal St J·M·N·Q·R·W·Z·6
下东城 Lower East Side
Franklin St 1
City Hall R·W
Brooklyn Bridge City Hall
唐人街
F
Chambers St A·C
Chambers St 1·2·3
J M
Chambers St
World Trade Center St E
Fulton St/Broadway–Nassau A·C·J·M·Z·2·3·4·5·6
N Q
B D
世界贸易中心遗址
E
Cortlandt St R·W
Wall St
Wall St 2·3
A C
Rector St 1
Rector St R·W
Bowling Green
J Z
Broad St
Whitehall St–South Ferry R·W
2 3
R M
South Ferry
1
4 5
开往自由女神方向渡轮成坐处

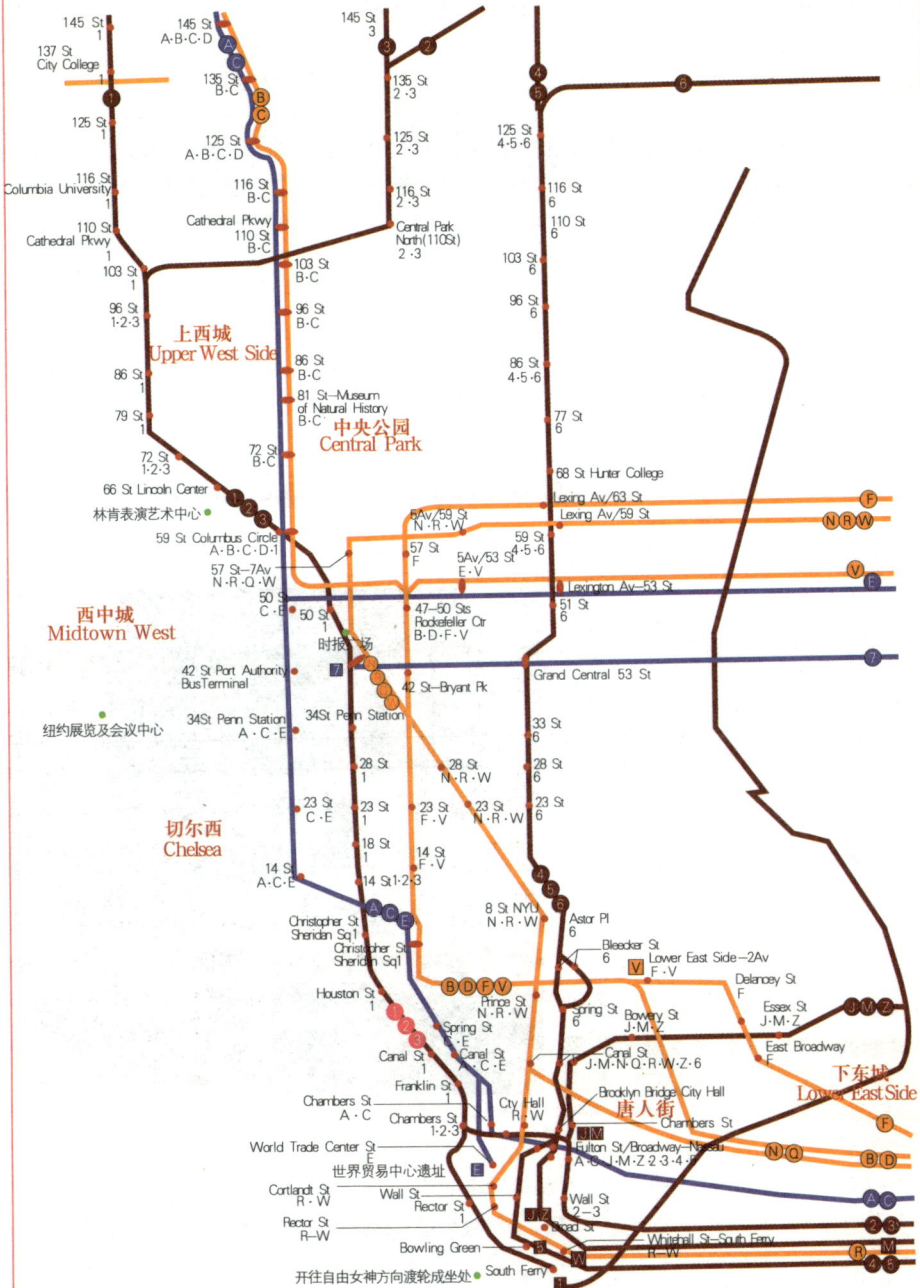

▲ 纽约曼哈顿地铁示意图

PATH-纽约新泽西列车

PATH是往返新泽西和纽约的地铁，打算前往新泽西的游客可选择乘坐PATH，尤为方便。用纽约的地铁卡（是次卡，不能是周卡或者月票）就可以刷卡进入，停靠站有金融街（世贸遗址）、33街等。

公交车

纽约几乎每个地铁站前都会有接驳的公交车站点，公交车的线路名称会根据区域划分，如果是在曼哈顿区域运营的公交车，开头字母是M，BX代表布朗克斯区、B代表布鲁克林、Q代表皇后区、S代表史丹顿岛、X代表快车，其中，快车主要是给上班族上下班通勤接驳用的快车，停靠站数不多。

Tips

纽约本地公交车车费2.25美元单次，日票已经取消，快车单次5.5美元，收硬币，不收纸币。下车前要先拉铃，前方会出现"停车"标示。对于纽约路线不太熟的游客，不建议以公交车为主，因为公交车很少报站，走街串巷的很容易把你弄糊涂，从而不知道在哪里下车。不过曼哈顿有些车只在一条大道上走，就没那么复杂。

纽约公交官网：www.mta.info。

出租车

纽约出租车车身大多为黄色，由私人公司管理，并由纽约出租车与轿车委员会发行执照。车费2.5美元起跳，之后每千米收费0.4美元（20:00后3美元起跳，假日高峰时间16:00～20:00则3.5美元起跳），此外若遇上塞车或通过收费的桥梁及隧道时，乘客还得付额外费用。另外，乘坐出租车还要给司机至少占总金额10%的小费。每天10:00～16:00，人们只能在出租车停靠点打车，否则，即使招手，司机也不会理会你。因为如果司机不遵守在停车点停车的规矩，会被罚款55美元。

观光巴士

如果时间紧或行动不方便，可以搭乘双层观光巴士（Hop-on-Hop-Off Bus），走马观花游览纽约各大景点。纽约观光巴士有不同的路线可选，都由私人巴士公司运营，根据路线和覆盖地区的不同收费不等。

租车

各大汽车出租公司在纽约均有分公司，主要集中在机场一带。租车者的年龄至少要达到25岁。具体的租车事宜，可参考本书导读版块的"一周如何自驾游"部分。

租车自驾时，一定要弄清交通规则，因为违规罚款非常严厉。停车一定要注意，若是非法停靠，城市管理员会把车拖走。

交通卡

交通卡（Metro Card）适用于地铁和公交车，你可以在站点售票机或者人工服务台购买。交通卡有几种类型，一是普通的单程票2.25美元；二是充值卡，即你可以往里面充值使用；三是针对游客比较划算的无限次搭乘票，无限次搭乘票分为7天无限次以及30天无限次，7天的费用是29美元，30天的费用是104美元。

从纽约至华盛顿

飞机

从纽约飞往华盛顿的航班班次非常频繁，机票一般在100美元以内，折扣期间票价更低。

火车

在宾夕法尼亚车站（Penn Station）可乘坐从纽约发往华盛顿的火车，单程票价在120美元左右。

地址：8th Ave & 31st St, New York, NY 10001

交通：乘坐地铁1、2、3、A、C、E线到34 St-Penn Station站下车可到

汽车

纽约到华盛顿特区之间每天约有40班灰狗巴士、彼得潘公司的长途巴士行驶，在华盛顿桥巴士站（George Washington Bridge Bus Station）可乘汽车前往华盛顿，单程票价36美元左右，车程4小时20分钟左右。

到达华盛顿

华盛顿是美国的政治中心，美国白宫、国会、最高法院以及绝大多数政府机构均设在这里。这是一座辉煌的城市，有着庄严神圣的国会山；又是一座伤痕累累的城市，有战争纪念馆向人们讲述着战争的残酷。走进华盛顿，便是走进星条旗的"心脏地带"。

如何到市区

■ 飞机

华盛顿有3座机场，分别是罗纳德·里根华盛顿国家机场、杜勒斯国际机场和巴尔的摩华盛顿国际机场。其中，杜勒斯国际机场坐落在华盛顿西郊43千米处；巴尔的摩华盛顿国际机场位于华盛顿东北方的53千米处；罗纳德·里根华盛顿国家机场坐落在五角大楼南方5千米处，是离华盛顿市区最近的机场。

华盛顿各机场信息			
机场信息	罗纳德·里根华盛顿国家机场	杜勒斯国际机场	巴尔的摩华盛顿国际机场
英文	Ronald Reagan Washington National Airport（DCA）	Washington Dulles International Airport（IAD）	Baltimore Washington International Airport（BWI）
地址	2401 S Smith Blvd, Arlington	1 Saarinen Cir., Sterling	7426 New Ridge Rd., Hanover
电话	703-4178000	703-5722700	410-8597111
网址	www.mwaa.com	www.mwaa.com	www.bwiairport.com
备注	美国国内线为主	国际线和美国国内的长线	国际线和美国国内的长线
交通	乘坐蓝或黄线地铁在National Airport Metro Station站下即可	机场快线（Washington Flyer）每30分钟一班，在航站楼4号门上车，单程10美元，约30钟到达华盛顿西郊的West Falls Church地铁站，再转乘橙线地铁进城；出租车约需要50美元	MARC火车，Penn Line，单程6美元，行程70～80分钟；其他公交车要先到巴尔的摩市再转车去华盛顿，比较麻烦；出租车90美元左右

华盛顿3日行程

华盛顿是美国的首都，相对于纽约的繁华，这里更多了几分庄严。在华盛顿你可以看到在电影、电视中常出现的白宫、五角大楼、国会山等标志性建筑。想要把华盛顿游玩的比较透彻，至少需要3天的时间。

Day 5 白宫→华盛顿纪念碑→五角大楼→乔治城

在美国华盛顿的第一天先到美国总统官邸的白宫参观；然后到华盛顿纪念碑游玩，在这里你可以乘电梯到达观景台俯瞰整个华盛顿市区；然后就到知名的五角大楼游览一番，这里是美国的国防部办公地。

华盛顿第1天行程		
时间	目的地	行程安排
9:00～11:00	白宫	白宫分为主楼和东西配楼，东楼曾经是对外开放的，虽然现在不对美国国籍外的人开放，但可以在外面欣赏它的美丽
11:00～12:30	华盛顿纪念碑	到华盛顿纪念碑景点游玩，最有意义的莫过于乘电梯到达观景台俯瞰整个华盛顿市区风光了
12:30～14:00	午餐与休息	午餐可在五角大楼的餐厅解决，当然，这里最多的就是美式快餐
14:00～17:50	五角大楼	五角大楼是美国国防部办公地，也是美国最高军事指挥机关要地，统管着全美的海陆空三军。从空中俯瞰，该建筑呈正五边形，故名"五角大楼"
17:50～21:40	乔治城	这里保留了不少十八、十九世纪的建筑物，街头上到处有喷泉和雕塑，河边还铺有木板路，是个非常有情调的地区

▲ 华盛顿第1天行程路线示意图

白宫

　　白宫（White House）是美国总统府，位于华盛顿纪念碑正北方，因其外墙是用白色砂岩石建成，故而得名。白宫分为主楼和东西配楼这3部分，主楼底层有外交接待大厅，厅外是南草坪，来访国宾的欢迎仪式一般在这里举行。主楼的二层是总统家庭居住的地方。主楼还有图书室、地图室、金银瓷器陈列室等。此外，白宫的东侧有"肯尼迪夫人花园"，西侧有"玫瑰园"。东楼曾供游客参观，西楼是办公区域，包括总统的椭圆形办公室。国家楼层共有5个主要房间，由西至东依序是：国宴室、红室、蓝室、绿室和东室，其中东室是白宫最大的一个房间，可容纳300位宾客，主要用作大型招待会、舞会和各种纪念性仪式的庆典。

旅游资讯

地址： 1600 Pennsylvania Avenue Northwest Washington, DC 20500

交通： 乘坐地铁橙线或蓝线到Federal Triangle站下车，步行即可到达

网址： www.whitehouse.gov

开放时间： 周二至周四7:30～11:30，周五、周六7:30～13:30，国家假日或有特别声明时不对外开放，如果需要，参观时间可以根据白宫的日程安排而延长，不过现在白宫内部几乎不对外开放

电话： 202-4561111

华盛顿纪念碑

华盛顿纪念碑（Washington Monument）是华盛顿的地标性建筑物，位于国家广场的正中央，是为了纪念第一任美国总统华盛顿而兴建的，高169米，是目前世界最高的石制建筑。碑身外侧没有任何文字，内墙则镶嵌有188块由各地捐赠的纪念石。纪念碑顶部瞭望台的4个方向设有8个观光窗口，你可以在此远眺华盛顿全景。由于来这里参观的人数众多，因此一定要提前预约，特别是在每年4～9月旅游旺季的时候。

旅游资讯

地址： 2 15th Street Northwest Washington, DC 20007

交通： 乘坐地铁蓝线或橙线到Smithsonian站下车后，步行10分钟左右即可到达；乘坐公交车11Y、52路到SW 14th St & SW Jefferson Dr站下车后，步行5分钟左右即可到达

网址： www.nps.gov

票价： 免费开放，门票先到先得；需要提前在位于MadisonSt.和JeffersonDr.SW.之间的15thSt的信息亭领取免费门票，每人领取的数量不得超过6张，从2岁以上的儿童开始就需要凭票进场；也可以通过官网或者电话预约

开放时间： 9:00～17:00，最晚进入时间为16:45。夏令时开放时间为9:00～22:00，最后进入时间为21:45。每年的6月4日和12月25日纪念碑将关闭；信息亭开放时间为8:30～16:30

电话： 202-4266841

旅友点赞

华盛顿纪念碑的东面是国会大厦，西面是"二战"纪念广场，远处中间的白色四方建筑就是林肯纪念堂；北面是白宫，南面是杰斐逊纪念馆。由于华盛顿纪念碑是分不同的年代建造的，所以从外观上你可以看到50米以上的石块颜色与下面的不一致。

中午在哪儿吃

中午你可以在华盛顿纪念碑附近就餐。不过，如果你想来一个新的体验，可以在五角大楼内部用餐，五角大楼内部设施一应俱全，其中包括各式餐厅，你可以在参观五角大楼时直接在里面的餐厅用餐。

1 Cosi

这是一家位于白宫附近的快餐店，店内提供各种风味的三明治和蔬菜沙拉等美式快餐，价格比较实惠，非常适合在外旅行时在此用餐。

地址：1700 Pennsylvania Avenue Northwest Washington, DC 20006
交通：乘坐地铁橙线或蓝线到Farragut West Metro Station下车，步行即可到达
网址：www.getcosi.com
电话：202-6387101

2 Taco Bell

这是一家位于五角大楼内部的墨西哥风味餐厅，这家餐厅提供方便快捷的自助餐，也有美味的比萨以及墨西哥卷饼等各色美食。另外，这里还提供各色美味的甜品以及饮料，不过价格稍贵。

地址：Jefferson Davis Highway Washington, DC 20310
交通：搭乘蓝线、黄线地铁在Pentagon站下车，步行5分钟左右即可到达
网址：www.tacobell.com
营业时间：9:00～17:00
电话：703-2718021

五角大楼

五角大楼是美国国防部办公地，也是美国最高军事指挥机关要地，统管着全美的海陆空三军，从空中俯瞰，该建筑呈正五边形，故名"五角大楼"。大楼建造之初正值"二战"期间，为了节省钢材，大楼建设消耗了近68吨波托马克河里的沙子，这使得大楼附近的波托马克里河下游形成了一个巨大的潟湖。又因为大楼不能阻碍从阿灵顿公墓眺望华盛顿的视野，整体建筑不可以往高处发展，只能从平面无限扩大，加上钢材的限量，使得五角大楼的电梯安装量极少，取而代之的是楼层间的坡度连结方式。因为独特的造型，若是发生紧急事件，无论从大楼内部的任何地点出发，前往直线最远处，都仅仅需要7分钟的路程。

旅游资讯

地址：Washington, DC 20301
交通：乘坐蓝线、黄线地铁在Pentagon站下车，步行5分钟左右即可到达
网址：www.osd.mil
票价：免费；导览团的名额是先到先得的，每天有几个团次，需要先在大厅左侧的接待处预约
开放时间：周一至周五9:00～15:00
电话：703-6971776

旅友点赞

众所周知，这里也是当年"9·11"恐怖袭击的受害地点之一。在当年被撞的那一面，有一个小规模的纪念广场。

晚上在哪儿 玩

晚上不如到乔治城闲玩一番，这里是华盛顿的购物天堂，而且还有很多有情调的老建筑，非常漂亮。

乔治城

乔治城是华盛顿市的一个组成部分，那里保留了不少十八、十九世纪的建筑物，街头散落着喷泉和雕塑，河边还铺有木板路，是一个非常有情调的地区。这一带不仅是有名的观光区，还集中了许多小型餐厅和服饰店，中心地带的威斯康辛大道更是华盛顿的购物天堂。你要来乔治城最好是在午后，先沿着河岸漫步，欣赏沿途风景，随后找家小咖啡店坐坐，或者逛逛这里的商铺，买些东西。

Day 6

美国国家美术馆→国家自然历史博物馆→肯尼迪艺术中心

在华盛顿的第2天，将开启一场艺术之旅，上午参观美国国家美术馆，下午则参观国家自然历史博物馆，晚上则到肯尼迪艺术中心听一场美妙的音乐剧。想必这一天会让你倘徉在艺术与文化的氛围中，久久不愿醒来。

华盛顿第2天行程		
时间	目的地	行程安排
10:00~12:00	美国国家美术馆	美国国家美术馆包括东西2个展馆，室外有雕塑花园。其中，东馆多展出现代派和很前卫的作品，感兴趣的游客不妨以此馆为主要观光地
12:00~14:00	午餐与休息	中午可以到联邦调查局附近就餐，这里餐厅众多，是人们就餐的首选之地
14:00~16:30	国家自然历史博物馆	它是世界上规模最大的自然历史博物馆之一，博物馆以"地球"为主题，藏品涵盖范围很广，从恐龙化石到印地安文化，从古今动物标本到中国孔子像，应有尽有
16:30~20:30	肯尼迪艺术中心	这里被很多表演艺术家视为理想的演出殿堂，晚上有机会的话到这里欣赏一场音乐剧，一定十分美妙

BC约2.9千米，
步行约40分钟，
乘车约10分钟

Franklin Square

Farragut West Metro
St NW

美国白宫
The White House
The Hamilton

Metro
Center
Metro

Gallery Palace
Chinatown Matro

AB约650米，
步行约8分钟

美国国务院
U.S. Dept of State

President's Park
The Ellipse

Federal
Triangle
Metro

Archives
Metro

肯尼迪艺术中心
The John F. Kennedy
Center for the
Performing Arts

Constitution Gardens

林肯纪念堂
Lincoln Memorial

Reflecting
Pool

华盛顿纪念碑
Washington Monument

国家自然
历史博物馆
The National
Museum of
National
History

National
Mall

美国国家
美术馆
National
Gallery
of Art

Independence Ave SW

▲ 华盛顿第2天行程路线示意图

美国国家美术馆

在华盛顿市中心，有2座风格迥异的建筑，那就是美国国家美术馆（National Gallery of Art）。它包括东西2个展馆，室外有雕塑花园。其中，东馆由贝聿铭设计，风格简洁明快，是一

幢充满现代风格的三角形建筑，多展出现代派和很前卫的作品，也有玛雅文化展；西馆为新古典主义风格的建筑，有着古希腊建筑风格，有喷泉、花木和室内庭院，典雅庄重，陈列着达·芬奇、拉斐尔、伦勃朗、梵·高、毕加索等大师的作品。美术馆大厅中央的喷水铜像是墨丘利——古希腊神话中为众神传递信息并掌管商业、门路的神。

旅游资讯

地址：6th and Constitution Ave NW Washington, DC 20565

交通：乘坐地铁黄线、绿线抵达Archives Metro Station站，步行约10分钟左右即可到达

网址：www.nga.gov

票价：免费

开放时间：周一至周六10:00～17:00、周日11:00～18:00；元旦节和圣诞节闭馆

电话：202-7374215

旅友点赞

参观该馆前，你可以下载一款手机应用程序（APP），名字叫作Your Art。此应用程序有美国国家美术馆经典馆藏的详细中文介绍，同时还有实时入馆人数统计。需要注意的是，游客在美术馆参观时，不允许接打电话。此外，稍微大一点的展厅中有舒适的沙发，逛累的时候可以在那里休息。语音导览器是免费向游客租借的，租借时候需要用一个证件（如护照）进行抵押，16:00之前必须归还导览器。导览器有英文、中文解说，不过的藏品中有中文介绍的相对较少。

中午在哪儿吃

中午可以到联邦调查局附近就餐，这里餐厅众多，是人们就餐的首选之地。当然你也可以在博物馆附近选择一些快餐，毕竟这里展品众多，仅仅是一中午的时间根本逛不完，你大可和这里的游人一样选择快餐，然后将时间用在观看展览上面。

1 Del Frisco's Grille

这是一家位于联邦调查局不远的餐厅，这家餐厅的装潢带有意大利风情，是典型的西餐厅。这里提供精美的食品，当然也提供汉堡这样的快餐，主推这家餐厅的烤肉，非常美味。

地址：1201 Pennsylvania Avenue Northwest Washington, DC 20004
交通：搭乘蓝线、红线地铁在Metro Center Station下车可到
网址：www.delfriscosgrille.com
电话：202-4504686

2 Elephant & Castle

这家餐厅提供各种美食快餐以及美味的蔬菜沙拉，你还可以在就餐的同时点一些饮料或者威士忌等饮品，非常有情调。

地址：1201 Pennsylvania Avenue Northwest Washington, DC 20004
交通：搭乘蓝线、红线地铁在Metro Center Station下车可到
网址：www.elephantcastle.com
电话：202-3477707

国家自然历史博物馆

国家自然历史博物馆（The National Museum of National History）是世界上规模最大的自然历史博物馆之一，占地面积约123000平方米。博物馆以"地球"为主题，藏品全面反映人类和自然环境的面貌和演化。博物馆藏品应有尽有，涵盖范围很广，从恐龙化石到印第安文化，从古今动物标本到中国孔子像，可谓应有尽有。此外，这里也拥有世界最大的蚊子数据库，约有150万种的蚊虫资料。博物馆的布置更是用心到连动物生活栖息地的场景都进行了还原，力图营造一个最逼真的生物链环境。在博物馆中央圆形的大厅里，有一只扬起长长鼻子的巨型非洲象——它是迄今为止人类发现最大的非洲野象，有两层楼高。此外，位于二层的宝石和矿物展览区的"希望之星"蓝钻石更是闻名于世。

旅游资讯

地址： 10th St. & Constitution Ave. NW Washington, DC 20560

交通： 乘坐地铁蓝线、橘线到达Federal Triangle 站后，步行约5分钟即可到达

网址： www.si.edu

票价： 免费

开放时间： 10:00～17:30；圣诞节期间闭馆

电话： 202-6331000

★★★ 旅友点赞

　　这里的人类起源馆有一个有趣的照相机器叫作"What would you like a early human"，可以帮你看到自己置身20万年前的大概模样，也就是说，能够把你拍摄下来的图像转化成你自己作为一名原始人的模样，非常具有魔幻力。

晚上在哪儿玩

　　晚上建议到华盛顿肯尼迪艺术中心听一场音乐会，或者到这里的露台观看河岸的夜景，也可在参观完之后到河岸边漫步。

1 肯尼迪艺术中心

　　肯尼迪艺术中心（The John F. Kennedy Center for the Performing Arts）被很多表演艺术家视为理想的演出殿堂。肯尼迪艺术中心是美国国家交响乐团、国家歌剧团和芭蕾舞团的主要表演场所。整个艺术中心共分4个厅，并收藏了来自世界各国的艺术赠品。漫步于中心的屋顶露台，游客还可以观赏波托马克河及华盛顿的风光。对于醉心于艺术的人们来说，在肯尼迪艺术中心听一场美妙的音乐会，将是一次极大的人生享受。

地址： 2700 F Street Northwest Washington, DC 20566

交通： 搭乘地铁蓝线或者橘线在Foggy Bottom站下，再步行10分钟即可到达

网址： www.kennedy-center.org

票价： 免费（听音乐会需购票）

开放时间： 10:00～21:00

电话： 800-4441324

Day 7 国会山→美国国会图书馆

在华盛顿的第3天，可以到国会山游览一番。之后，可以到美国国会图书馆游览一下。

华盛顿第3天行程		
时间	目的地	行程安排
10:45～12:00	国会山	这是一座带有罗马风格的建筑。来到这里，一定不要忘了和这一经典的美国建筑合影留念
12:00～13:00	午餐与休息	华盛顿有丰富的海产资源，很多餐厅都选取新鲜的海产品制作美食。国会山附近有不少美食餐厅，参观完国会山就在附近找家餐厅用餐吧
13:00～14:15	美国国会图书馆	这是全世界最大的图书馆，意大利文艺复兴风格的奢华外观是它震慑游人的第一法宝。进入图书馆内，你会再次被这华丽至极的装饰所折服

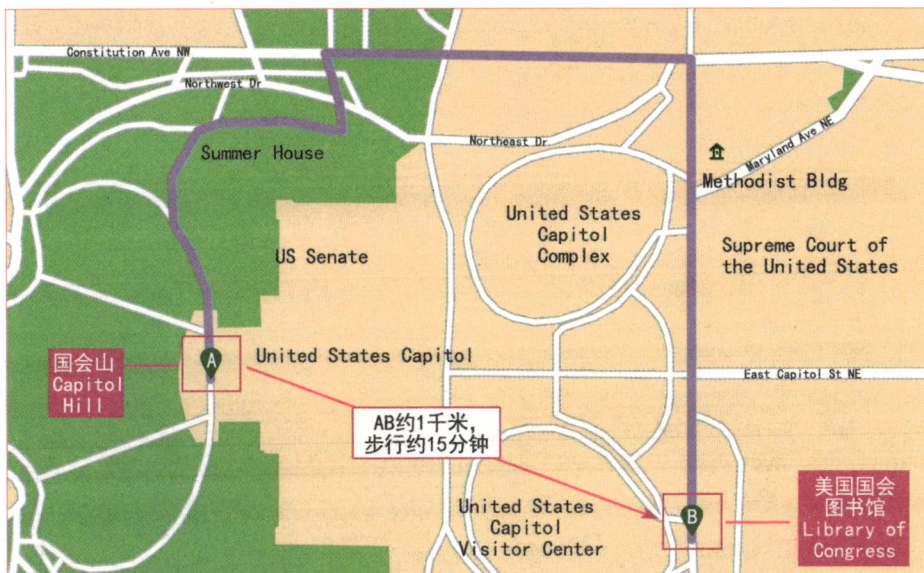

▲ 华盛顿第3天行程路线示意图

国会山

国会山又名美国国会大厦（United States Capitol），是一座带有罗马风格的建筑。国会大厦外墙全部使用白色大理石装饰，通体洁白，给人一种神圣、纯洁的感受，国会大厦的这个圆顶已经成为电视中美国政治新闻报道的最佳背景。国会大厦中央圆形大厅是华盛顿市的几何中心，内高53米，大厅直径30余米，墙上有8幅巨大的油画，记载了美国8个重要的历史事件，圆顶内部是一个可容纳二三千人的金碧辉煌的大厅。大厅顶部是双层穹顶，及象征美国精神的自由女神像。

旅游资讯

地址：East Capitol Street Northeast & First St SE Washington, DC 20004

交通：乘坐地铁红线到Union Station站下步行可达；或乘坐橙线、蓝线在Capitol South站下车步行可达

网址：www.visitthecapitol.gov

票价：免费，需要提前预约

开放时间：周一至周六9:00～16:30；元旦节、感恩节、圣诞节休息

电话：202-2268000

旅友点赞

进入国会大厦后，建议先看一段与美国历史有关的短电影，再参观。参观时可跟着讲解团，每组讲解团有一个讲解员，一人一个耳机可以听讲解。推荐一楼的自助式餐厅，餐厅内供应各个国家的特色食品，价格合理。

中午在哪儿吃

华盛顿有丰富的海产资源，很多餐厅都选取新鲜的海产品制作美食。国会山附近有不少美食餐厅，你可以在参观完国会大厦后到附近找一家餐馆解决午餐。

1 Charlie Palmer Steak

这是一家美式餐厅，餐厅内有一个长长的吧台。餐厅提供一些新式的美式料理，当然建议品尝一下这里的海鲜与甜点。

地址：101 Constitution Avenue Northwest Washington, DC 20001
交通：乘坐红线地铁在Union Station下车可到
电话：202-5478100
网址：www.charliepalmer.com

2 Rose's Luxury

Rose's Luxury是位于国会山附近的一家美式餐厅，提供新式美式创意菜。推荐这里的爆米花汤和鸡尾酒，十分具有新鲜独特的创意。这里的人气很旺，建议你早点来，因为经常需要排队。接受信用卡支付，但不接受电话订位。

地址：717 8th Street Southeast Washington, DC 20003
交通：乘坐蓝线、橙线地铁在Eastern Market Station下车可到
电话：202-5808889
网址：www.rosesluxury.com

美国国会图书馆

　　美国国会图书馆（Library of Congress）是全美最重要的四大图书馆之一，也是全世界最大的图书馆。图书馆外观为意大利文艺复兴风格，奢华无比。图书馆内收藏3000多万本书籍，书中囊括了470多种语言，超过5800万份的手稿，是美国最大的稀有书籍珍藏地点。值得一提的是，博物馆每天依然会增加大约14000件的新进收藏。这里最值得推荐去的就是主阅读厅，在这个气派的环形空间内摆放着上百个木质书架，墙上天顶旁还围绕着16尊铜像，营造着一种稳重古朴的阅读氛围。只要你年满17岁，带着有效的身份证明，你就可以免费办理阅读证件，但这里的书都是不外借的。

旅游资讯

地址： 101 Independence Ave SEWashington, DC 20540
交通： 乘坐地铁蓝线或者橘线在Capitol South站下，步行5分钟左右即可到达
网址： www.loc.gov
票价： 免费
开放时间： 10:00～17:30
电话： 202-7075000

旅友点赞

　　很多人对这里的第一印象就是大气、奢华，堪比欧洲王室城堡。而且这里藏品众多，可以说这里聚集了来自世界各地的珍贵资料与藏品，非常值得人们来此学习。

晚上在哪儿玩

　　来到美国你肯定会想购物，而华盛顿的大型购物商场会一直营业到21:30左右，你可以在参观完国家图书馆之后，选择一个知名的购物商场去购物，为自己或者朋友选购一些礼品。

Fashion Centre at Pentagon City

　　Fashion Centre at Pentagon City是一个综合室内购物中心，以出售服装为主，也包括各档百货，总共有150多个商店，地下是各国风味的快餐厅、电影院。紧邻着购物中心的还有2家名牌商城和多家餐厅，是华盛顿区最大的购物中心之一。

地址： 1100 South Hayes Street Arlington, VA 22202
交通： 乘坐地铁黄线、蓝线在pentagon city站下车，步行即可到达
网址： www.simon.com
营业时间： 周一至周六10:00～21:30，周日11:00～18:00
电话： 703-4152401

如果多待一天

想必仅仅3天的时间并不足以满足你对这座城市的喜爱。如果你的时间比较充足，不如在华盛顿多待一天，这里值得游玩的地方还有很多，不如给自己一天自由行的时间吧，慢慢用心体会这个美国心脏地带的韵味。

多待一天的游玩

在华盛顿多待一天，你可以到国家间谍博物馆了解这个世界上最神秘的职业，也可以到美国植物园观看稀有而珍贵的植物，或者到大教堂游览。

1 国际间谍博物馆

毗邻美国FBI联邦调查局，有这么一座博物馆，它和世界上最神秘的职业有关，它可以为你揭开很多疑惑，展现给你一个真实的间谍世界，这就是国际间谍博物馆。在此，你可以参观到现实中间谍使用过的物品，比如口红形状的手枪和鞋底发报机。这里有大大小小6000多件间谍展品，陈列着从1775年到伊拉克战争以来的各色高科技谍报工具。除了常规的参观，你还可以自己体验一回做间谍的刺激，为自己设定一个假身份，在最短时间内接受任务、了解细节，然后让电子警卫对你进行严格审问，这可以测试你的专业度。

地址：800 F Street NW, Washington DC, DC 20004
交通：乘坐绿线、红线、黄线地铁在Gallery Place Chinatown Station下车可到
网址：www.spymuseum.org
门票：成人20.95美元，65岁及以上老人15.95美元，7~11岁青少年14.905美元，6岁及以下儿童免费
开放时间：9:00~19:00
电话：202-3937798

2 美国植物园

坐落于华盛顿的美国植物园（US Botnic Garden），建立于1820年，距今已有百年多历史，是全美最古老的植物园。植物园内有花卉树木近25000种，其中又以兰花品种之多而闻名，虎头兰、蝴蝶兰、并蒂兰，甚至是兰花之王嘉德丽雅兰都在园内有自己的展示区域。这里还专门设有一处草本植物区，培育的植物可以作为食品饮料的天然添加剂，也可以作为染色材料。据说，这里光是胡椒类的草本植物就有100多种。

地址：100 Maryland Avenue Southwest Washington, DC 20024
交通：乘坐橘线、蓝线地铁在The Federal Center SW站下车，出站左转，步行约2个街区即可到达
网址：www.usbg.gov
票价：免费
开放时间：10:00～17:00
电话：202-2258333

国家大教堂

　　国家大教堂又称圣彼得和圣保罗大教堂，为巴洛克建筑的杰作。它建于1408年，原为长方形的哥特式大教堂，后来不断改建。教堂的外型和构造吸收了文艺复兴时期及巴洛克建筑的特色。教堂塔楼高41.9米，内设有9个祭坛。高高的教堂耸立在高高的地势上，显得格外引人注目。

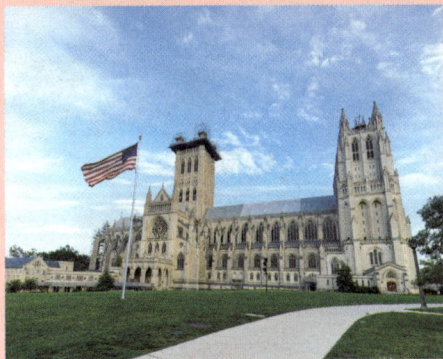

地址：3101 Wisconsin Avenue Northwest Wash-ington, DC 20016
交通：乘坐30N、30S、31、33、37、96路公交车在Woodley Rd & Wisconsin Ave站下车可到
网址：www.nationalcathedral.org
开放时间：10:00～17:30
电话：202-5376200

多待一天的美食

　　华盛顿是个有着高品质餐饮业的城市，这里一些高级宾馆里的餐厅非常不错，食物和服务都属一流，但价格较贵。此外，市内各处都有不同国家风味的餐厅，包括中国餐厅、韩国餐厅、意大利餐厅、法国餐厅和一些日式料理，其中中国餐厅聚集在唐人街一带。意大利餐厅和法国餐厅一般都较为豪华，食物价格相对较贵。如果想吃海鲜，可以去城市西南面的河岸边，那里是海鲜餐厅的集中地。华盛顿还遍布着各式精致的甜品店，店里摆放了琳琅满目的甜点，包括各种口味的烘焙甜蛋糕、松软的华夫饼、香甜细腻的布丁等，都是很好的选择。

华盛顿中国城

　　华盛顿中国城（Chinatown）是一个很小的历史街区，坐落在市中心的东边，里面汇聚了很多亚洲餐馆，其中以中餐馆最为出色。春节期间，这里会有庆祝活动，包括演出和游行，非常热闹。

地址：Street Northwest Washington, DC 20001
交通：乘坐地铁绿线、黄线、红线至Gallery Pl-Chinatown站下车，步行即可到达

111

2 Equinox Restaurant

这是一家位于白宫附近的美式餐厅，供应新式的美式菜，食材新鲜，均选取有机材料，该店还会将菜品与季节相结合，在传统欧式技术的基础上推广美式风味菜肴。餐厅环境幽雅，共有4个用餐区域，包括中庭、晚宴区、私人红酒屋以及酒吧，每个区域都有不同的景致和服务。

地址：818 Connecticut Avenue,NW,Between H & I Streets,Farragut Square,Washington
交通：搭乘地铁蓝线、橙线至法拉格特西（Farragut West）站下车即可
网址：www.equinoxrestaurant.com
营业时间：周一至周四11:30～14:00、17:30～22:00，周五11:30～14:00、17:30～22:30，周六17:30～22:30，周日17:30～21:00
电话：202-3318118

3 Bistrot Du Coin

这是一家非常平民化的法式小餐厅，与华盛顿其他高级法式餐厅相比，这家餐厅非常不起眼。但是这家餐厅拥有一流的服务，以及美味的食物和平民化的价格，非常受人们喜爱。餐厅的牛扒海鲜等料理非常美味，建议品尝。

地址：1738 Connecticut Avenue Northwest Washington, DC 20009
交通：乘坐42、43、L2路公交车在Connecticut Ave NW & S St NW站下车可到
网址：www.bistrotducoin.com
电话：202-2346969

多待一天的购物

在美国购物就是一场地道的"血拼"，很多人一到美国就变成购物狂。美国的东西比较适合大众阶层购买，不像欧洲动不动就是售价几万元的奢侈品。华盛顿就有很多大型购物百货商场，几乎每个购物商场都能满足你的购物需求。

1 Shops at Georgetown Park

Shops at Georgetown Park是位于华盛顿乔治城商业区的一个集购物娱乐与餐饮于一身的大型购物中心。整个商场售卖女装、男装、儿童服装、玩具、饰品、配件、书籍、卡片、电子、音乐等商品。除此之外，这里还有美食街和各类餐厅。

地址：3222 M St NW, Washington, DC 20007
交通：乘坐公交车38B、D5、DCDGR至NW M St & NW Potomac St站下车步行即可到
网址：www.shopsatgeorgetownpark.com
营业时间：周一至周六10:00～20:00，周日12:00～18:00
电话：202-3428190

泰森斯角大型购物中心

泰森斯角大型购物中心（Tysons Corner Center）是华盛顿地区最早的一批室内购物中心，购物中心内拥有近300家商店，包括百货公司Nordstrom、Bloomingdale和Lord and Taylor。从高级时装服饰到日常家居用品都可以在这里选购。此外，泰森斯角大型购物中心内还有一个电影院和多家餐厅。

地址：1961 Chain Bridge Rd., McLean, VA 22102, USA
交通：乘坐公交车2T、15M、23A、23T、23W、28T、T号线至Tysons Corner S/C & Bus Stop 2站下车后，步行即可到达
营业时间：周一至周六10:00～21:30，周日11:00～19:00
电话：703-8477300

The Shops at National Place

The Shops at National Place位于美国华盛顿市中心位置，离国家剧院和自由广场仅有几步之遥，是一座室内购物中心。这里有75家商店和众多餐厅，是华盛顿城中传统的购物之处。

地址：529 14th St NW, Ste 570, Washington, DC 20045
交通：乘坐地铁黄线、红线、橙线至Metro Center Metro站；蓝线、橙线至Federal Triangle Metro站；蓝线、橙线至Mcpherson Sq Metro站下车步行即可到达
营业时间：周一至周六7:00～20:00，周日11:00～17:00
电话：202-6621250

Meeps

Meeps是一家位于美国华盛顿的服装店，主要出售二手服饰和箱包，这里商品种类丰富，从20世纪50年代到90年代的极具年代性的服饰都能在这里找到，如50年代的家居服饰、60年的喇叭裤、70年代的热裤、80年代的垫肩裙等。除此之外，这里还售卖其他配饰，比如假发、面具等有趣的小东西。这里的东西价格不是很贵，而且很独特，在别的地方都很难找到。

地址：2104 18th Street, NW, Adams Morgan, Adams Morgan, Washington, DC
交通：乘坐地铁红线至Dupont Circle Metro站下车，步行即可到达
网址：www.meepsdc.com
营业时间：周一、周二12:00～20:00，周三至周六12:00～21:00，周日12:00～18:00
电话：202-2656546

多待一天的娱乐

在华盛顿多待一天，你可以到雕塑园游览，也可以到动物园游玩。华盛顿有众多可供娱乐的地方，相信可以让你度过愉快的一天。

1 赫希洪博物馆和雕塑园

赫希洪博物馆和雕塑园（Hirshhorn Museum and Sculpture Garden）是一个隶属于史密森尼的艺术博物馆，是五大现代艺术博物馆之一，其主体建筑的设计师是戈登·邦沙夫特，馆内主要收录的是近现代艺术作品，暴力美学、行为艺术、破坏力等都是这个博物馆的主题。博物馆建筑物的设计和现代艺术基调相契合，有圆形的外观，建筑中央的喷泉都是该博物馆的看点之一。

地址：700 Independence Ave SW, Washington, DC 20560
交通：乘坐地铁蓝线、绿线、橙线、银线、黄线至L'Enfant Plaza站下车可到
网址：www.hirshhorn.si.edu
票价：免费
开放时间：博物馆10:00～17:30，广场7:30～17:30，花园7:30至黄昏；12月25日闭馆
电话：202-6334674

2 国家动物园

国家动物园（National Zoo）又被称为史密森尼国家动物园（Smithsonian National Zoological Park）。国家动物园有2个园区，第一个园区处在华盛顿市中心的西北部，即石溪公园园区，它是美国最古老的动物园之一。另一个园区是史密森尼生物保护研究所，位于弗吉尼亚州弗兰特罗亚尔，这个园区不对外开放。国家动物园的2个园区一共有400多种不同种类的动物，其中五分之一都是濒危动物。在石溪公园园区可以观看到各种动物，这里最知名的动物是大熊猫。此外，还有各种鸟儿、大型哺乳动物、大型猫科动物、亚洲象、昆虫类、两栖动物、爬行动物、水生动物和小型哺乳类动物等。

地址：Smithsonian National Zoological Park, 3001 Connecticut Avenue Northwest
交通：乘坐地铁红线至Woodly park/Zoo站下车后，步行约步行10分钟可达
网址：www.nationalzoo.si.edu
票价：免费
开放时间：4～10月6:00～20:00，动物楼10:00～18:00；10月至次年3月6:00～18:00，动物楼10:00～16:30

华盛顿住行攻略

华盛顿作为一个经过专业设计师精心规划的城市，这里的设施健全，整体规划非常科学，而且城市人口不多，非常适合出行。

在华盛顿住宿

华盛顿的住宿地非常集中，各种条件的住宿地基本都有，不过廉价的旅馆和背包客客栈比较稀少。高档酒店的双人间每晚价格在180美元以上；中档酒店的双人间价位为100～180美元，经济型旅馆的价格一般都在100美元以下。另外，在华盛顿住宿，每晚还都要缴纳1.5美元的住宿税。

🔟 DC Lofty

DC Lofty酒店临近华盛顿市中心，距离最近的地铁站仅9分钟步行路程。客人可以免费使用无线网络和酒店的商务中心。酒店在客房内提供储物柜，但是客人需要自备锁；公共室提供有线电视；客人可以使用酒店的小厨房。另外，这里还会提供洗衣服务、传真和复印服务。

地址：1333 11th Street Northwest Washington, DC 20001
网址：www.dclofty.com
参考价格：30美元一个床位
电话：202–5067106

2️⃣ 华盛顿特区国际青年旅舍

华盛顿特区国际青年旅舍（Hostelling International Washington, DC）距离国家广场和白宫有800米。旅舍提供无线网络连接以及带储物柜、台灯和公用浴室的宿舍风格客房。旅舍还有可供客人自己做饭的设备齐全的厨房。每天早晨供应免费的欧式早餐。这里每周还举办免费活动，包括欢乐之夜、旅游观光和酒吧狂欢等社交活动。

地址：1009 11th Street Northwest Washington, DC 20001
网址：www.hiwashingtondc.org
参考价格：30美元一个床位
电话：202–7372333

3️⃣ 埃尔登豪华套房酒店

埃尔登豪华套房酒店（The Eldon Luxury Suites）周围环绕着华盛顿的许多著名景点，包括华盛顿会议中心。酒店设有带全套厨房设备的豪华客房以及如家庭般舒适的设施。客人可以在酒店享用欧陆式早餐或享受室内按摩和水疗护理。

地址：933 L Street Northwest Washington, DC 20001
网址：www.eldonsuites.com
参考价格：120美元
电话：202–5405000

华盛顿住宿地推荐				
名称	地址	网址	电话	费用
HI – Washington, DC	1009 11th St NW, Washington, DC	www.hiwashingtondc.org	202–7372333	约40美元起
Capital View	301 I St NW, Washington, DC	www.dclofty.com	202–4503450	约30美元
Capitol City Hostel	2411 Benning Rd NE, Washington	www.cheapesthostel.com	202–3871328	约60美元
International House Of Washington	1110 6th St NW, Washington, DC	www.ihousewashington.com	202–6509173	约80美元
Washington International Student Center	2451 18th St NW, Washington, DC	www.dchostel.com	202–6677681	约80美元

在华盛顿出行

在华盛顿出行非常方便，你可以乘坐地铁，也可乘坐公交车。华盛顿的人口相比纽约要少一些，所以出行不会很拥挤，乘坐公共交通还是一个不错的选择。

地铁

华盛顿的地铁共分为红线（Red）、蓝线（Blue）、橘黄线（Orange）、黄线（Yellow）和绿线（Green）5条线路，贯穿整个市区及其周边的马里兰和弗吉尼亚，是美国除纽约以外最发达的城市地铁网，设施也比较先进，可以方便地到达阿灵顿公墓、乔治城、里根机场等地。在华盛顿的街道上只要看见有"M"的标志，就是地铁站了。地铁的最低票价为1.35美元，具体票价根据里程和乘车时间而定，在高峰期和非高峰期之间的票价悬殊非常大。

运营时间：周一至周四5:00～24:00，周五5:00至次日3:00，周六7:00至次日3:00，周日7:00～24:00。

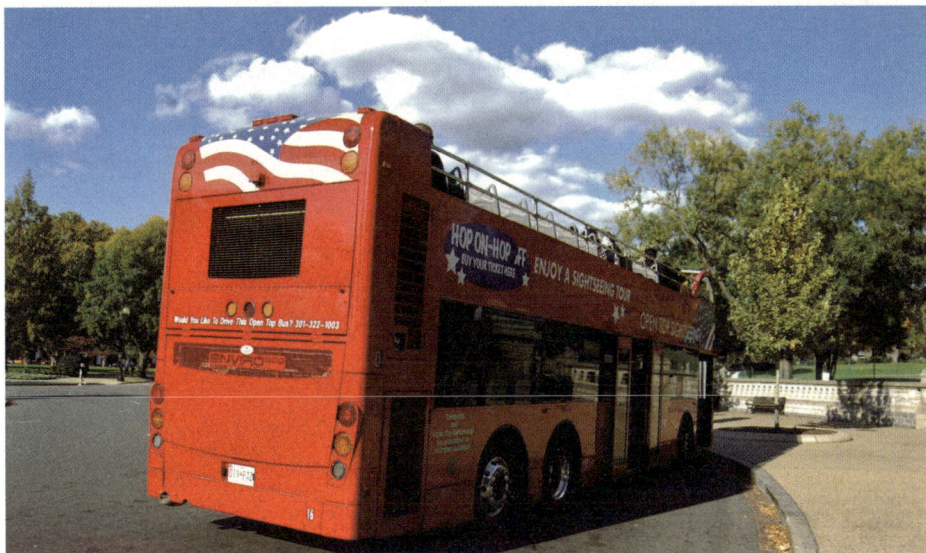

公交车

华盛顿市区的公交车覆盖范围很广，票价也不贵。如果游客乘过地铁之后，想转乘公交车的话，可在地铁站的电梯旁领取转车证，这样在指定的地铁/汽车转运站就可以免费乘公交车了。华盛顿公交车按分区、分时段计费，公交车1.7美元起价，车上不找零钱。如果你在华盛顿停留的时间比较长，可以买Smar Trip充值卡，每次乘车可省0.2～0.25美元，而且不用排队买票，但充值卡本身收费5美元。

观光巴士

在华盛顿，也可搭乘观光巴士畅游各大景点，如以国家大草坪为中心，前往国会大厦、史密苏尼博物馆、林肯纪念堂、阿灵顿公墓等主要历史纪念地和政府机构。其经济又便捷，而且车上的司机或导游也会沿路介绍景点。观光巴士营运期间内每天9:00～17:00都有班车。观光巴士车票有效期1天，不限次数乘坐。

鸭艇

鸭艇为水陆两用车，每天9:00由联合车站发出，环绕国家大草坪周边的博物馆区、主要的历史纪念碑，然后驶入波多巴克河，每年3～10月营业。

旧城巴士

搭乘宛如老式路面电车般的旧城巴士可环游华盛顿各主要观光景点，巴士司机兼导游会用英语为你解说。环绕一圈约2小时15分钟，由联合车站出发，沿路可任意上下车。

出租车

华盛顿出租车收费为计程收费。出租车起步价为3美元，里程价每千米1.5美元，另有关于多人、低速、行李、高峰等的附加费，但市区资费19美元封顶。

时间改变

如果你的时间充裕，建议你游玩纽约后先去费城，然后再去华盛顿游玩。费城是美国历史名城，是美国最古老、最具历史意义的城市，也是值得你徒步行走的城市。

去费城玩1天

国家独立历史公园

国家独立历史公园（Independence National Historical Park）包含一些与美国革命和建国历史相关的历史建筑，被称为"美国最具有历史意义的一平方英里"。公园内的独立厅古朴典雅，左边的屋子是古老的宾夕法尼亚州法庭；右边的屋子是第二次大陆会议和制宪会议的会址，室内的陈设依然保持原样，13张桌子排成半圆形，代表13个殖民地，就在这间风格简朴而平凡的屋子里，通过了著名的《独立宣言》《美国宪法》。独立厅街对面的自由钟，是美国独立的象征。公园内还有一些其他的历史建筑，如美国第一银行和美国第二银行。

旅游资讯

地址：143 South 3rd St，Philadelphia
交通：乘坐公交车17、33、38、48、MFO路到5th St & Market St站下车可到
网址：www.nps.gov
开放时间：8:30～17:00
电话：215-9652305

自由钟

自由钟和独立厅都是美国人的骄傲，是为自由而奋斗不止的一种精神象征。它的钟体上刻有源于圣经《旧约》中一句话："向各地的所有居民宣布自由"，自豪地表示着美国的伟大独立，意义深远。这口钟由宾夕法尼亚州议会用100英镑的价格向伦敦的White Chapel工厂订制的，1752年完工后被安放在了费城。之后不久，自由钟出现了裂缝，无法修复，因此现在我们已经无法听见这位"年事已高"的历史见证者的深沉钟声了，它的最后一次鸣响是在1846年时庆祝总统乔治·华盛顿的诞辰时。

费城艺术博物馆

费城艺术博物馆（Philadelphia Museum of Art）是一幢古希腊神殿式建筑风格，气势雄伟，被称为"美国的帕特农神庙"。博物馆藏品丰富，是美国三大博物馆之一。博物馆一层北侧的展厅是13～19世纪欧洲绘画作品的展厅；里侧是20世纪杰出美术作品的收藏室；南侧是宾夕法尼亚工艺品等工艺及特别展的展厅；二层北侧展出的是中世纪至近代的欧洲绘画作品，南侧是中世纪的欧洲和东方艺术作品；地下是照片、版画的展厅，还有一个大规模的博物馆礼品店。馆内的著名藏品包括毕加索的《三个音乐师》、杜尚的《大玻璃》、梵·高的《向日葵》、塞尚的《大浴女》等。

旅游资讯

地址：2600 Benjamin Franklin Parkway, Philadelphia, PA 19130

交通：沿富兰克林大道一路步行游览到达；乘坐公交车38路在Art Museum Dr & Kelly Dr-MBFS站下车即可；或乘坐43路公交车到Spring Garden St & Kelly Dr站下车，向西北方向步行约3分钟可到

网址：www.philamuseum.org

票价：20美元；65岁以上老人18美元；学生14美元；12岁以下儿童免费。门票两日内有效。每月第一个周日以及每周三17:00之后，任意付费

开放时间：10:00～17:00；周三、周五延长至20:45闭馆；周一及法定节假日休息

电话：215-7638100

宾夕法尼亚大学

宾夕法尼亚大学（University of Pennsylvania）是常春藤（Ivy Leagues）八所盟校之一。美国的第一所医学院和第一所商学院都诞生于此，也是该大学的顶尖学院。该大学的计算机系陈列有美国第一台大型计算机。每年一届的全国大学生田径运动会也在这里举行。宾夕法尼亚大学的设计融合了英国牛津大学与剑桥大学的建筑风格，在保留一些哥特式建筑古老元素的同时，创新并发展出了全新的校园哥特式建筑风格。陈寅恪、金岳霖、梁思成、林徽因都曾在此就读过。学校内有很多富兰克林的坐像，其知名度不亚于哈佛大学里的那尊雕像，你可以与之拍照留念。

旅游资讯

地址：3451 Walnut Street

交通：乘坐绿线有轨电车11、13、34、36路至36th Street站下车可到

网址：www.upenn.edu

罗丹博物馆

罗丹博物馆（Rodin Museum）位于费城艺术博物馆旁，是除法国外，收藏罗丹雕塑作品最多且种类最齐全的博物馆。馆内收藏有100多件青铜雕塑艺术作品，包括著名作品《思想者》《吻》《地狱之门》等。

旅游资讯

地址： 2151Benjamin Franklin Pkwy, Philadelphia，PA19130

交通： 乘坐32、38路公交车到Ben Franklin Parkway & 22nd St站下车可到；乘坐7、32、48路公交车到Hamilton St & 21st St站下车可到

网址： www.rodinmuseum.org

票价： 3美元

开放时间： 周二至周日10:00～17:00

电话： 215-7638100

时间缩短

如果你的时间有限，而你又想多体验一些美国不同的风情，建议你在纽约游玩4天后，直接乘坐飞机前往亚特兰大玩2天。亚特兰大位于美国东部，但又拥有美国南部特有的历史与环境。世界名著《飘》就是在此诞生。

去亚特兰大玩2天

可口可乐世界

可口可乐世界（World of Coca-Cola）是展示可口可乐公司历史的场所，其中展出了1000多种可口可乐手工艺术品。此外，可口可乐世界不仅描绘了可口可乐公司的现在，更描绘了可口可乐公司对未来的无限憧憬。可口可乐世界大厅的设计很有现代感，墙上装饰性的图案边上各国文字组成的宣传语，足以看出可口可乐是国际性的产品。另外，这里还展示有可口可乐各时期的广告招牌，各时期的瓶型及由可口可乐衍生出的附属产品等。在可口可乐世界里，你还可以免费品尝生产于全球各地，不同口味的可口可乐公司的产品，品种多达上百种。

旅游资讯

地址：121 Baker Street Northwest Atlanta, GA 30313

票价：16美元

交通：乘坐413、480、490路公交车在 Williams St @ Baker St站下车可到

网址：www.worldofcoca-cola.com

电话：404-6765151

旅友点赞

这里有很多互动节目，非常有趣，你还可以看一些关于可口可乐的电影或者宣传片，最主要的是可以看到来自世界各地、不同时期的可乐包装，以及一些海报，非常有意思。另外，这里还有一些用可乐瓶子做的可爱的东西，非常有创意。

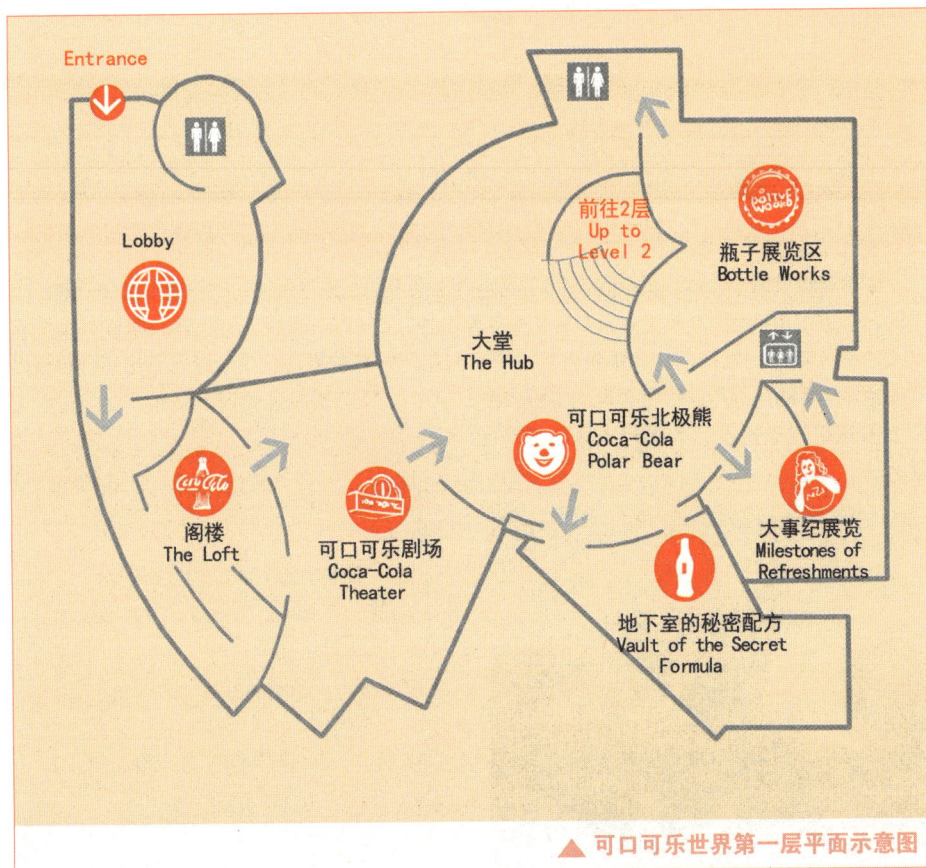

Entrance

Lobby

前往2层
Up to
Level 2

瓶子展览区
Bottle Works

大堂
The Hub

可口可乐北极熊
Coca-Cola
Polar Bear

阁楼
The Loft

可口可乐剧场
Coca-Cola
Theater

大事纪展览
Milestones of
Refreshments

地下室的秘密配方
Vault of the Secret
Formula

▲ 可口可乐世界第一层平面示意图

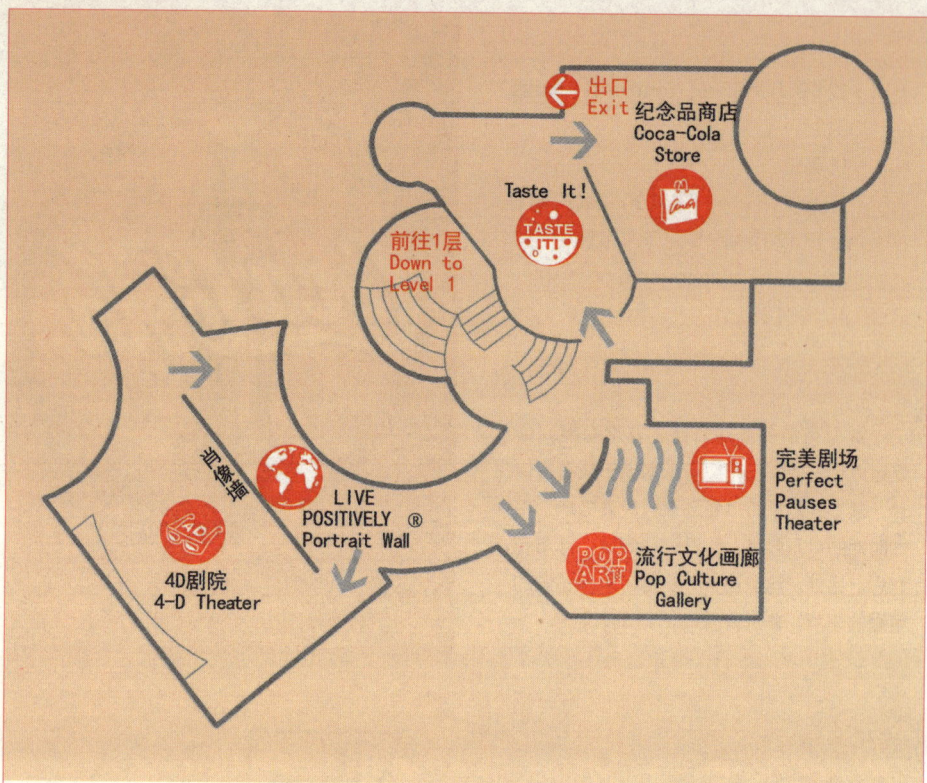

出口
Exit

纪念品商店
Coca-Cola
Store

Taste It !

TASTE
IT !

前往1层
Down to
Level 1

影像墙

LIVE
POSITIVELY ®
Portrait Wall

4D剧院
4-D Theater

POP
ART

流行文化画廊
Pop Culture
Gallery

完美剧场
Perfect
Pauses
Theater

▲ 可口可乐世界第二层平面示意图

佐治亚水族馆

　　佐治亚水族馆（Georgia Aquarium）是世界上最大的水族馆之一，整体造型犹如一艘巨型游轮，总蓄水量达到2万多立方米，有500多种物种，约12万只动物，包括4只鲸鲨。馆内有60多个大小不一的水族箱，其中最大的一个水族箱内放养着鲸鲨。佐治亚水族馆还提供诸多互动性体验活动，你可以欣赏有趣的海豚表演，也可以到4D影院感受视听盛宴。此外，乔治亚水族馆曾经被网友评为世界十大浪漫求婚地之一。

旅游资讯

地址：225 Baker St NW, Atlanta, GA 30313

交通：乘坐地铁绿线、蓝线到Dome、GWCC、Philips Arena、CNN Center Station站下车可到

网址：www.georgiaaquarium.org

票价：40美元

开放时间：周日至下周五 10:00～17:00，周六 9:00～18:00

电话：404-5814000

这座水族馆外观非常壮观，一进入里面，便有一种置身海洋的感觉。这里的海豚馆还有精彩的表演，最惊人的估计是这里的鲨鱼了，绝对给人一种震撼的感觉。

石山州立公园

石山州立公园（Stone Mountain State Park）是每个来亚特兰大的游客必到之地。公园占地面积近13平方千米，其中最知名的便是高约250米、面积达2平方千米的圆顶形花岗岩石山。它的出名之处在于山侧面上雕刻有杰斐逊·戴维斯、罗伯特·李和斯·杰克逊的浮雕像，这些浮雕形象生动、令人叹为观止，被称为"世界上最大最壮观的石雕"。园中有天然大牧场以及南北战争前的种植园，还有仿造内战时老式机车牵引的窄轨游览火车，以及可在湖内巡游的战前旧式蒸汽船。公园内还有空中缆车、历史纪念馆、古玩博物馆、高尔夫球场、旱冰场、音乐中心、露天剧场等娱乐设施。

旅游资讯

地址：1000 Robert E Lee Boulevard Stone Mountain, GA 30083

交通：自驾或包车前往

网址：www.stonemountainpark.com

票价：22美元

开放时间：6:00～00:00

电话：800-4012407

★★★★★　旅友点赞

这里是亚特兰大市郊的一座寸草不生的石头山，颇为奇特，很多人猜测这是冰川运动的产物，很多人来这里就是为了看一下那个巨大的浮雕。这里环境非常好，里面有一些关于美国南北战争的历史记载。晚上会定期有激光表演或者焰火表演，还是挺不错的。

亚特兰大植物园

亚特兰大植物园（Atlanta Botanical Garden）占地面积达12万平方米，于1976年正式设立，是一个由美丽的专类花园、高地疏林、妙趣横生的儿童花园、宏伟壮丽的热带温室等组成，里面还有丰富多彩的教学节目，是融植物收集、研究、教育为一体的综合性多功能植物园。每年这里还会有一些临时性展览，展览的项目十分广泛，引人入胜。对于喜爱植物的游客，亚特兰大植物园不论是观赏还是摄影留念，都是一个非常不错的去处。

旅游资讯

地址：1345 Piedmont Avenue Northeast Atlanta, GA 30309

交通：自驾或包车前往

网址：www.atlantabotanicalgarden.org

门票：12美元

开放时间：4～10月9:00～19:00；11月至次年3月9:00～17:00

电话：404-8765859

★★★ 旅友点赞

这个植物园具有环保的理念，它们的建筑全是最环保的设计。园内时常推出特别的活动，非常有名的是由几百万盏灯装点植物园的灯光秀，非常漂亮。

玛格丽特·米切尔之家

玛格丽特·米切尔之家（Margaret Mitchell House & Museum）修建于19世纪末，是一座红砖墙砌成的普通三层小楼。馆内展示诸多文献、图片与文物，包括米切尔写《飘》时所用的打字机。每年都有很多人来这里寻找《飘》的气息，喜欢《飘》的旅客，不仅可以在参观过程中了解米切尔的生平，还能一窥这部巨作对整个世界的影响力。

旅游资讯

地址：990 Peachtree Street Northeast Atlanta, GA 30309

交通：乘坐地铁黄线或红线在Midtown站下车后，步行3分钟即到

网址：www.margaretmitchellhouse.com

票价：22美元

开放时间：10:00～17:00

电话：404-2497015

★★★ 旅友点赞

在这幢最平凡无奇的小房子里，玛格丽特·米切尔写出了《飘》这部旷世之作。想必几乎每个人都曾拜读过这部小说。由费雯丽和克拉克·盖博主演的《乱世佳人》这部电影更是深入人心，这绝对是一部值得一看再看的电影。建议你在这里买一张最经典的电影海报留作纪念。

亚特兰大历史中心

亚特兰大历史中心（Atlanta History Center）是美国最重要的历史博物馆之一，内有绿树苍翠的庭院、铺满鲜花的小径和亚特兰大的历史建筑。博物馆中极为重要的收藏品便是南北战争时期的历史遗留物。天鹅寓所（Swan House）和图里·史密斯农场（Tullie Smith Farm）也坐落于此。其中，天鹅寓所是一座农场主的豪宅，整个庄园面积很大，屋子里的墙角窗棂都装饰有精美的雕塑，屋里摆放着从亚洲或欧洲进口的家具，极为奢侈；图利·史密斯农庄则是一座典型的19世纪中产阶级的房子，完整地保留了南北战争前的景象。

旅游资讯

地址： 130 W.Paces Ferry Rd., Atlanta

交通： 乘23路"Lindbergh Center"巴士至Peachtree Rd.和Weat Paces Ferry Rd.的交叉处下车，步行即可到达

网址： www.atlantahistorycenter.com

票价： 15美元

开放时间： 周一至周六10:00～17:30；周日和节假日12:00～17:00；新年、感恩节、圣诞节闭馆

电话： 404-8414000

★★★ 旅友点赞

亚特兰大历史中心的主展厅中，令人印象深刻的是奥林匹克馆和南北历史纪念馆。奥林匹克馆是为纪念1996年亚特兰大奥运会而建的，虽然面积不是很大，但设计得非常精致。南北历史纪念馆内展示了美国内战的方方面面，就连介绍、电影等都做得很详细生动，是了解美国历史的好去处。

Part 2

美国西南部一周游

Part 2 美国西南部一周游

美国西南部印象

★★★ 好莱坞

洛杉矶最吸引人的地方就是好莱坞，在好莱坞星光大道上，已经有2500多颗镶有名人手印的星形奖章，街道上的每颗星皆由一颗水磨石制成。来这里寻找属于自己偶像的那颗粉色星星，成为游客一定要做的事，当然另外一件事就是与好莱坞山上的著名标志牌"HOLLYWOOD"拍一张合影。

★★★ 缤纷购物

不论是在洛杉矶还是在拉斯维加斯，你都会不可避免地发现这两个地方都堪称购物天堂。在拉斯维加斯大道上每个酒店内都设有大型购物中心，更不用说周边的购物村和百货商店了。在洛杉矶有一条世界最昂贵的购物大道——罗迪欧大道，街道两侧林立着众多顶级品牌的旗舰店，不仅是气势比其他购物区高，每一座建筑也都极为用心。

★★★ 绚丽娱乐

这里有迪士尼游乐园、乐高乐园、洛杉矶环球影城、米高梅历险游乐园等大型游乐园，每座游乐园都极有知名度。这些游乐园的建筑都极为精致，而内部的游玩设施更是丰富多彩。在这里的任何一所游乐园中，如果你只有一天的时间，那几乎就不可能玩完所有的项目，仅迪士尼乐园就足够人们玩一周了。

★★★ 主题建筑

洛杉矶有为了拍摄影视剧而兴建的大批摄影基地，像星光大道上就有建筑风格迥异的剧院，更有奥斯卡颁奖典礼指定的杜比剧院。而在拉斯维加斯几乎每家酒店都有自己的主题风格，在这里你可以看到用埃及金字塔、巴黎埃菲尔铁塔、纽约自由女神像、威尼斯的运河、罗马文明、音乐喷泉、英国圆桌武士传说、火山爆发、马戏团等复制品装饰的酒店。

★★★ 城市之外

除了各具特色的城市风景外，这里也有大片的、处在城市之外的美丽自然风光。在这里，你可以看到美丽而充满风情的海岸、一望无际的沙漠与荒原、震撼人心的大峡谷国家公园等。其中，大峡谷国家公园是世界七大奇景之一，也是美国最值得一看的国家公园之一，这里有千姿百态的奇峰异石和峭壁石柱，还有峡谷两岸色彩变化万千的岩石，极为壮观。

推荐行程

A 洛杉矶 ———约430千米——— **B** 拉斯维加斯

Death Valley
National Park

拉斯维加斯
Las Vegas **B**

天堂市
Paradise

里奇克莱斯特

Nipton

加利福尼亚城
California City

布尔海德市
Bullheadcity

AB驾车约需4小时

Edwards

巴斯托
Barstow

Mojave National Preserve

兰开斯特
Lancaster

维克托维尔
Victorville

洛杉矶
Los Angeles

希斯皮里亚
Hesperia

二十九棕榈树
Twentynine
Palms

Sheephole Valley
Wilderness

圣贝纳迪诺
San Bernardino

丝兰谷
Yucca Valley

阿纳海姆
Anaheim

雷德兰兹
Redlands

约书亚树国家公园
Joshua Tree
National Park

交通方式对比

路线	交通方式	优点	缺点	运行时间
洛杉矶—拉斯维加斯	长途汽车	班次多，乘坐舒适	价格贵，速度慢	约6小时
	自驾	时间自由	需知晓美国交通规则	约4小时
	飞机	快速、便捷	可能会出现晚点，价格贵	约0.5小时

最佳季节

美国西南部地区气候多变，拥有多种地形和气候带。洛杉矶拥有温和的地中海气候，全年气温适中，湿度较小，一年中有292天都阳光明媚。拉斯维加斯地处美国内华达州沙漠边陲，周围环绕着海拔1000～3000米的高山，气候干燥炎热。因为拉斯维加斯冬季太冷、夏季太热、春秋季早晚温差太大，因此不论游客哪个季节去，它都会呈现出独有的特色，所以这里的最佳季节以洛杉矶的气候为准。

洛杉矶每年1～2月最冷，平均气温13.7℃，冬季多雨；最热的月份为7～8月，平均气温23.4℃，多晴朗天气。由于临近海边，洛杉矶与美国同纬度的其他地区相比，冬夏气温温和了许多。所以，夏天是洛杉矶的最佳旅游时节，此时人们可以在海边游泳嬉戏，但夏季也是游客最多的时节，如果想清静一些，你可以选择4～5月或9～10月出游。11月至次年3月的这个时间段是洛杉矶的雨季，但雨天过后往往是连续的晴天，阳光灿烂、天空碧蓝。

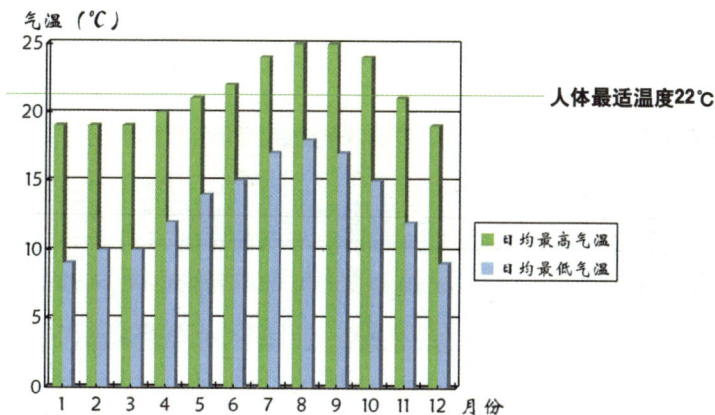

▲ 洛杉矶全年日均气温变化示意图

最佳季节的衣物

洛杉矶临近海岸，晴天较多，因此前往这里旅游一定要携带防晒霜、草帽等，还要带上在海滩上畅享日光浴的物品，比如好看的沙滩服、离开海滩后备用的衣物、沙滩鞋等；如果不会游泳，还可带上充气式泳圈，当然到了当地再买也是可以的；最好有能防水的包，以便将弄湿的物品装好。而拉斯维加斯地处沙漠地带，空气干燥，在防晒的同时还要注意皮肤的保湿。此外，拉斯维加斯早晚温差比较大，在携带清凉夏装的同时，还要记得携带一件厚外套以防晚上着凉感冒。因为可能要去大峡谷国家公园游玩，建议携带一套运动服和一双轻便的运动鞋。如果觉得行李太多，可以到美国之后再进行购买，毕竟这里是购物天堂。

美国西南部最佳季节衣物							
衣物种类	4月	5月	6月	7月	8月	9月	10月
棉制短袖	一	√	√	√	√	√	一
薄外套	一	√	√	√	√	√	一
长裙	一	√	√	√	√	√	一
单层套装	√	√	√	√	√	√	√
牛仔裤	√	√	一	一	√	√	√
泳装墨镜	一	√	√	√	√	√	一
厚外套	√	√	√	一	一	√	√
运动鞋	√	√	√	√	√	√	√
正装、礼服	√	√	√	√	√	√	√

美国西南部路线： 洛杉矶—拉斯维加斯6天6夜游

6天6夜的美国西南部路线			
城市	日期		每日安排
洛杉矶	Day 1	上午	好莱坞星光大道→杜比剧院
		下午	中国剧院→比弗利山庄→日落大道
	Day 2	上午	迪士尼乐园（美国主街→明日世界→米奇卡通城）
		下午	迪士尼乐园（冒险乐园→西部边疆→梦幻奇境→新奥尔良广场→动物王国）
	Day3	上午	洛杉矶环球影城
		下午	盖蒂中心→圣莫妮卡海滩
	Day 4	上午	现代艺术博物馆
		下午	斯台普斯中心→南加州大学
拉斯维加斯	Day 5	上午	拉斯维加斯大道→威尼斯人酒店
		下午	巴黎酒店→百乐宫酒店→卢克索酒店
	Day 6	上午	大峡谷国家公园（北峡）
		下午	大峡谷国家公园（大峡谷南峡→大峡谷西峡）

到达洛杉矶

洛杉矶是加州最大的城市，也是全美第二大都会区。它不仅是世界知名的娱乐中心，也是文化气息浓郁的城市。在洛杉矶，总有一些新奇的事物等待着你去体验，你可以去坐落在李山山脉上的格利菲斯公园欣赏"好莱坞标志"，它是全球最负盛名的地标之一；或者参观电影王国好莱坞环球影城；又或者在欢乐海洋迪士尼乐园感受激情……

娱乐活动的丰富多彩，四季宜人的气候，以及绵延不绝的海滩，使这里成为颇具魅力的地方。

通航城市

中国有很多航空公司运营着直飞洛杉矶的航班，如中国国航、南方航空等。另外，美国航空、大韩航空等国家的航空公司也有转飞洛杉矶的航班。

从中国飞往洛杉矶的航班

作为太平洋西海岸主要的交通枢纽，洛杉矶国际机场是世界上最繁忙的航空港之一，几乎所有的国际航线都经过这里。从国内飞往洛杉矶的直达航班主要来自中国国航、南方航空、联合航空、美国航空、东方航空等航空公司，直飞的城市有广州、北京、上海等三大城市。另外，大韩航空、国泰航空、新加坡航空、全日空航空等航空公司，也有航班从国内飞往洛杉矶，但需要在首尔、新加坡、东京、旧金山、西雅图等城市中转。

中国飞往洛杉矶的航班				
航空公司	电话	城市	单程所需时间	出航信息
中国国际航空（www.airchina.com.cn）	95583	北京	直飞13小时	中国国航每天有2班航班从北京直达洛杉矶，时间分别是每天的21:00和14:00，上海、广州等地都需要在北京中转
		上海	中转16～20小时	
		广州	中转16～18小时，部分需隔天	
中国东方航空（www.ceair.com）	95530	北京	中转15～30小时	每天13:00，东方航空都有一趟从上海飞往洛杉矶的直飞航班，北京、广州等地要在上海中转
		上海	约13小时	
		广州	中转18.5～20小时，部分需隔天	
中国南方航空（www.csair.com）	95539	北京	17～20小时，部分需隔天	每天21:30南方航空都有一趟从广州白云机场飞往洛杉矶的直飞航班，北京、上海等地要在广州中转
		上海	18～20小时，部分需隔天	
		广州	直达14小时10分钟	
联合航空（www.united.com）	800-810-8282（全国）400-650-6686（京广沪）	北京	中转13～17.5小时	联合航空没有北京直飞洛杉矶的航班，需要在旧金山中转
		上海	直飞12小时55分钟	每天20:10联合航空都有一趟从浦东机场飞往洛杉矶国际机场的直飞航班，另有12:10和15:45从上海浦东机场出发的航班，分别在旧金山和芝加哥转机

续表

航空公司	电话	城市	单程所需时间	出航信息
美国航空（www. koreanair.com）	400-6588888	北京	17～26小时	美国航空没有北京直达洛杉矶的航班，需要在芝加哥或者波士顿中转
		上海	直飞12小时50分钟	每天21:35美国航空都会有一趟从上海浦东机场直飞美国洛杉矶的航班

如何到市区

洛杉矶国际机场（LAX）位于洛杉矶市中心西南方约30千米处，是洛杉矶的主要国际机场。机场一共有9个航站楼，来自亚洲的航班一般都停靠在第三航站楼和第四航站楼中间的汤姆·布兰得利国际航厦。

从洛杉矶国际机场至市区

如果不赶时间，可以选择市区巴士或地铁前往市区，这是最省钱的方法。巴士可到达洛杉矶人气旺盛的观光景点，如好莱坞、圣莫妮卡、迪士尼乐园等。所有巴士的乘客都在入境大厅外上下车，如果不清楚，可以向戴红帽子的机场员工咨询。

从机场至市区的交通方式			
交通方式	乘车地点/目的地	运营时间	费用
迪士尼专线	在各个航站楼环线内侧标有Buses&Long Diatance Vans标志处乘车，可前往迪士尼乐园及阿纳海姆周边的酒店	6:00～24:00 每30分钟至1小时一班	19美元
Flay Away 巴士	在各个航站楼的环线内侧标有Flay Away标志处乘车，可到达中心车站	5:00至次日1:00 每30分钟一班	3美元
机场小巴	在各个航站楼环线内侧标有Share Ride Vans标志处乘车，可前往市内及周边各地	24小时	约15美元
专线巴士	在各个航站楼环线内侧标有LAX Shuttle Airlines Connection标志处乘坐G路，可到达 LAX Transit Centre，再换乘#42、439路巴士，即可到达市区	早晨至深夜	1.25美元
地铁	在各个航站楼环线内侧标有LAX Shuttle Airlines Connection标志处乘坐G路，至终点站再乘坐前往东面的车，在Imperial/Wilmington车站换乘地铁蓝线前往市中心	早晨至深夜	3美元
出租车	在各个航站楼环线内侧标有Taxi标志处乘车，可至市内及周边各地	24小时	到市中心约需0.5小时的行程，大概要35美元的车费；到好莱坞约需30美元
机场循环巴士 LAX Shuttle	机场循环巴士A在机场航站楼间循环；机场循环巴士B开往机场内停车场111th.St.方向；机场循环巴士C开往机场内停车场96th.St方向；机场循环巴士G开往地铁绿线车站方向	24小时，每10分钟一班	免费
租车	1～7号航站楼内有租车服务台，机场内的租车服务台都不受理租车手续，必须到机场外的租车公司直接办理	24小时	根据所租车辆的型号以及时间决定

火车

联合车站位于市中心东北部，是一座典雅的白色建筑，是从芝加哥、西雅图、新奥尔良等地过来的长途列车的终点站。此外，近郊的MTA、驶向市中心的地铁红线、市区巴士等都经过这里。

Tips

火车的速度通常较慢，班次比较少，而且票价并不便宜。因此，近距离建议租车，远距离建议乘大巴。

长途巴士

灰狗巴士站位于市中心东部，有从旧金山、拉斯维加斯、西雅图等地过来的长途巴士，到市中心可搭乘53、60路MTA巴士。这里距离市区较远，较为偏僻，你晚上独行时要多加小心，最好乘坐出租车。

洛杉矶4日行程

洛杉矶是一个处处充满电影风情的城市，你甚至可以在街道上看到只能在银幕上看到的大明星。此外，也可以看到各种流浪艺人。在洛杉矶的这4天，你可以到好莱坞游览，也可到迪士尼乐园游玩，还可以见识到著名的日落大道，相信这绝对是一个令人难忘的旅行。

Day 1 好莱坞星光大道→杜比剧院→中国剧院→比弗利山庄→日落大道

来到洛杉矶的第一天首先要到备受瞩目的地方——好莱坞星光大道。这条大道上向来明星云集，你可以走在大街上寻找印有你最钟爱的明星手印——粉红色星星。然后到奥斯卡颁奖典礼指定地点杜比剧院参观，有时间可看一下临近的中国剧院。接下来可以到各大明星聚集地的豪宅区参观游玩，晚上就开车在日落大道上欣赏最美的落日。

洛杉矶第1天行程		
时间	目的地	行程安排
9:00～10:45	好莱坞星光大道	来到星光大道上，寻找印有你最钟爱的明星手印的粉红色星星，并与之合影
10:45～12:00	杜比剧院	杜比剧院是每年举行奥斯卡颁奖礼的专用剧场，平时这里也会放映一些电影，如果有机会可以到里面看一场电影
12:00～13:00	午餐与休息	中午就在好莱坞星光大道附近的餐厅就餐即可，你也许会在这里与一些银幕大腕不期而遇
13:00～14:30	中国剧院	有时间的话再到附近的中国剧院走一番，这是一座绿瓦红柱的美丽建筑，很多好莱坞电影都会选择在这里举办盛大的首映礼
14:30～16:50	比弗利山庄	比弗利山庄是洛杉矶最有名的城中城，有着"全世界最尊贵住宅区"的称号。好莱坞明星、NBA球星、世界著名艺术家等都纷纷在此购房买地。来到这里，你也许能碰上名流大腕
16:50～17:40	日落大道	这条全长27千米的大道，两旁是绵延的棕榈树和林立的电影广告牌，曾出现在众多影视剧中。大道途径比弗利山庄、好莱坞、西好莱坞等众多景点。此外，在这里，你还能欣赏到迷人的日落风光

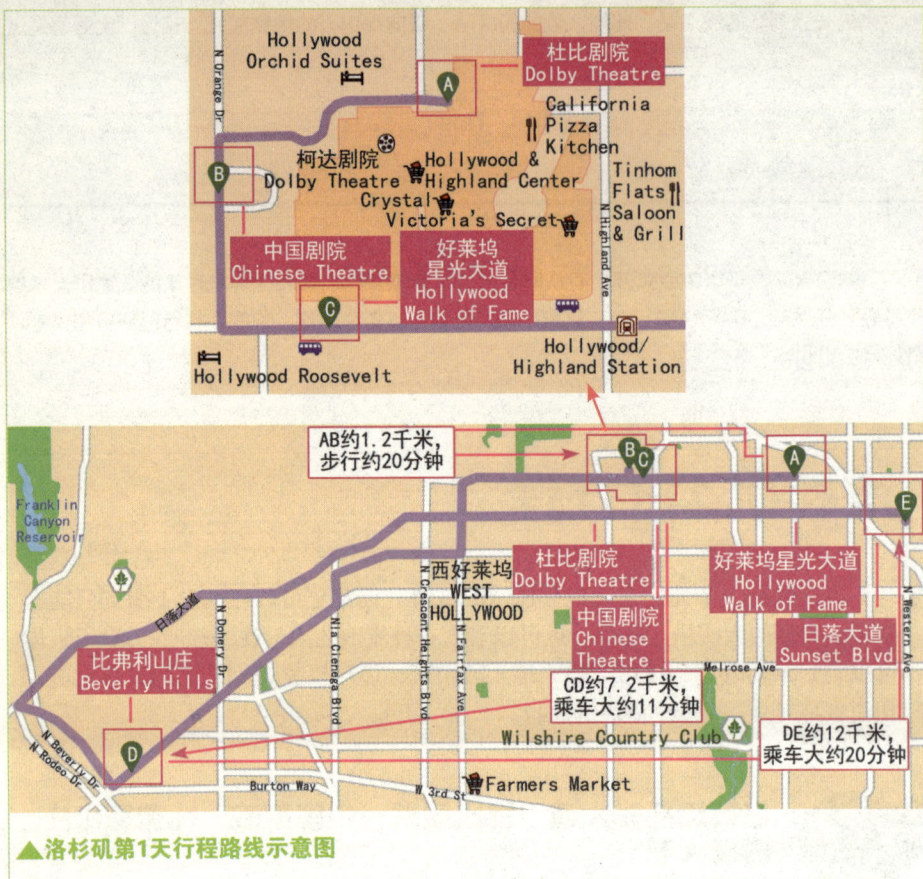

Hollywood
Orchid Suites

杜比剧院
Dolby Theatre

California
Pizza
Kitchen

柯达剧院
Dolby Theatre
Crystal

Hollywood &
Highland Center
Victoria's Secret

Tinhom
Flats
Saloon
& Grill

中国剧院
Chinese Theatre

好莱坞
星光大道
Hollywood
Walk of
Fame

Hollywood Roosevelt

Hollywood/
Highland Station

AB约1.2千米，
步行约20分钟

Franklin
Canyon
Reservoir

西好莱坞
WEST
HOLLYWOOD

杜比剧院
Dolby Theatre

好莱坞星光大道
Hollywood
Walk of Fame

中国剧院
Chinese
Theatre

日落大道
Sunset Blvd

比弗利山庄
Beverly Hills

CD约7.2千米，
乘车大约11分钟

Wilshire Country Club

DE约12千米，
乘车大约20分钟

Melrose Ave

Burton Way

W 3rd St

Farmers Market

▲ 洛杉矶第1天行程路线示意图

好莱坞星光大道

　　好莱坞星光大道（Hollywood Walk of Fame）是一条沿着美国好莱坞大道与藤街伸展的人行道，是来洛杉矶的游客必到景点之一。星光大道上，有2500多颗镶有名人手印的星形奖章，

每颗星皆由一颗水磨石制成，粉色星星内的青铜上刻有授奖者名字，在此下面则为一环状标志，代表受奖人领取星星的领域。出现在星光大道上的星形奖章的名字，包括玛丽莲·梦露、施瓦辛格、李小龙、成龙等一大批著名的演员和导演。此外，星光大道上还有一些卡通人物的名字，如米老鼠、唐老鸭、小熊维尼等都可以在这里找到。每年的好莱坞圣诞大游行也会在这条街道上举行，至今已有80多年的历史。游行每年的时间不确定，一般在12月初。

旅游资讯

地址：Hollywood Boulevard (between Gower Street and La Brea Avenue) Los Angeles, CA

交通：乘坐地铁红线至Hollywood/Highland Station站下车即可到达；乘坐公交车212、312、217、222路至Hollywood/Orange站下车即可；或者乘坐公交车708路至Hollywood/Highland站下车也可到达

网址：www.hollywoodchamber.net

开放时间：全天

电话：323-4698311

✦✦ 旅友点赞

　　如果你要想找自己偶像的手印，一定要提前做好功课，不然你可能要花费很多时间。漫步星光大道，还可以花2美元与街道两边扮演电影中的人物形象的人合影。此外，在星光大道上有一个购物商场，登上购物商店的顶楼，可以远眺有着"HOLLYWOOD"标志牌的好莱坞山。

杜比剧院

　　杜比剧院（Dolby Theatre）原名"柯达剧院"，是每年举行奥斯卡颁奖礼的专用剧场。杜比剧院有全美最大的舞台，舞台的四周设计了多个豪华包厢，可以容纳3400多位观众，内部装潢高贵奢侈，一展好莱坞的独特风情。剧院里面的台阶是专为穿着高跟鞋、长礼服的女明星设计的，每节台阶的落差很低，适合她们行走。此外，每年2月，剧院停止游客参观，专心备战电影界的盛典奥斯卡颁奖典礼；其他时候，游客可以购票进入参观。

旅游资讯

地址：6801 Hollywood Boulevard Hollywood, CA 90028

交通：乘坐地铁红线在Hollywood & Highland站下车，左转即是

网址：www.dolbytheatre.com

票价：17美元

开放时间：周一至周五10:30~16:00，15:30为最后入场时间

电话：323-3086300

✦✦ 旅友点赞

　　来这里最大的愿望就是看一场好莱坞颁奖典礼，平时这里也会有一些表演或者播放一些电影。建议不要和门口的一些街头小贩合影，因为他们会索取高昂的小费。

中午在哪儿 **吃**

中午建议你在好莱坞大道上的众多餐厅中选择一家就餐，可选择的餐厅包括西餐厅、日式料理等。在这里吃午餐，也许能遇到你的偶像或者知名电影人。

1 Kino Sushi

这是一家日本寿司店，店内装潢非常有格调，会有穿着日式服装的人在吧台现场制作寿司。寿司种类繁多，摆盘也非常精致，你还可以点一些清酒品尝，在这里就餐绝对是一种享受。而且，在这用餐，你很可能会遇上一位银幕明星。

地址：6721 Hollywood Boulevard Los Angeles, CA 90028
交通：搭乘地铁红线在Hollywood & Highland 站下车可到
网址：www.kinosushihollywood.com
电话：323-4654567

2 Stefano's Two Guys FromItaly

这是位于好莱坞大道上的一家意式快餐店，主要提供比萨之类的快餐。

地址：6705 Hollywood Boulevard Los Angeles, CA 90028
交通：搭乘地铁红线在Hollywood & Highland站下车可到
电话：323-4630715

中国剧院

中国剧院（Chinese Theatre）是一座由对东方文化十分着迷的"剧院之王""好莱坞先生"希德·格劳曼斥资建造的大型剧院。这是一座绿瓦红柱的美丽建筑，很多好莱坞电影都会选择在这里举办盛大的首映礼，彰显出一种大片的气派。在中国剧院前方院子的水泥地上，布满了从玛丽莲·梦露到西尔威斯特·史泰龙等230多位著名电影演员的手印、脚印甚至鼻子印。最早在这里留下自己脚印的演员是诺玛·塔尔马奇，她在脚印下方写下了对别人祝福的话语："我的愿望是希望你们成功。"

旅游资讯

地址：6925 Hollywood Boulevard Hollywood, CA 90028

交通：乘坐地铁红线在Hollywood & Highland站下车，步行即可到达

网址：www.tclchinesetheatres.com

票价：免费

开放时间：根据剧院具体情况而定，可在官网提前查询

电话：323-4613331

旅友点赞

这里有唯一一个用中文签名的名人——吴宇森导演。

比弗利山庄

　　比弗利山庄（Beverly Hills）坐落在太平洋沿岸和比弗利山山脚下，是洛杉矶最有名的城中城，有着"全世界最尊贵住宅区"的称号。好莱坞明星、NBA球星、世界著名艺术家等都纷纷在此购房买地。这些豪宅在树丛中若隐若现，既奢华，又神秘，因此吸引着世界各地的观光客。比弗利山庄的主要大街是威尔榭大街，大街上有银行、商业大厦，还有数不清的顶级百货公司。而在威尔榭大街附近的比弗利购物中心也是许多名人的最爱之地，购物中心内有180多家专卖店。另外，比弗利山庄内还有18间世界著名的首饰与古董店，以及数不清的餐厅。

旅游资讯

地址：444 N Rexford Dr Beverly Hills

交通：乘坐公交车4、14、16、20、720、704路可抵达比弗利山庄区域；也可乘坐小型观光车游览，票价30美元/人（含导游解说），游览时间40分钟。游客可在杜比剧院对面上车，也可在罗迪欧大街东南角搭乘

网址：www.beverlyhills.org

电话：310-2882244

旅友点赞

　　这里有一条世界上最昂贵的购物大道——罗迪欧大道，街道两侧林立着各种顶级品牌的旗舰店，不仅是气势比其他购物区强，各个建筑在设计上都极为用心，非常奢华。想要全面游览比弗利山庄，建议乘坐观光车，这样不仅省力，而且还能在导游的介绍下知道哪栋房子是哪个明星的。

晚上在哪儿玩

洛杉矶的傍晚最美的行程就是，开着敞篷跑车自驾到日落大道兜风，你可以感受到在电影中才有的浪漫。你也可以乘坐公交车来到大道上，随意在一个站点下来，在迎风摇曳的棕榈树下漫步，任由海风吹着脸颊；再随意踏进路边任何一家音像店，看看陈列在柜台上的老唱片，重温多年前让你心动的弦律。

1 日落大道

> 地址：Sunset Blvd, Los Angeles, CA 90026
> 交通：乘坐公交车2、302沿日落大道行驶，在大道上任何一站下车即可

日落大道（Sunset Blvd）早已成为好莱坞星光璀璨的代名词。这条全长27千米的大道，两旁的棕榈树和林立的电影广告牌，曾出现在众多影视剧中，是洛杉矶的标志性大街。大道途经比弗利山庄、好莱坞、西好莱坞等众多景点。在与N Gower街道的交汇处，向北还可以看到好莱坞山上的"HOLLYWOOD"这一著名标志牌。如果想要领略日落大道的美，最好是日落时分来此。

★★★ 旅友点赞

夜晚时分，可以来到日落大道最著名的西好莱坞上的日落地带，它是整个洛杉矶夜生活的中心。一到夜晚，其两旁的酒吧灯光璀璨，人头攒动，非常热闹。

Day 2 迪士尼乐园

在洛杉矶的第2天就到著名的迪士尼乐园游玩。迪士尼乐园分为2个部分，一个是迪士尼乐园，另一个是加州冒险乐园。由于时间有限，你可以选择最经典的迪士尼乐园游玩。同时建议你最好把8个主题乐园都游玩一遍。

洛杉矶第2天行程		
时间	**目的地**	**行程安排**
9:00～10:00	美国主街	这条大街的"面貌"永远停留在1900年初期，街上商店林立，热闹非凡
10:00～11:00	明日世界	这是一个以宇宙与未来城市作为主题的地区。来到这里，你可以乘坐在空中穿梭的火箭亲身感受时空之旅
11:00～12:00	米奇卡通城	这里有兔子罗杰的车、米奇米妮和其他卡通人物的家，在此你可以重温米老鼠和唐老鸭的经典故事
12:00～13:00	午餐与休息	在游乐园最受大家喜爱的就是炸鸡、汉堡和冰激凌，建议少喝一些冷饮，午餐过后稍微休息一下再开始新的游玩
13:00～14:00	冒险乐园	这里有印第安琼斯探险、丛林巡航。你可跳上游船，进入未知的世界
14:00～15:00	西部边疆	这里有马克·吐温船、大雷山铁路，以西部拓荒时代为背景，可谓是一个充满活力的地区。娱乐设施大霹雳火车与晚上的烟花表演一定让你喜爱
15:00～16:00	梦幻奇境	这里尖塔高耸的睡美人城堡是最具代表性的建筑，在这里你可以感受充满奇幻与梦想的神秘殿堂。马特洪滑橇精彩刺激，中途会有雪人攻击
16:00～17:00	新奥尔良广场	这里重现了19世纪欧洲纽奥良的街头景致，在此你能感受过去美国南部的气息以及加勒比海盗的大型场景，生动逼真
17:00～18:00	动物王国	来到这里一定不要忘了看一场经典的"狮子王庆典"表演项目

米奇卡通城

BC约500米，
步行大约7分钟

It's A Small
World

CD约100米，
步行大约1分钟

River of America

Fantasyland

GH约200米，
步行大约3分钟

DE约150米，
步行大约2分钟

动物王国

EF约100米，
步行大约1分钟

西部边疆

明日世界

AB约650米，
步行大约9分钟

新奥尔
良广场
New
Orleans
Square

冒险乐园
Adventureland

梦幻奇境

FG约100米，
步行大约2分钟

Disney and
Resort

Pacific Wharf
Distribution Co

美国主街
Main Street USA

Harbor Blvd

S Harbor Blvd

▲ 洛杉矶第2天行程路线示意图

迪士尼乐园

　　迪士尼乐园（Disneyland Park）被誉为"世界上最快乐的地方"，专注于带给人们快乐。洛杉矶的这家乐园是世界上首家迪士尼主题乐园，至今已有半个多世纪的历史。迪士尼乐园分为2个部分，即迪士尼乐园和加州冒险乐园。其中，迪士尼乐园有超过65个游乐项目，8个奢华主题公园，3家迪士尼豪华度假酒店，上百种世界美食，每天下午有花车巡游，且每天晚上会燃放烟花；加州冒险乐园分为3大主题世界，其中天堂码头以各类刺激的游乐设施为主，好莱坞外景片厂可带你亲自体验拍摄电影、电视的乐趣，黄金之州可带你认识从西班牙殖民时期到华人垦荒时期的加利福尼亚。

旅游资讯

地址：1313 Disneyland Drive Anaheim, CA 92802

交通：从洛杉矶国际机场直接乘坐前往迪士尼乐园的巴士，需时约40分钟；由洛杉矶市中心Figueroa St.乘坐MTA460号公交车至此约需120分钟；开车则从市中心往5号公路Santa Ana Fwy.南下在Harbor Blvd下交流道即达，所需时间为50分钟

网址：www.go.com

票价：一日票96美元，3～9岁儿童90美元；二日票89美元，3～9岁儿童82.5美元

开放时间：8:00～24:00

电话：714-7814565

旅友点赞

只能说这个主题公园非常之大，如果要玩个痛快至少需要3天时间，介于时间比较紧促的朋友，最好提前做一些准备，选择自己最喜欢、必须要去的项目游玩。

美国主街

美国主街（Main Street USA）的面貌永远停留在20世纪初期，街上商店林立，热闹非凡。20世纪初期风貌的街道上，载客马车悠哉遛达，旧日的蒸汽火车缓缓滑出车站，带你去了解乐园的全貌。主街最吸引人的是林肯机器人，这位"白宫第16任总统"能站会坐，还能发表有声有色的演讲。

明日世界

这是一个以宇宙与未来城市作为主题的地区，汇聚现代科技的精华，勾勒了一个美丽的未来世界。这里空中穿梭的火箭、金属材质的建筑物等都能让你亲身感受时空之旅，太空轨道车也给人十足的震撼力。此外，在半球形的影院里，你能看到360°环幕电影，欣赏美国风光或中华奇观；在"太空山"走一遭，可漫游银河系；坐在潜艇里好似真的到了海底；在星际飞车中当驾驶新手，绝对让你心惊胆战。

米奇卡通城

这里有兔子罗杰的车、米奇米妮和其他卡通人物的家。在这个卡通城内，你可以重温米老鼠和唐老鸭的经典故事，也能与米奇合影、去米妮家做客，还能和"釉鼠"进行惊险追逐。此外，可爱的高菲也会带你经历不同的奇遇。

中午在哪儿吃

迪士尼乐园的内部就有很多人们喜爱的快餐店，你不如同大多数游客一起到这里啃着炸鸡、拿着甜筒游玩吧。

1 Redd Rocket's Pizza Port

这是迪士尼乐园里的一家比萨餐厅，非常受游客喜欢。餐厅提供各种口味的比萨，还供应饮料、甜点以及一些快餐食品。

地址：1313 South Harbor Boulevard Anaheim, CA 92802
交通：在迪士尼乐园里沿Tomorrowland Way步行可到
电话：714–7813463

2 McDonald's

这家快餐店想必大家已经非常熟悉了。不过，这里的食物还是非常建议品尝的，是地道的美国味。

地址：1500 South Harbor Boulevard Anaheim, CA 92802
网址：www.mcdonalds.com
电话：714–4910563

冒险乐园

冒险乐园（Adventureland）里的主要娱乐项目是印第安琼斯探险、丛林巡航。跳上游船，你便进入了未知的世界：鳄鱼的大嘴就挂在船边，原住民的矛头正朝着你，大象再多踏一脚就要踩到船上，一声枪响吓走蠢蠢欲动的河马……这一切都是布景模型，但生动逼真，能吓人一身汗。

西部边疆

这是一个充满活力的地区，以西部拓荒时代为背景。这里的娱乐设施——大霹雳火车与晚上的烟花表演深受游人喜爱。坐上"雷电山"火车，呼啸飞过坍崩中的矿坑中，你可一面闪躲落石，一面欣赏西部蛮荒景象，惊险刺激；"美利坚河"上，马克·吐温号明轮汽船及首艘环游世界的美国哥伦比亚号三桅帆船依旧在行驶，你可搭上游船开启一段未知的旅行。

143

新奥尔良广场

新奥尔良广场（New Orleans Square）最主要的游览项目是加勒比海盗和幽灵鬼屋。加勒比海盗重现19世纪欧洲纽奥良的街头景致，带你感受过去美国南部的气息以及加勒比海盗的大型场景，生动逼真。乘船顺流而下，一路惊涛骇浪，忽然遇见海盗船向岸上袭击，房屋起火，四处响起救命之声，海盗抢劫杀人，酗酒狂欢，至其中，游人真有怒海余生、劫后归来之感。海盗的喧闹似乎惊扰隔邻华宅墓园的鬼魂。幽灵鬼屋中的每个房间都会出现一些令人想不到的鬼怪，如正从棺里爬出来的死人，藏在柜里的僵尸，水晶球里喃喃自语的人……这些足以把胆小的人吓得魂不附体。观看这个节目的以青年人居多，而且男青年最喜欢邀女朋友来玩，因为姑娘受了惊吓，最自然的反应，就是抱住她身旁的人。

梦幻奇境

尖塔高耸的睡美人城堡是这个主题公园最具代表性的建筑，在这里你可以感受充满奇幻与梦想的神秘殿堂。白雪公主在城堡内迎宾，睡美人唤回童年美梦，甚至巫婆也摆出笑脸。在此，你可乘坐游艇进入小小世界，里面别有洞天，穿着各国传统服装的小人，歌舞跳跃，动作优美，他们还同声齐唱和谐美妙的歌曲；可与匹诺曹旅游，骑亚瑟王的爱驹，随小飞侠飞翔……总之，这绝对是一场不同凡响的旅行。

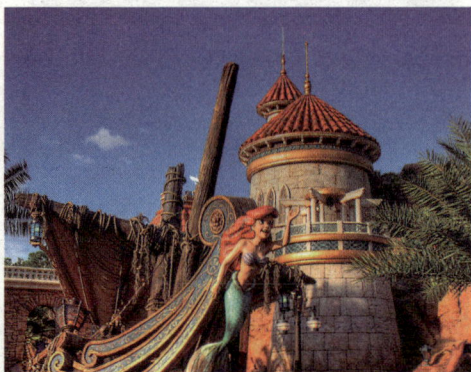

动物王国

动物王国的飞溅山峦是以"南部之声"为主题设计的一个项目；Davy Crockett's Explorer Canoes由参加者自己操桨划行小船探险；Country Bear Playhouse与可爱的"大熊"同游乡村风光。

Tips

迪士尼乐园区域内有迪士尼加州大酒店、迪士尼乐园酒店和迪士尼天堂码头酒店这3家酒店，而从迪士尼加州大酒店的私家入口入园，可以比普通游客提早1小时进场，在旅游旺季时对于抢占排队先机，减少排队时间是非常有帮助的。

晚上在哪儿 玩

如果你从迪士尼乐园出来之后还想到市区游玩，可以选择到格里菲斯公园游玩一番。

格里菲斯公园

　　格里菲斯公园（Griffith Park）是洛杉矶最大的公园，公园山顶是拍摄好莱坞巨型标志牌"HOLLYWOOD"的最好地点之一。位于公园山顶的格里菲斯天文台视野开阔，可以看到西好莱坞全景，夜晚还可以眺望洛杉矶灯火璀璨的夜景。公园的天文台科学展示厅有巨型天文望远镜供游客观星。建议在日落之前来到格里菲斯公园，这样你就不会错过美丽的夕阳和晚霞，而且此时和好莱坞标志牌合影，光线也是最好的，不会有刺眼的阳光。之后，你还能留下来欣赏美丽的夜色。

地址：4730 Crystal Springs Drive Los Angeles, CA 90027
交通：乘坐地铁红线到Hollywood & Western站下车，再乘坐出租车上山
网址：www.griffithobs.org
票价：50美元
开放时间：公园全天开放；天文台周二至周五12:00～22:00，周六至周日10:00～22:00，周一休息
电话：323-9134688

★★ 旅友点赞

　　每周四下午18:00～21:00，公园内有洛杉矶著名的格里菲斯农夫市场夜市，在此时你可以买到最新鲜的水果和各种小吃。

Day 3　洛杉矶环球影城→盖蒂中心→圣莫妮卡海滩

　　在洛杉矶的第3天要到著名的洛杉矶环球影城游玩一番，了解一下电影拍摄的基本流程；接下来则是到盖蒂中心观看世界大师的经典名作；剩余时间则是在最美的圣莫妮卡海滩游玩，这里不止有美丽的海滩，还有各种丰富的夜间活动。

洛杉矶第3天行程		
时间	目的地	行程安排
9:00～12:00	洛杉矶环球影城	洛杉矶环球影城被誉为"洛杉矶的娱乐之都"，是唯一一个融电影、电视拍摄片场为一体的主题公园，为观众展现了一个真实的电影制片厂
12:00～14:00	午餐与休息	午餐就选择在洛杉矶环球影城附近解决，这里聚集了世界各地美食的各式餐厅
14:00～16:15	盖蒂中心	其内部的博物馆展示了盖蒂父子两代人所珍藏的艺术珍品，其中有14～19世纪欧洲油画大师的真迹，拜占庭时期的手稿和路易十四时期的华丽服饰等，一定令你叹为观止
16:15～20:00	圣莫妮卡海滩	傍晚时分，无论是走在栈道上，还是走在沙滩上，你都能看见壮丽的日落美景

Ventura Blvd
Chandler Blvd
Magnolia Blvd
Valley Village
洛杉矶
环球影城
Universal
Studios
Ventura Fwy
Moorpark St
N Olive Ave
Sherman Oaks
Studio City
A
AB约22千米，
自驾大约20分钟
Hollywood
Hills
Franklin Canyon Park
Beverly Glen
Hollywood
Walk of Fame
Mandeville
Canyon
B
盖蒂中心
The Getty Center
荷兰贝山
Holmby Hills
日落大道
Sunset Strip
西好莱坞
West
Hollywood
贝弗利希尔斯
Beverly Hills
Beverly Blvd
The Los Angeles
Country Club
威尔逊大道
Westwood
BC约14.5千米，
自驾大约14分钟
威尔逊大道
W Olympic Blvd
W Pico Blvd
S Robertson Blvd
La Cienega
S Fairfax Ave
威尼斯大街
圣莫妮
卡海滩
Santa
Monica
Beach
Cheviot Hills
C
Ocean Park Blvd
Mar Vista
卡尔弗城
Culver City
Baldwin Hills
W Jefferson Blvd
Rodeo Rd
Coliseum St

▲ 洛杉矶第3天行程路线示意图

洛杉矶环球影城

　　洛杉矶环球影城（Universal Studios）被誉为"洛杉矶的娱乐之都"，是唯一一个融电影、电视拍摄片场为一体的主题公园，为观众展现了一个真实的电影制片厂。你在这里除了可以体验惊心动魄的娱乐设施、精彩秀场以及真实的电影拍摄现场外，还能到环球城市大道逛逛精品商店，或找一家餐厅用餐等。

旅游资讯

地址：100 Universal City Plaza Universal City, CA 91608

交通：乘坐环球影城免费班车前往好莱坞环球影城与环球城市大道的主入口

网址：www.universalstudioshollywood.com

票价：84美元

开放时间：周一至周五10:00～18:00，周六、周日8:00～18:00，每月开放时间会有微调，具体时间可以到官网查询

电话：800-8648377

★★★ 旅友点赞

　　在这里，你可以乘坐变形金刚3D过山车准备迎接一场前所未有的伟大战役；可以探索好莱坞电影的制作奥秘；可以体验由彼得·杰克逊创作建造而成的世界上最壮观、最惊心动魄的3D体验之一；也可以在怪物史瑞克4D的惊人探险中，与史瑞克和驴子一起冒险。

Tips

　　洛杉矶环球影城的免费往返巴士每日运行，发车时间间隔10～15分钟。首班车发车时间为7:00，末班车发车时间为闭园后约2小时。乘坐地铁红线至Universal/Studio City站下车，出站即是免费现场班车乘车点；也可乘坐公交车155、244路至Lankershim/Universal Hollywood站下车，即是免费现场班车乘车点；或乘坐公交车156路至Ventura/ Lankershim站下车，然后过了Hollywood Fwy，前往路对面乘坐免费现场班车前往环球影城。

洛杉矶环球影城娱乐项目概况	
娱乐项目	活动详情
怪物史瑞克4D动感电影	怪物史瑞克4D动感电影，超大尺寸。游客坐在座位上即可体验旅程的动感与刺激
变形金刚3D过山车	变形金刚3D过山车将真映像三维高清晰媒体、惟妙惟肖的飞行模拟技术和世界上先进的实体与特技效果完美结合，将人体的感官体验提升到极致，属于最新一代的主题公园体验性游艺项目。你将置身于威震天、擎天柱、大黄蜂和EVAC之间的殊死决战。EVAC是为该游艺项目专门创作的汽车人，你将随之上天入地，亲自参与威震天和擎天柱之间的生死搏斗
辛普森虚拟过山车	在"辛普森一家"的动画世界中，乘坐全新的虚拟云霄飞车，一路飞驰，领略急速和冲撞的刺激，游玩时一定要系好安全带。现场借助先进的投影技术和强大的液压动力，你会在18米高的麦琪女士虎视眈眈之下，穿越辛普森一家所在的春田村，体验一次捧腹又刺激的奇异旅程
木乃伊复仇过山车	木乃伊复仇过山车会让你在黑暗中一路尖叫，体验一趟令人毛骨悚然的旅行
水世界	这里运用全球最复杂的高科技特效、极为炫目的焰火特效和非常惊险的杂技，为观众呈现出云雾缭绕、阴森可怖的未来世界，带领大家完成一次终身难忘的水上历险。巨大的火球会在观众眼前上升至约15米高的空中，熊熊燃烧的火墙、滑过水面的飞机以及近在咫尺的爆炸与坠毁……数百个特技制造出的刺激绝对让人终身难忘，演出时长为20分钟

中午在哪儿 吃

　　中午可以直接在洛杉矶环球影城附近就餐，这里聚集有世界各地美食的各式餐厅。如果运气好的话，在这里用餐还能碰上明星大腕。

1 Saddle Ranch Chop House

这是一家美式餐厅，食物种类非常齐全，提供牛排、薯条以及各式甜点，还有各种味道的汤，非常受当地人喜欢。餐厅内还常常会有一些表演，来这里的大都是爱热闹的年轻人，整个餐厅的氛围非常活跃。

地址：1000 Universal Studios Boulevard Universal City, CA 91608
交通：乘坐地铁红线到Universal & Studio City Station站下车，再步行13分钟即到
网址：www.srrestaurants.com
电话：818-7609680

2 Buca Di Beppo

这是一家意大利餐厅，他们家的意式比萨、意大利面都是比较出色的推荐菜。在这里用餐，你需要遵循西餐的礼仪，如果你不熟悉这些点餐礼仪，建议你直接点一份餐厅制定好的套餐。

地址：1000 Universal Studios Boulevard Universal City, CA 91608
交通：在环球影城沿Universal Studios Blvd路步行即到
网址：www.bucadibeppo.com
电话：818-5099463

盖蒂中心

位于圣莫妮卡山脚，鸟瞰洛杉矶全景的盖蒂中心（The Getty Center），是由世界一流建筑师理查德·迈尔设计。其整座博物馆依山而建，建筑群的基调以古朴的石灰岩为主，在2个建筑之间的花园露台上有着高大简洁的石柱，室内装潢素净高雅，整体设计十分精妙，将古典和现代融合得恰到好处。盖蒂中心展示了盖蒂父子两代人所珍藏的艺术珍品，以法国古典家具、艺术品、中世纪手稿和手迹以及罗马、希腊和欧洲的绘画作品收藏见长。其中，有不少14～19世纪欧洲油画大师的真迹，拜占庭时期的手稿和路易十四时期的华丽服饰更是令人叹为观止。馆内比较知名的画作有梵·高的《鸢尾花》、保罗·高更的《国王去世》等。

旅游资讯

地址：1200 Getty Center Drive Los Angeles, CA 90049
交通：乘坐巴士80、181路在科罗拉多大道Colorado Blvd.与桔树林大道Orange Grove Blvd.路口下车，步行约5分钟即可到达；也可以搭乘巴士761路前往；或者从圣莫妮卡乘坐Big Blue Bus 14路也可以抵达
网址：www.getty.edu
票价：免费
开放时间：周二至周五及周日10:00～17:30，周六10:00～21:00，周一闭馆
电话：310-4407300

★★★ 旅友点赞

盖蒂中心由美国石油大亨保罗·盖蒂的基金会所斥资建造。盖蒂23岁因石油致富，成为了年轻的百万富翁，他有着出众的艺术鉴赏能力，倾情于收集各种艺术珍品，据说盖蒂曾用了20多亿美元购买古希腊和古罗马的艺术品。盖蒂最钟爱的五类艺术分别是古代希腊和罗马的大理石雕刻、铜器、镶嵌品和壁画；文艺复兴时代的油画；16世纪波斯地毯、苏凡内瑞地毯和18世纪法国家具和缀锦画。如今的盖蒂中心是在盖蒂去世后，由他的儿子保罗·盖蒂二世主持修建的，坐落于洛杉矶西部的山丘上，有110英亩之大。

晚上在哪儿 玩

圣莫妮卡海滩最漂亮的时分是在傍晚，加州白天的阳光非常炙热，不过傍晚却非常温和。在海边长长的木栈桥上，你可以欣赏到最绚丽多姿的晚霞。

圣莫妮卡海滩

圣莫妮卡海滩（Santa Monica Beach）是洛杉矶最著名的海滩之一，位于海滨城市圣莫尼卡。圣莫妮卡海滩沿着太平洋海岸公路延伸，有3.2千米之长。这里冬暖夏凉，是度假休闲的好地方，也是著名的66号公路的终点。沙滩上有一座码头延伸到海里，码头上有一座游乐园，园内有摩天轮、云霄飞车、海盗船、空中悬挂等娱乐项目。码头也是圣莫妮卡的象征，是很多影视剧的拍摄场所。傍晚时分，无论是走在栈道上，还是走在沙滩上，你都能看见壮丽的日落美景。

地址：1116 4th Street Santa Monica, CA 90403
交通：乘坐公交车20、720路至太平洋海岸公路下车即可；也可乘坐公交车1、7、534、R10路至Ocean Nb & Broadway Ns站下车即可；在洛杉矶国际机场乘3号大蓝巴士（Big Blue Bus），约20分钟车程即可到达
电话：310-4588300
网址：www.smgov.net

★★★ 旅友点赞

如果你白天来这里游玩，建议携带防晒霜，加州阳光特别炙热，容易晒伤皮肤。海滩周边的海鲜店装潢非常高档，消费也高，但有号称"洛杉矶最美的海景落日"陪伴你用餐，有时也会见到明星，算是物有所值。这里的停车费很贵，分别为12美元和8美元两种，最好提前在附近停车。有时间一定要前往离海边不远处的第三街步行街，这是一条专门用来表演的街道，每到夜晚，街道都被艺人、酒吧及各式各样的小餐馆所占据，热闹非凡。

Day 4 现代艺术博物馆→斯台普斯中心→南加州大学

　　在洛杉矶的第4天，想必你已经非常熟悉这座城市了。中午建议去参观现代艺术博物馆，下午就到湖人队主赛场——斯台普斯中心参观一番；接下来就到著名的南加州大学游览一番，这所大学是电影中的"常客"，所以在这里你完全会发现一些角落和建筑都似曾相识。

时间	目的地	行程安排
		洛杉矶第4天行程
9:00～12:00	现代艺术博物馆	现代艺术博物馆拥有5000多幅油画、摄像、雕刻和新媒体作品，在这里，你一定能大饱眼福
12:00～14:00	午餐与休息	中午大可以在现代艺术博物馆附近品尝地道的加州菜
14:00～16:30	斯台普斯中心	球迷们一定要到湖人队主赛场——斯台普斯中心游玩一番。没有常规比赛的时候，这里也是好莱坞明星选择开办演唱会的第一场所
16:30～19:30	南加州大学	来到这个美国电影里常出现的大学，寻找熟悉的场景

▲洛杉矶第4天行程路线示意图

现代艺术博物馆

现代艺术博物馆（Museum of Contemporary Art）是一座颇具现代感的建筑，有红色的外墙、金字塔形的玻璃屋顶。该博物馆收藏以现代美术界佳作为主，拥有5000多幅油画，也收藏摄影、雕刻和新媒体作品。除了艺术展之外，这里每年都会举办演唱会等活动。此外，博物馆中的一座像工业大仓库式的展馆里，每年有20余次展览，有以历史为主题、或以个人为主题，用创造性的方式，展示世界各国著名艺术博物馆的精品。

旅游资讯

地址：250 S Grand Ave Los Angeles, CA 90012

交通：乘坐公交车20路至Wilshire Blvd. & Ogden Ave.站下车即可

网址：www.moca.org

票价：12美元；学生以及65岁以上老人7美元，12岁以下儿童免费，每周四的17:00～20:00免费

开放时间：周一11:00～17:00，周二、周三闭馆，周四11:00～20:00，周五11:00～17:00，周六、周日11:00～18:00；新年（1月1日）、圣诞节、独立日和感恩节闭馆

电话：213-6266222

旅友点赞

这里是洛杉矶唯一一家专门收藏现代艺术品的博物馆，馆内珍藏丰富，艺术气息浓郁，是艺术爱好者参观的好去处。

中午在哪儿吃

现代艺术博物馆附近有非常多的餐厅，菜价便宜，而且餐厅的菜色也更加正宗。所以，在这里你可以有一次非常愉悦的午餐享受。

Lemonade At Moca

这是一家美式餐厅，这里的料理中会有些美味的水果作为辅助料理。餐后你不仅可以品尝到美味的蔬菜沙拉或者水果沙拉，还可以得到一杯鲜美的果汁。

地址：250 South Grand Avenue Los Angeles, CA 90012
交通：乘坐地铁紫线、红线在Civic Center / Grand Park Station下车可到
网址：www.lemonadela.com
电话：213-6280200

斯台普斯中心

斯台普斯中心（Staples Center）是一所多功能体育场馆，是NBA湖人队的主场。该球场具有3层全方位看台，最多可以容纳2万人，还有300个豪华包厢。没有篮球比赛的时候，这里也是好莱坞明星选择开办演唱会的第一场所。同时，斯台普斯中心也经常有冰球比赛等其他球类赛事。湖人队曾在此连续3个赛季拿下NBA总冠军，因此斯台普斯中心便自然而然地成为了人们心中的福地。

旅游资讯

地址：1111 South Figueroa Stree tLos Angeles, CA 90015

交通：乘坐公交车441、442、81路可达；搭乘地铁红线、紫线或者蓝线前往，出站后往第七街的出口再步行约10分钟左右即可到达

网址：www.staplescenter.com

票价：100美元（根据赛事不同而定，建议提前到官网查询）

开放时间：周一至周五10:00～18:00，周六、周日及比赛日10:00至比赛开始前0.5小时，无比赛日休息

电话：213-7427100

旅友点赞

如今去斯台普斯中心参观的游客，很难忽略球场大楼上的3幅巨幅画像，他们是湖人队永远的骄傲：张伯伦、贾巴尔和奥尼尔。

南加州大学

南加州大学简称南加大，是加州最古老的私立研究型大学，全美大学排名前30，电影学院全美排名第一，曾被《时代周刊》评为年度大学。南加大校园的建筑具有罗马式特色，造型美观华丽，拥有着历史性的砖造建筑和常春藤学校般的造景，经常被选为电影中的学校场景拍摄地。

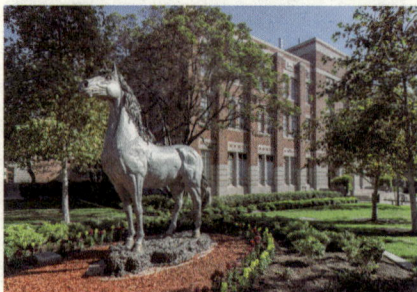

旅游资讯

地址：University of southern california,Los Angeles, CA

交通：乘坐轻轨博览线（Expo Line）在Expo Park / USC 站下车即到

网址：www.usc.edu

电话：213-7402311

台湾美女主播侯佩岑、"宝岛第一名媛"孙芸芸、因《那些年，我们一起追过的女孩》而一炮走红的女星陈妍希、最有才华的港姐郭蔼明以及霍英东的长子霍震霆都曾在南加州大学就读。此外，大导演乔治·卢卡斯、朗·霍华德也同样来自这所名校。可以说，南加州大学是一所名人学校。

晚上在哪儿玩

洛杉矶除了电影和游乐园，还有一个特色就是酒吧。在洛杉矶你可以随时遇到很多不错的酒吧，这里的酒吧如同人一般，或恬静或活泼，当然，更多的是如同这里的阳光一样热情。

Broadway Bar

这家酒吧就位于南加州大学附近，因此这里的顾客多为学生。因为临近电影学院，这家酒吧很好地传承了浓郁的艺术氛围，无论是整体装潢还是酒吧的氛围，都给人一种神秘感，非常吸引人。

地址：830 South Broadway Los Angeles, CA 90014
交通：乘坐公交车35/38、45、745路在Broadway / 8th站下车即到
电话：213-6149909
网址：www.broadwaybar.la

如果多待一天

洛杉矶是一个充满魅力的城市，这里有热情的阳光、金色的沙滩，还有可以将想象变为现实画面的好莱坞，以及来自世界各地的美食，此外，还有数不清的大型购物场所……所以，如果你的时间足够充足，建议在洛杉矶多游玩一天。

多待一天的游玩

由于洛杉矶的景点非常多，仅仅是4天的时间并不能够将这里玩个畅快。如果你能在洛杉矶多待1天，则可以到丹麦城游览一番，也可以到美国最大的城堡——郝氏古堡见识一番。当然洛杉矶的景点远远不止这些，相信经过一番游览你会越发地爱上这座城市。

赫氏古城堡

赫氏古城堡坐落在加利福尼亚州San Simeon附近滨海的一座小山上，其壮观气派确实超越所有人的想像，其湛蓝透明的室内外游泳池是整个城堡的点睛之作。室内游泳池底由马

塞克拼成海底动物的图案，池岸用纯金镶嵌；室外游泳池四周是洁白的大理石石雕，配着瓦蓝的池水，相当华丽。另外，城堡内的家具、挂毯、绘画、雕塑、壁炉、天花板、楼梯，甚至整个房间，都是艺术珍品。

地址：750 Hearst Castle Road San Simeon, CA 93452
交通：自驾或包车前往，约4小时
网址：www.hearstcastle.org
票价：25美元
电话：800-4444445

旅友点赞

更让人叹为观止的就是最后我们参观的罗马室内泳池，这个古罗马风格的室内泳池给人留下极其深刻地印象。

Tips

它的主人威廉·伦道夫·赫斯特生前是美国二十世纪二三十年代传媒业大亨，在20世纪的美国是个炙手可热的人物。他曾经是美国报业的巨头，20世纪20年代，在美国每四家报纸就有一家属于他，由此可见当时他在美国的影响力有多大。鲜为人知的是，就是这么一位操纵着美国传媒界甚至政界的大亨，却是躲在这个远离城市尘嚣的乡村别墅里遥控着他的报业帝国。每天他都是在这个独立王国里审批着由他私人飞机送来的报纸清样，用电话、电报指挥着他的报业帝国，其他时间则全部用在这座城堡身上，可以说这座城堡几乎花费了赫斯特一生的心血。从1919年开工建设，到1951年赫斯特去世时，这座城堡都没有完全完工。

2 丹麦城

丹麦城是一个充满北欧丹麦风情的美丽城镇。整个小镇都是北欧风格的建筑、欧洲的风车、丹麦风格的小商品，吸引了无数的游客前来观光游玩。而且这里一年有340天阳光灿烂的日子，让人可以享受安逸的时光。来到这里，你可以逛逛精美的纪念品店，也可以徜徉在童话般色彩的小镇中，享受安静、纯朴的小镇生活。这是一个纯商业化的小镇，但是正因如此，你在这里可以看到非常漂亮的建筑以及很有特色的小店。没时间去北欧的朋友，可以到此游玩一番。

在洛杉矶，你可以品尝到世界各国的美味。在洛杉矶市区有犹太族餐馆与东欧餐馆，在洛杉矶东部有墨西哥餐馆，在小东京与唐人街附近有日本餐厅与中国菜馆，海边有新鲜的海产品店。洛杉矶人民有自己的大众点评网"Yelp"，来洛杉矶的你不妨下载这个APP，它可以帮助你找到附近的美食餐厅，并详细说明餐厅与你的距离、菜品价位等信息，非常方便。

多待一天的美食

1 Water Grill

Water Grill是当地一家海鲜餐厅，很受喜爱海鲜的食客欢迎。这里的海鲜可谓是应有尽有，每一道菜上桌不仅能给你带来视觉上的震撼，而且味道也不错。

地址：544 South Grand Avenue Los Angeles, CA 90071
交通：乘坐公交车14、37、70、71、76、78、79、378、96、487、489、Commuter Express 431、Commuter Express 437等路公交车在Grand / 6th站下车
网址：www.watergrill.com
营业时间：周一至周四11:30～22:00；周五11:30～23:00，周六17:00～23:00；周日16:00～22:00，平安夜11:30～22:00，圣诞节关门，1月1日17:00～22:00
电话：213-8910900

2 Morton's The Steakhouse

很多食客对这里的服务赞不绝口，服务员亲切细心，让食客从进门到用餐离开都觉得非常的舒心。当然这里的美食也让人赞不绝口，美味的牛排是这里的主打菜。餐厅内部装饰温馨浪漫，气氛很好。这里的蔬菜沙拉和水果沙拉也不错，值得品尝。

地址：735 South Figueroa Street #207 Los Angeles, CA 90017
交通：乘坐地铁紫线、红线在7th St / Metro Center站下车可到
网址：www.mortons.com
营业时间：周一至周五11:30～22:00；周六、周日17:00～22:00
电话：213-5534566

3 海港大酒楼

海港大酒楼主要是以供应粤菜为主，是港台艺人来洛杉矶的必到之处。这里非常精致的小笼包堪称洛城最好吃的小笼包，奶黄流沙包很特别，又脆又香，一口下去那细细的咸蛋奶黄，仿佛要从包子里流出来一般，绝对是一绝。

地址：3939 Rosemead Boulevard Rosemead, CA 91770
交通：乘坐公交车176、266路在Rosemead / Valley站下车可到
电话：626-2883939

4 云南过桥园

这是一家在美国获过奖的中餐厅，提供极正宗的川菜，尤以凉菜最为纯正。这里的特色菜是川香辣子鸡，还有口袋包鱼肉，味道正宗。

地址：301 North Garfield Avenue Monterey Park, CA 91754
交通：乘坐公交车Route 1路在N Garfield Avenue and W Emerson Avenue站下车可到
电话：626-5718387

多待一天的购物

洛杉矶是一个完美的购物天堂，到洛杉矶旅行不可不去购物。从世界知名的罗迪欧大道到旧衣收购者们聚集的Melrose Ave，还有洛杉矶庞大的购物中心和百货店都是购物者的最好去处。其中，南海岸广场更是以规模庞大、豪华品牌繁多而出名，附近还有很多Outlets与连锁店，一天的购物时间恐怕都不能满足你的需求。

环球影城步行街

环球影城步行街（Universal City Walk）是露天徒步购物广场，作为环球影城的配套购物中心，这里有巨型户外荧幕，环球影厂餐厅和礼品店。

地址：100 Universal City Plaza Universal City, CA 91608
交通：在好莱坞环球影城沿着Universal City Plaza路向西走可到
网址：www.citywalkhollywood.com

2 Desert Hills Premium Outlets

洛杉矶最大的购物村，有超过120家世界一级奢侈名牌的过季打折或工厂直销的专门店，众人熟知的大牌商品，基本都会在这里出现。虽然由洛杉矶市区开车来此要近2小时时间，但全场低至3～5折的优惠仍然吸引着每天近千的顾客前往。

地址：48400 Seminole Drive Cabazon, CA 92230
交通：乘坐1、2-Beaumon等路公交车在Outlet Mall（West）站下车可到
网址：www.premiumoutlets.com
营业时间：周一至周五10:00～21:00，周六9:00～21:00，周日10:00～20:00
电话：951-8496641

比弗利中心

比弗利中心（Beverly Center）位于比弗利山脚下，是南加州地区首屈一指的高档时尚购物场所，也是购买当季奢侈品最好的地方，内部有LV、Gucci、Prada、Hermes、Fendi等一级奢侈品。这里有近100家商铺接受中国银联卡支付，客服中心为消费者提供中文服务指南，官方网站还为中国游客提供中文信息。

地址：8500 Beverly Boulevard Los Angeles, CA 90048
交通：乘坐16、17路公交车在San Vicente / Beverly站下车可到
网址：www.beverlycenter.com
营业时间：10:00～21:00
电话：310-8540070

罗迪欧大道

罗迪欧大道（Rodeo Drive）被誉为"世界十大购物天堂之一"，国际顶级大师设计的名贵珠宝与服饰汇聚于此。紧挨着罗迪欧大道的是罗迪欧第二大道和一些欧洲模式的小店，以及鹅卵石街道、喷泉和小酒馆等。

地址：L 4 Rodeo Drive LLC, 268 N Rodeo Dr, Beverly Hills, CA 90210
交通：乘坐公交车7、13、14、37路至Pico Wb & Beverwil Ns站下车即可
网址：www.rodeodrive-bh.com
营业时间：10:00～18:00

多待一天的娱乐

洛杉矶临海，因此这里的很多娱乐活动都与大海有关。圣莫妮卡的海边游乐设施一应俱全，北边有玩风帆的热门景点马里布海滩；南边有号称街头艺人发祥地的威尼斯海滩，以及景色雅致的马利纳德尔瑞；再往南是举办国际级滑水比赛的杭廷顿海滩。另外，当地人的最爱——新港沙滩，世界级豪华邮轮所停泊的长堤，以及未经人工雕琢的圣塔卡特琳纳岛都是受人欢迎的娱乐地。

六旗魔术山主题公园

六旗魔术山主题公园（Six Flags Magic Mountain）拥有上百种令人眼花缭乱的、上天入地的、海陆空三栖的、摩天云霄飞车，同时众多北美知名的疯狂过山车大多出自这里。对于痴迷于刺激与速度的人来说，六旗魔术山主题乐园可谓朝圣之地。这座乐园中最著名的是一座世界最大的白色飞车"庞然大物"（Colossus），这座重重叠叠，弯曲犹如大肠绕小肠的大怪物，时速高达144千米，刺激无比。另外，这里的自由落体会让你体验物体由10层楼的高顶上落地之际的快感；"革命号"旋转是美国西岸最长的飞车，可以做360°大旋转；雷霆飞船带你模拟体验科罗拉多河急流奔腾而下的快感。如果不幸真的玩得不舒服了，园内有相当专业的医护人员为你服务。

地址：26101 Magic Mountain Parkway, Valencia, CA 91355
交通：从市中心乘坐地铁红线北好莱坞757快车路线到北好莱坞站，然后在北好莱坞的757 Express总线的McBean地方运输站（MRTC）转车，在那里乘3、7路公交车可以到达；或者从联合车站洛杉矶市中心出发，乘坐地铁环线列车（羚羊谷线）到纽荷州站，从那里乘坐任何州Santa Clarita公交路线1＆2或4＆14地铁到McBean地方运输站（MRTC）下车即可，平均都是每隔15分钟一班
网址：www.sixflags.com
票价：68美元，网上购票为48美元
开放时间：10:30～18:00，但会因季节原因而稍作调整，最好在出行前在其官网查询详情，再做出行计划
电话：661-2554100

2 诺氏百乐坊乐园

诺氏百乐坊乐园（Knott's Berry Farm）位于迪士尼乐园西北部，距迪斯尼乐园6千米。乐园大致上可分为儿童区、游乐区和鬼镇3部分。其中，游乐区以刺激的云霄飞车为主；鬼镇则重现经典的美国西部。诺氏百乐坊乐园在每年万圣节期间推出非常恐怖的"猛鬼出笼"（Knott's Scary Farm），更是洛城鬼节里的重头大戏！此时整个乐园弥漫着阴森森、凄凄惨惨的气氛，500多名孤魂野鬼在黑黢黢的夜间出没，随时冲出来向你打招呼，告诉你"生人勿近"；他们还不时地从你后面搂抱一下，只听得满园都是凄厉无比的尖叫声，骇人极了！这里还有由艾薇拉领衔主导，每晚在园中"欢乐戏院"演出恐怖至极的惊奇夜，其恐怖程度绝不亚于任何恐怖片。

地址：8039 Beach Blvd Buena Park, CA 90620
网址：www.knotts.com
交通：乘坐38路公交车在Western-Knotts Emp Entrance站下车可到
票价：62美元
开放时间：10:00～20:00，闭馆时间会根据季节变化而有所改变，具体情况到官网查询
电话：714-2205200

3 迪士尼音乐厅

迪士尼音乐厅（Walt Disney Concert Hall）是洛杉矶音乐中心的第4座建筑物，由普利策克建筑奖得主法兰克·盖瑞设计。音乐厅的主厅可容纳2265席，附近还有266个座位的罗伊迪士尼剧院以及百余座位的小剧场。迪士尼音乐厅是洛杉矶爱乐与合唱团的团本部。其独特的外观，使其成为洛杉矶市中心南方大道上的重要地标。

地址：111 S Grand Ave, Los Angeles, CA
交通：乘坐地铁紫线、红线至Civic Center / Grand Park Station站下车，步行即可到达
网址：www.laphil.com
票价：根据所观看剧目、场次而定
开放时间：每天有1～3场游览开放时间，游览时间大约1小时，具体时间请查询官网
电话：323-8502000

洛杉矶住行攻略

在洛杉矶出行最好的方式是租车自驾，因为洛杉矶的市内交通并不是非常发达，班次和能到达的区域非常有限，所以如果想玩得有效率，最好还是租车。如果你不想自己开车，可以考虑乘坐"黄包车"。但洛杉矶的住宿非常发达，因为每年来这里的游客众多，所以这里的酒店行业发展也非常迅速。

在洛杉矶住宿

在洛杉矶，你可以找到价格极其昂贵的星级酒店，也可以找到便宜便捷的旅馆，你完全可以根据自己的需求选择住宿。

1 拉克斯旅程住宿酒店

拉克斯旅程住宿酒店（Travelodge Hotel at LAX）的每间客房内均配有平面有线电视，以及免费无线网络连接，亦设有带免费洗浴用品的连接浴室和熨烫设施。酒店还提供24小时免费机场班车接连服务。每天6:00~9:00供应免费欧陆式早餐。同时酒店内还设有健身中心、商务中心和客用自助洗衣店，在客人入住期间提供免费停车场，游客还可以在此免费打印登机牌。

地址：5547 West Century Boulevard LA,CA90045
交通：乘坐117路公交车在Century / Aviation站下车可到
网址：www.travelodge.com
参考价格：120美元
电话：310-6494000

2 洛杉矶速8酒店

洛杉矶速8酒店（Super 8 Los Angeles）是一家国际连锁酒店，距Alhambra闹市区仅有几分钟的路程，无论是出行还是购物都非常方便。酒店每天早晨都提供免费的欧陆式早餐，设有免费的停车场，并且提供免费的网络连接，大堂还会提供24小时的咖啡服务，同时客房内配备有微波炉、冰箱和咖啡机等电器。

地址：9250 Airport Boulevard Los Angeles, CA 90045
交通：乘坐111路公交车在Airport / Arbor Vitae站下车可到
网址：www.super8.com
参考价格：80美元
电话：310-6702900

3 好莱坞星光大道快捷假日酒店

好莱坞星光大道快捷假日酒店（Holiday Inn Express Hollywood Walk of Fame）距离好莱坞大道和杜比剧院仅有不到10分钟的步行路程。酒店客房配备免费无线网络连接，每日供应丰盛的早餐。这里还设有健身中心和1个室外游泳池。

地址：1921 North Highland Avenue Los Angeles, CA 90068
网址：www.ihg.com
交通：乘坐237、656路公交车在Highland / Franklin站下车可到
参考价格：120美元
电话：323-8508151

洛杉矶其他住宿地推荐				
名称	地址	网址	电话	费用
Ritz Milner Hote	813 South Flower Street Los Angeles, CA 90017	www.milner-hotels.com	213-6276981	约60美元起
Historic Mayfair Hotel	1256 West 7th Street Los Angeles, CA 90017	www.mayfairla.com	213-6321200	约40美元起
Historic Mayfair Hote	1256 West 7th Street Los Angeles, CA 90017	www.mayfairla.com	213-6321200	约50美元起
StayON Beverly	4619 Beverly Boulevard Los Angeles, CA 90004	www.stayonbeverly.com	855-2598111	约40美元起
Vagabond Inn Los Angeles at USC	3101 South Figueroa Street Los Angeles, CA 90007	www.vagabondinn.com	213-7461531	约80美元起
Motel 6 Los Angeles	1738 Whitley Avenue Hollywood, CA 90028	www.motel6hollywood.com	323-4646006	约50美元起

在洛杉矶出行

洛杉矶市内主要有MTA、市中心循环巴士、圣莫妮卡市立巴士、地铁与出租车等交通工具。最为普遍的交通工具为地铁。

地铁

洛杉矶的地铁路线按颜色分为蓝线、红线、绿线、金线及橙线，能抵达唐人街、好莱坞、小东京等重要观光景点，票价为1.25美元。地铁线路的主要途经地点如下表所示。

洛杉矶地铁线路	
地铁线路	概况
蓝线	共22站，从7th St.与Flower St.的交叉处至长滩之间运行
红线	共15站，包括市区、好莱坞
绿线	从洛杉矶机场南面的雷顿的海滩至诺沃克运行，其中从Aviation/I-105站到洛杉矶机场有"LAX Shutter G"免费运行
金线	共13站，从联合车站向东北至帕萨迪纳的Sierra Madre Villa站；可在联合车站换乘红线
橙线	从红线的North Hollywood站至圣佛南度谷的Warner Center站之间运行，该线路的地铁看上去更像是巴士
博览线	连接洛杉矶市区与卡尔弗城之间

MTA巴士

MTA巴士为连接洛杉矶市内和郊外主要地点的巴士。MTA巴士是白底有桔色线条的车辆，有大约200条线路。票价是市内一律1.35美元。夜间和周末班次非常少。车内不允许吸烟和饮食，下车时记得拉车内的铁线，或是按一下橡皮带，前方的"Stop Required"的红灯如果亮了，司机就会开门让你下车。

MTA巴士部分线路概况	
巴士	**主要途经**
2、3、302	市中心—日落大道来回区间车
4、304	市中心—西好莱坞—比弗利山庄—圣莫妮卡
10、11	市中心—梅尔罗斯街—西好莱坞
20、22、720	市中心—拉西安哥—比弗利山庄—世纪城
14	比弗利山庄—比弗利大道（拉西安哥）—市中心
27	市中心（春天街道）—比弗利山庄—世纪城
3、333	市中心（联合车站）—威尼斯海滩—圣莫妮卡
60	市中心（联合车站）—灰狗巴士总站—长堤
96	市中心（橄榄街）—谢尔曼奥克斯（路经LA动物园）
105	拉西安哥大道—西好莱坞
181	好莱坞（好莱坞大道）—帕萨迪纳（科罗拉多大道）
212	好莱坞（好莱坞大道）—拉布莱尔大道（梅尔罗斯）—市中心
401、402	市中心（第一街）—帕萨迪纳（科罗拉多大道）
426	市中心—好莱坞（高地大道）—威尔榭中区
439	市中心—洛杉矶国际机场—曼哈顿海滩—瑞当多海滩
460	市中心—诺氏乐园—迪士尼乐园
561	盖蒂中心—西坞—UCLA—洛杉矶国际机场巴士总站—机场MTA站

DASH洛杉矶市中心循环巴士

DASH是巡回市中心的小型巴士，有A至E的5个循环路线。经过购物中心、美术馆、百老汇、唐人街、联合车站、奥尔维拉街等市中心主要观光点。巴士每隔5～15分钟运行一趟，周日和节假日不营运。

圣莫妮卡市立巴士

圣莫妮卡市立巴士（Municipal Bus Lines）也叫大蓝巴士，往返于洛杉矶国际机场到圣莫妮卡，以及圣莫妮卡到西木等地方。

LA复古观光巴士

该巴士线路经过好莱坞高地娱乐广场、西好莱坞、罗迪欧大道，以及圣莫妮卡等地。该巴士售卖的1日券12美元、2日券16美元、3日券20美元，在游客服务中心及JTB柜台有车票出售。

出租车

在洛杉矶路边等出租车是基本不可能等到的，要用车时，需要打出租车叫车电话或到巴士站附近的出租车停靠区（Taxi Zone）等待。携带大件行李时，可能需支付额外费用。起步价为2.65美元，之后每千米3.94美元（计价器显示为2.45美元/英里）。另外，还要外加占车费总额的15%～20%的小费。

洛杉矶租车

在洛杉矶租车自驾游，是一种非常方便且惬意的交通方式。租车手续极为方便，只需准备好国内驾照和护照即可（完全不需要做英文版）。在洛杉矶租一辆普通轿车，租价加保险，一天价格在40～50美元，公共假期时租金会上涨。

Tips

停车在洛杉矶是一个大问题，因为洛杉矶的每一条街道的停车时间和规定都不一样。停车在街边一定要先看好停车牌的规定：周几不能停，平时几点到几点能停几个小时，免费的还是需要到付费站给钱等。洛杉矶的停车警察非常勤快，你稍不留神就会收到50～80美元一张的停车罚单。

从洛杉矶至拉斯维加斯

从洛杉矶到拉斯维加斯有多种交通方式可供选择，你可以乘坐长途汽车，也可以选择便捷的飞机，当然也可以像大多数美国人一样选择开车自驾出行。

灰狗巴士

贯穿全美路线的灰狗巴士会停在洛杉矶市中心东边的车站，从洛杉矶出发到拉斯维加斯需要约6小时，费用约33美元，周一至周四车票较便宜，节假日车票会涨价。灰狗巴士上有电源插座和免费Wi-Fi。

飞机

美国西南部的机票非常便宜，从洛杉矶到拉斯维加斯的飞机票价为40～60美元。洛杉矶每天有几十个航班飞往拉斯维加斯，非常便捷，主要航空公司有维珍航空、美国航空、联合航空、达美航空、精神航空等。

自驾车

洛杉矶距离拉斯维加斯约430千米，开车自驾一般情况下4小时就可到达。自驾时一定要按照交通规则驾驶，美国对违规驾驶查询非常严格，罚款也很厉害。

到达拉斯维加斯

拉斯维加斯，一座沙漠中平地而起的娱乐之都。纸醉金迷、灯红酒绿是这座城市的标签，任何你能想到的娱乐方式，几乎都可以在拉斯维加斯找到。来到拉斯维加斯，你可以流连在购物中心或时尚精品店中，尽情血拼；也可以在泳池边享受阳光和人造沙滩；或是找一家高档餐厅享用丰盛的自助餐。有人说这里是天堂，也有人说这里是地狱，至于到底是怎样的，不如你亲自来体验一番。

从拉斯维加斯麦卡伦国际机场前往市区

拉斯维加斯麦卡伦国际机场（Las Vegas McCarran International Airport，LAS）距离拉斯维加斯大道（又名长街）2千米远，从机场前往拉斯维加斯市区可乘坐穿梭巴士、灰线巴士，以及出租车等交通工具。

如何到市区

从机场至市区交通方式			
交通方式	乘车地点/目的地	运营时间	费用
Bell Trans 穿梭巴士	从行李领取处出来，在便道旁即可乘车，可至长街或市中心	24小时	长街：7美元 城区酒店：8.5美元
灰线/Coach USA巴士	从行李领取处出来，在便道旁乘车，可至长街或市中心	7:00至次日1:00	长街：5.5美元 市中心：7美元
CAT巴士108、109路	从行李领取处出来，在便道旁乘车，可至市中心	5:15至次日2:00 每20~30分钟一班	1.25美元
出租车	在机场到达大厅的东面，1~5号出口，在标有Taxi的标志处乘车，可至市内及周边各地	24小时	15~20美元

拉斯维加斯2日行程

拉斯维加斯是一座为娱乐而生的城市，人们来这个城市的首要目的就是娱乐，景点也是以酒店为主要参观对象。在拉斯维加斯的两天，主要就是游览拉斯维加斯大道和大峡谷国家公园。

Day 5 拉斯维加斯大道→威尼斯人酒店→巴黎酒店→百乐宫酒店→卢克索酒店

在拉斯维加斯的第1天，到拉斯维加斯大道游玩一番，这条大道上最著名的就是风格迥异的豪华饭店，因为时间有限，所以只安排了众多知名酒店中的几个游玩。第一个就是威尼斯人酒店，这里最著名的景观就是大运河，接下来是巴黎酒店，然后就是对面的百乐宫酒店，晚上则是卢克索酒店。

拉斯维加斯第1天行程		
时间	**目的地**	**行程安排**
9:00~10:45	拉斯维加斯大道	拉斯维加斯大道是拉斯维加斯最繁荣的街道，来到这里，你可以流连于街道两边分布着的世界级豪华酒店、赌场、餐馆、购物、夜生活及娱乐场
10:45~12:00	威尼斯人酒店	威尼斯人酒店将威尼斯著名的运河和贡多拉，连同圣马可广场、钟楼、叹息桥等都"搬"了过来。在这里你可以充分感受威尼斯风情
12:00~13:00	午餐与休息	在这里，你大可以不用担心就餐问题，而且你在这里就算只是消费一个汉堡，也会享受到非常周到的服务，但记得要给小费
13:00~14:30	巴黎酒店	巴黎酒店把著名的埃菲尔铁塔和凯旋门"搬"到了这里，极具法国味道
14:30~16:50	百乐宫酒店	百乐宫酒店将意大利北部科莫湖美丽的自然景色，融于酒店的音乐喷泉及周围风光，非常有特色
16:50~17:40	卢克索酒店	卢克索酒店外观为一座通体被黑玻璃覆盖的金字塔，整个酒店以古埃及为主题装修，到处都可以看到精美的古埃及塑像

▲拉斯维加斯第1天行程路线示意图

拉斯维加斯大道

拉斯维加斯大道（Las Vegas Boulevard）又称长街，是拉斯维加斯最繁荣的街道，也是拉斯维加斯的主要旅游点。这段世界闻名的长街全长约7千米，街道两边分布着大批世界级的豪华酒店、餐馆、购物地、夜生活及娱乐场所。如果按房间数量多少计算，世界排名前25名的酒店中，有18家在这里，他们共拥有约7万间房间。长街上最突出的是，几乎每家大型酒店都有自己的主题，如凯撒宫大酒店的罗马文明，百乐宫酒店的音乐喷泉，米高梅大酒店的狮子，神剑大酒店的英国圆桌武士传说，海市蜃楼酒店的火山爆发等。每天晚上各酒店的景观灯全开，争奇斗艳，各有特色，把拉斯维加斯点缀成一座不夜城。

旅友点赞

整条大街最壮观的就是各大酒店非常有特色的建筑和装修风格。建议到每个酒店的大堂去参观一番，这并不需要付任何费用，但是你却可以看到来自世界各地的标志性建筑。其虽然仿制得并没有十分逼真，但是这些场景的辉煌和奢华还是足以吸引人们的眼球。

威尼斯人酒店

威尼斯人酒店（The Venetian）将威尼斯著名的运河和运河上的贡多拉，连同圣马可广场、钟楼、叹息桥等场景都"搬"了过来，充分展现了水城威尼斯的风光。酒店二楼的人造大运河、充满威尼斯情调的拱桥、石板路及每20分钟变化一次的人造天空，都让人叹为观止，让室内景色宛如白天。在这里，你甚至可以包上一艘平底船，漫游大运河之中，在欣赏景色的同时，别忘记品尝一下广场小推车上美味的意大利冰激凌。

中午在哪儿吃

中午建议你在巴黎酒店或者威尼斯人酒店就餐。酒店虽然非常豪华，但是不只提供顶级大餐，也提供汉堡等快餐，而且价格不贵。你还可以享受到非常优质的服务。如果不愿"挑战"，也可以到Sugar Factory Bar & Grill餐厅就餐，那里提供精致法餐。

Sugar Factory Bar & Grill

这是巴黎酒店内部的一间法式餐厅，餐厅全天候供应早餐、午餐和晚餐。餐点的摆盘非常精致，主推他们家的甜点和招牌冰激凌。

地址：3655 South Las Vegas Boulevard Las Vegas, NV 89109
交通：乘坐有轨电车Las Vegas Monorail在Bally's & Paris Station下车可到
电话：702-3315100
网址：www.sugarfactorylv.com

巴黎酒店

巴黎酒店（Paris Las Vegas）把著名的埃菲尔铁塔和凯旋门"搬"到了这里。巴黎酒店的埃菲尔铁塔是拉斯维加斯的地标性建筑之一，登塔可俯视整个拉斯维加斯大道。巴黎酒店十分具有典雅气派，酒店大楼平面呈十字形，建筑设计采用法国文艺复兴风格。晚上这里灯火辉煌，非常浪漫。此外，酒店以巴黎为主题，因此酒店内的餐厅也多以法国风味为主。

旅游资讯

地址：3655 South Las Vegas Boulevard Las Vegas, NV 89109
交通：乘坐有轨电车Las Vegas Monorail在Bally's & Paris Station下车可到
网址：www.parislasvegas.com
门票：9美元
开放时间：9:30至次日0:30
电话：702-9467000

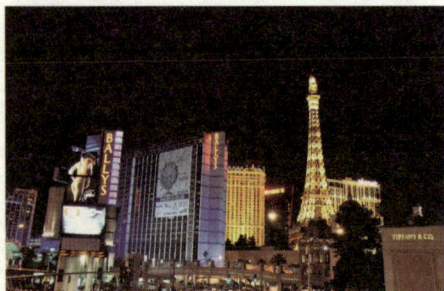

百乐宫酒店

百乐宫酒店（Bellagio）耗资18亿美金，根据意大利北部科莫湖旁的贝拉吉欧村庄建造。百乐宫酒店的音乐喷泉建于百乐宫酒店正前方，是酒店的一大特色，程控的喷泉系统能在瞬间将水喷至近80米高，并与不同音乐作匹配，以达到最佳的艺术效果。百乐宫酒店内部的装潢是很典型的欧式风格，酒店大厅天花板上2000朵人工吹制的玻璃花所组成的玻璃雕塑，让人一踏入酒店就能马上感受到奢华的氛围；而酒店内的Bellagio Gallery of Fine Art精品艺术画廊则展示了当代众多艺术家的经典作品。另外，太阳马戏团唯一的水上秀"O"秀也长年在此演出。

旅游资讯

地址：3600 South Las Vegas Boulevard Las Vegas, NV 89109

交通：乘坐有轨电车Las Vegas Monorail在Bally's & Paris Station下车可到

网址：www.bellagio.com

开放时间：喷泉表演周一至周五15:00～19:00整点每0.5小时一次，19:00～0:00每15分钟一次；周六、周日及节假日12:00～19:00整点每0.5小时一次，19:00～0:00整点每15分钟一次。（如遇大风等天气原因，表演将会被取消）

电话：702-6937111

旅友点赞

　　音乐喷泉每天晚上会表演水舞音乐喷泉，每次的音乐和水舞的造型都不同。在夏天炎热的夜晚，你可以在人工湖边享受音乐和艺术结合的水舞，可持续到午夜零点。

晚上在哪儿玩

　　晚上建议到卢克索酒店游玩，这里的灯光和氛围最适合晚上游览。同时你还可以在这里看到狮身人面像雕塑发出的强光。当然，游玩之后还可到百乐宫酒店观看漂亮的音乐喷泉，或是看一下晚上的巴黎酒店的埃菲尔铁塔，想必你会拥有一个浪漫的夜晚。

卢克索酒店

　　在拉斯维加斯大道的南边，很远就可以看到通体被黑玻璃覆盖的金字塔，这就是卢克索酒店（Luxor Hotel & Casino）。整个酒店是以古埃及为主题，到处都可以看到精美的古埃及塑像。到了晚上，金字塔前的高140多米的狮身人面像的头顶会射出一束强光，直上云霄，在拉斯维加斯任何地方都可以看见。

地址：3900 South Las Vegas Boulevard Las Vegas, NV 89119

交通：乘坐公交车119、DEUCE路到Las Vegas @ Luxor（S）站下车可到

网址：www.luxor.com

电话：702-2624000

旅友点赞

　　酒店内部有最顶级的魔术表演秀，非常精彩。酒店内部装修主要以古埃及时期的风格为主，所以灯光偏暗，对埃及感兴趣的人一定要来此游览一番。酒店内的宾馆还带有古埃及式的温泉，如果有机会一定要享受一下。酒店还常常在网站上做一些活动，如果想参加，可以提前在网上查一下。

Day 6 大峡谷国家公园一日游

　　来到拉斯维加斯，就一定要去游览大峡谷国家公园。由于大峡谷国家公园地质较为特别，所以在一天的时间内想要玩得比较好的话，建议中途乘坐直升飞机游玩，这样可以看到整个大峡谷的全貌，同时建议参加当地旅行社的团，因为大峡谷太大，如果是自己去玩，容易错过最别致的景点。旅行社一般还会有包机出行，这样能最大程度地方便你游玩。（注：这一天的行程安排是以全程飞机为主要交通工具设定的，否则你只能游玩其中一个区域）。

拉斯维加斯第2天行程		
时间	目的地	行程安排
7:00~8:00	准备出发	前往大峡谷国家公园尽量早点出发，因为中途比较远，建议一定要带足水和食物
8:00~12:00	到达大峡谷国家公园	大峡谷国家公园又称"科罗拉多大峡谷"，成立于1919年，并在1979年被纳入联合国教科文组织的世界遗产名单。大峡谷国家公园位于美国亚利桑那州北部，属于科罗拉多高原的一部分，由科罗拉多河流经此地切割高原而形成。大峡谷国家公园是世界七大奇景之一，也是美国最值得一看的国家公园之一
12:00~20:00	大峡谷北峡	北峡海拔很高，降水机率比较大，冬天雪很大，所以全年开放时间短，它处在南峡的对面，中间隔着科罗拉多大峡谷。由于海拔的高度，这里空气稀薄，天空碧蓝如洗。绝对是你在野外独处的佳地。和南峡相比，这里更冷也更潮湿（北峡到南峡需乘坐直升飞机）
	午餐与休息	建议带一些自助午餐，这样你就可以在峡谷之巅边看壮丽的风景边享用午餐，想必你会有一种会当凌绝顶的感觉，估计你也会有种处在武侠小说里的幻觉
	大峡谷南峡	南峡是游客访问最多的路线。南线的公路修得相当完善，你可以从东大门一直开到南大门。南峡的免费公交系统也相当发达，四条公交线路让没有车的游客也能在南峡范围内"为所欲为"。不过，由于大峡谷游客太多，南峡的一些旅游路线只允许公交车通行
	大峡谷西峡	西峡属于印第安人保护区，距离拉斯维加斯更近一点，由于不属于国家公园的管理，你可以搭乘直升机、小飞机在高空领略大峡谷的壮美。这里的大峡谷玻璃桥被誉为世界第八大奇观，是由美国华裔企业家构思、耗资3000万美元、历时10年兴建的"天空之桥"，人们在这里主要观看最美的落日
20:00~23:00	返回拉斯维加斯	想要真正领略科罗拉多大峡谷的美丽风光，乘坐直升飞机是最好的游览方式，不过此种方式极为奢侈。如果你只有一天的时间，建议只游览大峡谷南峡即可

▲拉斯维加斯第2天行程路线示意图

大峡谷国家公园

　　大峡谷国家公园（Grand Canyon National Park）又称"科罗拉多大峡谷"，是世界七大奇景之一，也是美国最值得一看的国家公园之一，成立于1919年，并在1979年被列入联合国教科文组织的世界遗产名录。大峡谷国家公园属于科罗拉多高原的一部分，由科罗拉多河流经此地切割高原而形成。大峡谷国家公园气势宏伟，不仅适合体力充沛、酷爱登山的年轻人，也适合只爱开车、散步看美景的懒汉一族。

　　大峡谷的壮观，不仅在于其千姿百态的奇峰异石和峭壁石柱，还在于其色彩的变幻。由于峡谷两侧岩石的所含矿物质不同，在阳光照射下，会呈现不同的色彩，从而使峡谷壁成为一块巨大的五彩斑斓的调色板，美不胜收。更为神奇的是，谷壁的色彩还会随天气阴晴的变化而变化。在阴霾的日子里，大峡谷中像是弥漫着紫色的烟雾；旭日初升或夕阳斜照时，峡谷又尽染成红色和橘色。

旅游资讯

地址：Red Rock Canyon National Conservation Area, Las Vegas

网址：www.nps.gov

开放时间：南峡全年全天开放；北峡5月中旬至10月中旬；西峡玻璃桥冬季8:00～16:30，夏季7:00～20:00

门票：南峡、北峡25美元每辆车，7天有效，门票通用，直升机约500美元左右，价钱随季节变动

公园内交通

公园内有车子在大峡谷北峡和南峡之间运行。可以拨打电话928-6382820咨询。该交通服务每年10月15日终止。其中，南峡的交通系统发达，设有4条公交车线路。

公园内交通状况	
名称	**具体情况**
蓝线巴士（Blue Route）	连接了园内Grand Canyon Visitor Center、Grand Canyon Village，以及其他几个野营点与住宿点，以及红线巴士的换乘点。如果你不是很早到达公园，没把握在红线巴士的起点站找到一个停车位，就把自己的车停在Visitor Center或周边任一停车点，再换蓝线巴士到红线巴士换乘点
红线巴士（Red Route）	基本是必乘线路，通往Hermits Rest，一路都有登山小道Trail相伴。可以选择坐一段车再走一段，体力超棒的朋友可以完全步行。要注意的是，红线巴士往西开走站站停，而从东往回开只停3站，不想多走路的朋友要注意红线巴士的停靠点
黄线巴士（Yellow Route）	园内最短的公交车线路，起点为Grand Canyon Visitor Center，可通往Yaki Point和Kaibab Trailhead 2个私家车不准通行的景点
紫线巴士（Purple Route）	从Grand Canyon Visitor Center经过南入口通往Tusayan镇。自驾车的朋友用不着这条公交线
登山快线（Hiker's Express）	为清晨登山者专备，5月和9月有早晨5、6、7点3班，6、7、8月有早晨4、5、6点3班，从Bright Angel Lodge开出，先到Backcountry Information Center，经Grand Canyon Visitor Center，最后一站到South Kaibab Trailhead

自驾车

南峡：前往南峡可从拉斯维加斯自驾车沿US-93转I-40转AZ-64号公路，约5小时。

北峡：前往北峡可从拉斯维加斯自驾车沿I-15转UT-9，UT-59，AZ-389转US-89A，转AZ-67号公路，约6小时。

西峡：前往西峡可从拉斯维加斯自驾车沿US-93 40mi转Pierce Ferry Road 28mi转 Diamond Bar Road号公路，约4小时。

Tips

1.在夏季，最好在日出前开始徒步进入峡谷，10:00~16:00这个时间段最好不要徒步到峡谷。峡谷内的温度明显高于顶部，可能会高达43℃。

2.如果一定得在中午徒步进入峡谷内部，应摄入足够的高热量食物。超过30分钟的徒步登山（下谷），就应准备有充足食物和水。

3.最好穿着可防雨、防风、防阳光的材质服装，擦上带好防晒霜（非女士专利），最好有长袖的衣服，以防皮肤暴露在阳光直射下。建议戴一顶遮阳帽、一副太阳眼镜，一个小型的照明灯。

4.在公园内住宿或露营需要提前预订。在预订时要说明是在大峡谷北峡，还是南峡住宿。露营地通常很快客满，所以需要尽量早些预订。价格通常在130美元左右。

5.各酒店都有不同公司提供的大峡谷一日游，有坐大巴去的（单程要4.5小时），也有坐飞机的，直升机为多。前者需要130美元或150美元，后一种需要300美元或500美元。

图例	
🚻	卫生间
🛏	住宿
✚	医疗中心
？	问讯处
🍴	餐厅

请随身携带饮用水与简易食物

North Kaibab Trailhead

2.7千米

Supai Tunnel

4.8千米

North Rim

Roaring Springs

1.1千米

Pump House Ranger Station

2.2千米

Cottonwood Campground

Ribbon Falls

11.6千米

Phantom Ranger Station

DANGER

Bright Angel Campground
River Resthouse

4.2千米

2.4千米

Tip Off

Plateau Point

2.4千米

2.2千米

请勿下河游泳，以免发生危险

Indian Garden Campground

5.1千米

Skeleton Point

2.7千米

2.4千米

2.4千米

3-Mile Resthouse

Cedar Ridge

2.6千米

1-Mile Resthouse

2.4千米

Bright Angel Trailhead

South Rim

South Kaibab Trailhead

South Kaibab Trailhead closed to private vehicles. Access via free shuttle bus only.

▲ 大峡谷国家公园游览路线示意图

北峡

　　大峡谷国家公园的北峡海拔超过2.34千米，因此这里空气稀薄，天空碧蓝如洗。这里的山路崎岖而漫长，大片草地铺满了野花和长满了柔软的白杨与云杉。如果你厌烦了成堆的人群，那么这里绝对是你在野外独处的良地。和南峡相比，这里更冷也更潮湿，每年只在5月中旬至10月中旬之间才对游客开放。

西峡

　　科罗拉多大峡谷的西峡（W Grand Canyon）属
于印第安人保护区，距离拉斯维加斯更近一点，由
于不属于国家公园的管理，游客便可以开展更多体
验活动，因此每年都会吸引50多万的游客来此欣赏
自然风光。在此，你可以搭乘直升机、小飞机在高
空领略大峡谷的壮美，可以参观印第安部落，了解
最原始的本土文化。此外，著名的玻璃天桥也位于此。老鹰岩也是每位游客来此必看的景观，
因峡谷山脊间有一个缺口宛如展翅高飞的雄鹰，故名老鹰岩。

中午在哪儿吃

　　在大峡谷国家公园内可就餐的地方不多，而且不好找，所以建议前往
时自带充足的食物和水。中午，你可以在峡谷的一片树荫下或者一座山峰
的至高点坐下来解决就餐问题。一定不要随手丢弃垃圾，建议把垃圾带回
市区，或者投入指定的垃圾箱内。

南峡

　　去大峡谷国家公园的人，有90%都会前往大峡谷南峡（Grand Canyon South Rim）。南峡
位于图萨扬以北，是公园的南入口。你可以从峡谷景区信息中心获取游览路线以及景点信息，
继续向北行即可到达大峡谷村。在村子尽头的东北部的亚瓦佩统观测站，能够看到大峡谷的全
景，这里还有一个有趣的地质博物馆。此外，由于大峡谷游客太多，南峡的一些旅游路线只允
许公交车通行。只许公交车通行的路线有通往Hermits Rest的"红线巴士"，以及通往Kaibab
Trail和Yaki Point的"黄线巴士"运行。

利帕观景台

　　利帕观景台（Lipan Point）是南峡最壮观的景点之一，也是观赏大峡谷全景和日落的好地
方。在这里，你可以一览无余的观赏到乌卡险滩以西的景致。在东北部有被称之为帕利塞兹沙
漠的悬崖峭壁，这被看作大峡谷东南部的天然墙壁。

玻璃天桥

玻璃天桥（Sky Walk）被誉为世界第八大奇观，位于大峡谷西峡，是目前美国海拔最高的建筑。游客可站在马蹄型的玻璃吊桥上，俯瞰1000多米下的大峡谷及科罗拉多河美景，感受在云端漫步的自由感觉。

旅游资讯

地址：Mohave County, AZ
网址：www.grandcanyonwest.com
开放时间：冬季8:00～16:30，夏季7:00～20:00
票价：70美元
电话：928-7692636

★★★ 旅友点赞

西峡的景色非常美，但是玻璃桥不属于大峡谷国家公园，会有各类额外收费，费用比较贵，拍照也需要另外付费，平均一个人70美元以上，这里也可以乘坐直升机。

晚上在哪儿 玩

如果你从大峡谷国家公园游览回来后，还想再去其他地方游玩，建议你到拉斯维加斯艺术区游玩，这里晚上有音乐会，也有各色小酒吧。当然你也可以到费蒙街游玩，这里晚上的灯光非常美。

拉斯维加斯艺术区

拉斯维加斯艺术区也叫18b，因为它由18个街区组成。18b艺术区是拉斯维加斯市区的中心和灵魂，在高楼大厦高层公寓中另辟蹊径，形成了一道靓丽的风景。这里响亮的音乐、嬉皮的裙子、没有标志的酒吧，构成了嬉皮士的天下。这里每个月都有"First Friday"节，届时会有超过2万名游客在这个文化和艺术交融的地方尽情欢闹。

地址：6420 Spring Mountain Rd., Las Vegas
交通：乘坐开往DEUCE The Deuce on The Strip Northbound方向的公交车在Casino Center @ Coolidge站下车即可
网址：www.18b.org

如果多待一天

拉斯维加斯是一座充满魅力的城市，也是很多人来美国必游的一座城市，想必仅有2天的时间并不能满足你对这个城市的好奇心。如果你能在拉斯维加斯多待1天，你可以在这里品尝来自世界各地顶级大厨制作的料理，也可以到这个城市中的各色酒店参观，或者去这里的特色酒吧游玩，也可以听一场精彩绝伦的地下音乐会，当然这里还有数不清的大型购物商场供你消遣。在拉斯维加斯你永远不会觉得无聊，只会觉得自己的时间不够用。

多待一天的游玩

如果你在拉斯维加斯多待1天，你可以在市区游玩，也可以到郊区观赏美丽而壮观的风景。在市区，你可以到M&M巧克力工厂满足自己对甜品的喜爱，可以到白色教堂观看婚礼，还可以到米高梅历险乐园游玩。在郊区你可以到鲍威尔湖观看美丽的风景。

1 M&M巧克力工厂

M&M巧克力工厂是由玛氏公司创办的。在这里你可以在透明的玻璃后观看各种糖果的制作全部过程。另外，在参观完全部展览后，不要忘了到工厂商店购买令你眼花缭乱的各种糖果。这里的一些糖果是在国内买不到的，建议你在这里买点回去送朋友。工厂还经常会有一些优惠活动。

地址：5757 Wayne Newton Boulevard Las Vegas, NV 89111
交通：乘坐公交车108、109、WAX路在McCarran Intl Airport（Zero Level）站下车可到
网址：www.ethelm.com
电话：702-7981143

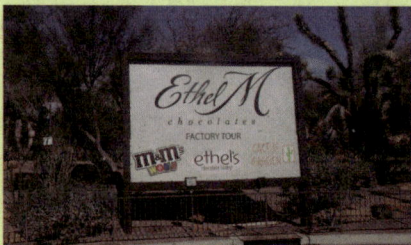

2 米高梅历险游乐园

米高梅历险游乐园是拉斯维加斯最大、最受欢迎的游乐中心，分为卡萨布兰加（Csablanca）、大广场（Plaza）、纽约（New York）、Strip区（The Strip）、亚细亚（Asia）、乡村（Village）等9个主题区。游乐园内每天都上演各种歌舞表演及现场表演，还有稀奇古怪、令人心惊胆颤的各种游戏。在游乐园内，玻璃幕墙的展示区每天都会陈列6只巨大的猫科动物。游乐园的狮子们生活在郊区的一个牧场里，每次只允许2只在围场中同时进行展示。狮子经常仰面躺在高于游客头部的透明步行隧道内。

地址：3799 S Las Vegas Blvd, Las Vegas, NV 89109
交通：乘坐公交车DEUCE、SDX在Las Vegas @ MGM/Showcase（N）站下车可到
网址：www.mgmgrand.com
开放时间：11:00～22:00

3 费蒙街

费蒙街（Fremont Street）在奢华方面比长街要略输一筹，但也是霓虹灯闪耀。这里的声光秀不容错过，每到入夜，这个世界上最大的，由1250万个发光二极管灯泡构成的灯光顶蓬便开始向游人展示变幻无穷的图形。此外，这里还有博物馆、采购及娱乐中心、市议会大楼和艺术工厂等。

4 白色小教堂

地址：1301 S Las Vegas Blvd, Las Vegas, NV
交通：乘坐公交车DEUCE在Las Vegas @ 4th（S）站下车可到
网址：www.alittlewhitechapel.com
票价：55美元
开放时间：全天
电话：702-3825943

拉斯维加斯是公认的婚礼之城，每年有着超过11万的情侣在这里定下盟誓，相守一生。在这里不需要计划繁复的行程表，也不需要特定的时间，只要你有对的人，而且你们愿意结婚，就可以在拉斯维加斯步入婚姻的殿堂。只要带着护照，付上50多美元的登记费，你就可以马上领取到结婚证书（只在美国被承认）。拉斯维加斯最著名的结婚地点就是白色小教堂（A Little White Wedding Chapel）。这里已经接待过成千上万对新人在此举行婚礼，甚至是好莱坞明星，比如布鲁斯·威利斯、黛米·摩尔、小甜甜布兰妮等，都曾在小教堂宣誓、结婚。这座小教堂是24小时全天候开放，完全允许那些半夜起兴的人来此结婚。

5 鲍威尔湖

鲍威尔湖是全美第二大人工湖，占地650平方千米，深170米，长300千米，是科罗拉多河的蓄水库。这里除了有美丽而且磅礴大气的风景外，还设立了水上娱乐中心。你可以乘船游览鲍威尔湖，沿途欣赏屹立于湖边的巨型红色砂岩，这些天然石雕历经几亿年的风吹日晒，显得格外沧桑肃穆。鲍威尔湖上还有一座世界上最大的天然石桥——彩虹桥，横跨在峡谷之间，由粉红色略带紫色的砂岩构成。该石桥有着完美的1/4圆弧，平滑流畅的桥身好似一把茶壶柄，一到了傍晚，晚霞映衬着石桥，景色奇异梦幻，雅致优美。

地址：Lake Powell, UT
交通：自驾或包车前往
票价：11美元
开放时间：9:00～17:00，感恩节和圣诞节期间关闭

多待一天的美食

拉斯维加斯众多的星级酒店中，有来自世界各地的高级厨师掌勺，想要吃美味，走进任何一家酒店即可。这里很多餐厅的食材都是直接从原产地空运而来，也就是说你能品尝到世界各地的正宗美食。另外，拉斯维加斯的自助餐享誉全球，其自助餐价位各异，从便宜的到非常昂贵的都有。

1 旺点小火锅

　　这是拉斯维加斯第一家小火锅店，对于在旅行中厌倦西式餐点的朋友，一顿正宗的中式火锅绝对能满足你的味蕾。这家火锅店的每个锅底汤料都是精心配制而成，十分美味。

地址：3466 S Decatur Blvd. St E Las Vegas，NV
交通：乘坐公交车103路在Decatur @ Spring Mountain（N）站下车可到
人均消费：15美元
电话：702-2940008

2 Caesars自助餐

　　这家自助餐厅被誉为是拉斯维加斯最好的自助餐厅，同时还被评为全美第一，很多游客慕名而来。注意早去，否则你需要排队一两个小时。

地址：Caesars Palace Drive Las Vegas，NV 89109
交通：乘坐公交车DEUCE在Las Vegas @ Caesars Palace（S）站下车可到
网址：www.caesarspalace.com
人均消费：50美元
电话：702-7317928

3 Makino Buffet

　　这是一家日式自助餐厅，里面的牛排味道不错。当然，这里的主打菜为寿司，各种寿司味道都很不错，摆盘也非常精致，值得一尝。

地址：Renaissance Center West，3965 S Decatur Blvd #5，Las Vegas
交通：乘坐公交车103路在Decatur @ Supai （N）站下车可到（Makino Buffet）

4 茉莉花餐厅

　　这是一家港式餐厅，这家餐厅的甜点做得非常精致，汤也煲得鲜美无比。另外，这里的早点很有名，不妨来尝一下。

地址：3600 South Las Vegas Boulevard Las Vegas，NV 89109
交通：乘坐公交车202路在Flamingo @ Las Vegas（W）站下车可到
网址：www.bellagio.com
电话：702-6938166

多待一天 的购物

　　拉斯维加斯是购物者的天堂。从价廉物美的小商品到世界顶级名牌时装一应俱全。在拉斯维加斯大道及周边的各种纪念品商店和高档时装店里，你可以找到你想要的商品。

1 拉斯维加斯购物村

　　拉斯维加斯购物村（Las Vegas Premium Outlets North）几乎汇聚了世界上所有的一线大品牌，然而价格却是便宜许多。在拉斯维加斯购物，只来这一个地方就足够了，绝对是实惠的购物体验。

地址：875 South Grand Central Parkway Las Vegas，NV
交通：乘双层巴士Deuce在George Crockett站下车可到，再往南步行10多分钟；如果从拉斯维加斯大道出发乘坐出租车约需20美元
网址：www.premiumoutlets.com
营业时间：周一至周六10:00～21:00，周日10:00～20:00

Fashion Show Mall

这是拉斯维加斯大道上最大，品牌最齐全的购物广场，很多大牌不定期地有促销活动。虽然Fashion Show Mall里的价格没有Las Vegas Premium Outlets便宜，但对于只愿意懒洋洋地在拉斯维加斯大道晃荡的游客来说，是不容错过的购物之处。

地址：3200 Las Vegas Blvd S，NV
交通：在拉斯维加斯大道上，步行就可到达；或乘坐双层巴士Deuce在Fashion Show站下车即可
网址：www.thefashionshow.com
营业时间：周一至周六10:00～21:00，周日11:00～19:00

水晶购物中心

水晶购物中心（Crystal Shopping Mall）是拉斯维加斯最顶级的购物商场，Balenciaga、Dior、Pucci、Gucci and Fendi、Stella McCartney、Paul Smith、Tom Ford等品牌，都可以在这里找到。

地址：3720 South Las Vegas Boulevard Las Vegas, NV 89158
交通：乘坐公交车DEUCE在Las Vegas @ Planet Hollywood Hotel（N）站下车可到
网址：www.crystalsatcitycenter.com
营业时间：11:00～23:00
电话：702-5909299

古罗马购物中心

如果你品位甚高，那就一定不要错过恺撒皇宫酒店里的古罗马购物中心（The Forum Shops）。这里有"世界购物奇迹"之称，拥有160多家商店，包括Louis Vuitton、Versace、Christian Dior、Valentino和Gucci等大牌的高端定制店。

地址：3500 Las Vegas Blvd,South Las Vegas, NV 89109
交通：乘坐公交车DEUCE在Las Vegas @ Harrah's Hotel（N）站下车可到
网址：www.simon.com
营业时间：周日至下周四10:00～23:00，周五、周六10:00～0:00
电话：702-8934800

Fashion Outlets of Las Vegas

这是拉斯维加斯时尚元素最浓郁的一个购物中心之一，售卖的都是时尚的、最新款商品。这里有上百家设计师服装直销店，特色的服装、包包、鞋子、精致礼品等都能在这里买到。

地址：32100 South Las Vegas Boulevard Primm, NV 89019
交通：自驾或包车前往
电话：702-8741400
网址：www.fashionoutletlasvegas.com
营业时间：周一至周六 10:00～20:00，节假日不定

多待一天的娱乐

拉斯维加斯是以旅游博彩业发展起来的大城市，这里最大的特产就是娱乐。这座城市的建设主旨就是让人们在这里玩得愉快、玩得舒心。这里的每一座大型酒店的建设也都是为了满足人们的娱乐需求而设计建造。所以在这里你最不担心的就是去哪里玩，玩什么。

1 海市蜃楼的火山喷发

来到拉斯维加斯，一定不要错过海市蜃楼饭店（Mirage Volcano），这里除了有闻名遐尔的白老虎，还有拉斯维加斯著名的户外景点——热带雨林和火山喷发。在1.2万平方米的雨林湖面上，分布着几座"活动"的火山。火山爆发时火光和烟雾喷向30米的高空，融化的岩浆刹时倾泻而下，整片雨林顿时成了火海……

地址：3400 S. Las Vegas Blvd., Mirage Hotel & Casino, Las Vegas, NV
交通：乘坐公交车DEUCE在Las Vegas @ Harrah's Hotel（N）站下车可到
开放时间：20:00～24:00，火山每小时喷发一次，另外8:30也有一次。时间会随着季节的变化有所改动
电话：702-7917111

2 法国红磨坊上空秀

法国红磨坊上空秀（Jubilee Show）已有20多年的历史，这里有多达100人的歌星、舞者，他们身着豪华服饰，头戴价值上千美元以上的头饰，上演百老汇式的歌舞表演。这种高档的享受、视觉的刺激，让法国红磨坊上空秀被评为游客在拉斯维加斯必需观赏的表演。

地址：3645 S Las Vegas Blvd, Las Vegas, NV
交通：乘坐202路公交车在Flamingo @ Linq（W）站下车可到
网址：www.ballyslasvegas.com
开放时间：21:00、22:00各一场，周五无演出

3 老城区灯光秀

这家位于主街和拉斯维加斯大道的商场包括4条步行街，其顶部精彩绝伦的天幕灯光秀充满了各种古老和怀旧的气息，绝对是令人难以忘怀的。每天黄昏来临，这里便会亮起绚丽的灯光，音乐叮叮当当响起，让人感觉好像回到了20世纪60年代的电影里。

地址：Fremont St., Las Vegas, NV
交通：乘坐公交车DEUCE、215路在4th @ Fremont（N）站下车可到
开放时间：19:00至次日1:00，每小时1场
票价：免费
网址：www.vegasexperience.com

4 太阳马戏团"O"秀

在拉斯维加斯Bellagio酒店上映的"O"秀是太阳马戏团有史以来制作成本最高的秀。讲述的是一对双胞胎踏上充满艰难险阻的旅途，去完成自己所背负的使命的故事。表演融合了中国杂技和武术，整部剧的视觉效果令人叹为观止，其中凌空旋转的移动舞台堪称经典，非常受中国游客喜欢。

地址：3600 Las Vegas Blvd S, Las Vegas, NV
交通：乘坐公交车DEUCE、SDX在Las Vegas @ Bellagio Casino（S）站下车可到
网址：www.bellagio.com
票价：98.5美元、109美元、130美元、155美元等几种票型
电话：702-6938866

拉斯维加斯住行攻略

来到拉斯维加斯，你最不用担心住宿，拉斯维加斯是世界上酒店房间最多的城市。而拉斯维加斯的出行也不会让你失望，这里有各种巴士和轻轨为你的出行服务。

在拉斯维加斯住宿

从经济型酒店到超五星的豪华宾馆，拉斯维加斯可谓囊括各个档次的酒店。建议预订长街上的酒店，相比老城区，这里方便和安全许多。需要注意的是，美国法定节假日和中国春节，这里的酒店价格都会上浮。

① 硬石酒店

硬石酒店（Hard Rock Hotel）的设计以摇滚明星的生活方式为考量，可以举办世界明星的聚会活动，还拥有一个占地面积约1.2万平方米的室外游泳池。酒店定期举办各种音乐会，客房拥有主题装潢，配备了皮革、木质和镶银的天鹅绒纺织品。每间客房均配有液晶电视、时钟收音机和大浴室。酒店内还有各式餐厅和酒吧供客人选择，而且还有摇滚纪念品店、珠宝商店和纹身室。

地址：4455 Paradise Road Las Vegas, NV 89169
交通：乘坐108路公交车在Paradise @ Hard Rock（S）站下车可到
网址：www.hardrockhotel.com
参考价格：40美元起
电话：702-6935000

② 拉斯维加斯大都会酒店

拉斯维加斯大都会酒店（The Cosmopolitan of Las Vegas）设有精品商店、高级餐厅，以及酒吧，并提供一个全方位服务的水疗中心以及带一个私人阳台的套房。其套房内设有储备齐全的小厨房。

地址：3708 South Las Vegas Boulevard Las Vegas, NV 89109
交通：乘坐公交车DEUCE、SDX在Las Vegas @ Bellagio Casino（S）站下车可到
网址：www.cosmopolitanlasvegas.com
参考价格：100美元起
电话：702-6987000

③ 金银岛酒店

金银岛酒店（Treasure Island Hotel）设有10间餐厅、6间酒吧、1个小教堂和许多商店，以及一个季节性开放的室外泳池和健身中心、游戏室和温泉/美体中心等。酒店晚间还免费提供海盗作战表演。

地址：3300 South Las Vegas Boulevard Las Vegas, NV 89109
交通：乘坐119、203、CX路公交车在Spring Mountain @ Mel Torme（E）站下车可到
网址：www.treasureisland.com
参考价格：80美元起
电话：702-8947111

🏨 纽约酒店

　　纽约酒店（New York New York）门口摆放有一个模仿纽约市的自由女神像的模型。酒店拥有过山车和豪华商店。提供带有线电视的宽敞现代化客房，随时为客人提供客房服务，客人可以享受一个带热水浴缸和私人小屋的室外游泳池，还提供一个全方位服务的SPA和健身中心。此外，酒店还提供现场娱乐表演，如太阳马戏团的"人类动物园（Zumanity）秀。

地址：3790 South Las Vegas Boulevard Las Vegas, NV 89109
交通：乘坐201、WAX路公交车在Tropicana @ Las Vegas（W）站下车可到
网址：www.nynyhotelcasino.com
参考价格：60美元起（特惠价格）
电话：702-7406969

拉斯维加斯住宿地推荐

名称	地址	网址	电话	费用
The Orleans Hotel	4500 West Tropicana Avenue Las Vegas	www.orleanscasino.com	702-3657111	50美元起
Binion's Gambling Hall	128 Fremont Street Las Vegas	www.binions.com	702-3821600	60美元起
Main Street Station Casino	200 North Main Street Las Vegas	www.mainstreetcasino.com	800-7138933	40美元起
South Point Hotel	9777 South Las Vegas Boulevard Las Vegas	www.southpointcasino.com	702-7967111	100美元起
Texas Station Hotel	2101 Texas Star LnNorth Las Vegas	www.sclv.com	702-6311000	80美元起
Plaza Hotel	1 South Main Street Las Vegas	www.plazahotelcasino.com	800-6346575	80美元起

在拉斯维加斯出行

在拉斯维加斯出行有多种交通方式，虽然这里私家车非常多，但是公共交通依然是人们喜欢的一种出行方式。

双层巴士

　　全天24小时服务的拉斯维加斯双层巴士（Las Vegas Deuce），可以说是穿行于拉斯维加斯大道上最便宜且最方便的交通工具了，在大道上所有的酒店都会停靠，基本上每400米就会有一站。如果想用一天时间参观完拉斯维加斯大道上的酒店，它是最好的选择。

CAT巴士

　　CAT 巴士是拉斯维加斯市区的主要交通工具，路线包含拉斯维加斯各区。搭乘 24小时、每周7天营业的 301 及 302 号巴士，可观光拉斯维加斯大道的主要景点。CAT巴士每隔7～15分钟有一班，费用为2美元。

MAX混合巴士

MAX混合巴士拥有电脑控制系统，能在十字路口缩短或延长交通信号灯时间，以便准时到达每一个停靠站。MAX是巴士及轻轨线路的混合体，主要是从市中心的巴士总站（DTC）沿着拉斯维加斯大道北上到北拉斯维加斯机场。运行时间为5:00～22:00，每次可载乘客120位。全票25美元、半票6美元。

SDX

SDX是很长的单层巴士，其车票可和双层巴士Deuce共用。SDX的车站比Deuce的大，有部分车站和Deuce共用，可以开到Downtown区。

轻轨

轻轨（MONORAIL）是由米高梅到撒哈拉的高架电车轨道，运行时间大约14分钟。每班间隔为4～12分钟，车费单程5美元，一日通票为15美元。轻轨目前出售单程、双程、十趟、一天无限制乘坐及三天有限票。路线经过大多数酒店以及商展会议中心。不过，轻轨的缺点是所有的车站都位于酒店的后街，车站距离各大著名酒店入口都还有一段距离，而且目前不直达国际机场。

营运时间：周一至周四7:00至次日2:00；周五至周日7:00至次日3:00。

公交车

公交车主要来往市区和The Strip大道，约10分钟一班，单程票价2美元；来往市区和机场的公交车，单程票价1.25美元；单程到The Strip需要2美元，The Strip上的公交车24小时营业，一周7天营业。

出租车

出租车起步价为3.2美元，1/8英里之后计价器即开始起跳，每1/8英里0.25美元，等候费用为22美元/小时。在The Strip上一般不能拦出租车，需要到酒店门口排队候车。

有轨电车

有轨电车的线路是从拉斯维加斯大道北面的凌霄塔到南面的曼德勒湾，一路将沿线的各主要酒店连接起来。有轨电车的好处是，它会直接停在各个酒店的门口，如果是在炎热的夏季乘坐，会感觉特别贴心。

无轨电车

无轨电车分为红线、绿线、橙线和蓝线4种，单程票价均为2.5美元。

红线：市区环线，南端终点是高塔饭店，可连接绿线。运营时间为10:00～22:00，每0.5小时一班。

绿线：拉斯维加斯大道环线，经过The Strip上各主要饭店，北起高塔饭店，南达曼德拉海湾饭店。东可接橙线，南可接蓝线。运营时间为9:30至午夜，每15～30分钟一班。

橙线：拉斯维加斯大道东部环线，西起百利酒店，东至大使套房饭店，与绿线相接。运营时间10:00～22:00，每15～30分钟一班。

蓝线：拉斯维加斯大道南部环线，北起曼德拉海湾饭店，与绿线相衔接，又经过拉斯维加斯著名的名牌卖场Las Vegas Outlet Center。运营时间为10:00至午夜，每0.5小时一班。

租车

在拉斯维加斯旅行的最佳方式就是租车了，这样既可以在市内穿梭于各大酒店及娱乐场所，还能前往周边的死亡谷国家公园、大峡谷国家公园等地游玩，非常方便。下飞机后从十号门出去就能看见前往租车中心的班车，抵达后，去相应租车公司的柜台出示驾照、护照、预订单办理手续，之后，就可以去取车了。

时间改变

去**死亡谷国家公园玩1天**

时间延长

如果你的时间比较充足，可以在美国西南部多停留1天，建议你在洛杉矶游玩之后直接到死亡谷国家公园游玩，之后再前往拉斯维加斯。

死亡谷国家公园

死亡谷国家公园（Death Valley National Park）是美洲大陆最低点的所在地，以沙漠、峡谷和高山为主要特色，盆地和山脉地形在死亡谷这里最为显著。由于这里海拔很低，所以气候非常炎热，夏天不适合参观，每年只有深秋至初春这段时间比较适合游玩。公园里有盐碱地、沙丘、火山口、峡谷、雪山等丰富的地质地貌，你在这里不难找到地壳里各式各样的断层，以及河水往荒漠注入时，形成的大大小小的冲积扇平原等。

恶水盆地

恶水盆地（Badwater basin）是北美大陆的最低点，也是整个西半球海拔第二低的地方。恶水盆地不仅是死亡谷国家公园一个最著名的景点，也是摄影爱好者们的最爱。

Racetrack Playa

死亡谷国家公园最令人感到不解的是自行移动的石头，即在被称为"Racetrack Playa"湖中发生的，即石头可以逐块自己移动。尽管人们对此神秘地质现象的研究一直进行着，而且也有很多说法，但是到目前为止，尚未有任何一位科学家能对这一神秘现象给出合理的解释。"Racetrack Playa"是一座季节性干湖，其干涸的河床在烈日炎炎之下已经龟裂成上百万块小裂块。这意味着在雨量充沛的季节，湖里会有水；不过等炎夏来临又缺少降雨时，湖里的水会全部蒸发掉。在冬季和早春时段，湖水有时也会冻住，由此产生了，石头会自己动的众多可能性成因中较早的一条：石块的移动是因为湖里再度有水之后，形成了新的大冰层的作用。

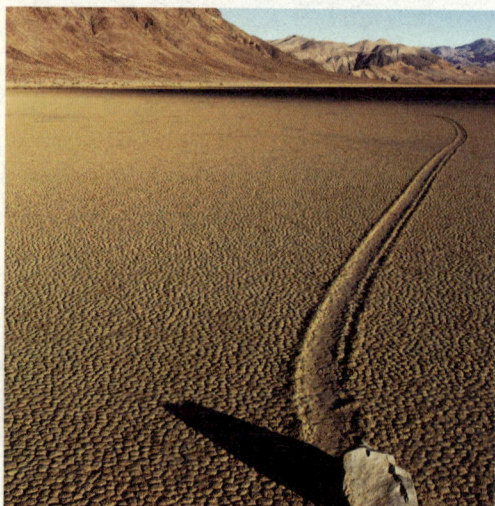

旅游资讯

地址：P.O.Box579 Death Valley, CA92328

交通：自驾或包车前往

网址：www.nps.gov

开放时间：8:00~17:00，全年开放

票价：每辆车20美元，7天有效期

电话：760-7863200

时间缩短

如果你的时间比较紧凑，而你又不想一直在美国太热闹的大城市游玩，只是想找个稍微安静的城市舒适而悠闲的度过假期。建议你在洛杉矶待3天，之后直接驱车到临近的圣迭戈游玩2天。

你可以在这里的落日悬崖观看最美的落日，也可以在午后到老城区闲逛一番，体验一下墨西哥风情，或者到海港观看航空母舰博物馆。当然，最好的选择就是到这里的动物园和海洋馆体验一番。

圣迭戈海洋世界

圣迭戈海洋世界（Sea World Adventure Park San Diego）位于风景优美的美国米慎湾，是世界上最负盛名的海洋主题公园之一，也是圣迭戈标志性旅游景点。海洋世界里最有名的海洋动物表演是虎鲸夏慕（Shamu）的表演，另外还有海豚、海狮和小宠物表演等。除了各种引人入胜的海洋动物表演外，这里还有各种大型海洋生物水族馆、极地海洋生物展示，比如鲨鱼馆、皇帝企鹅馆、北极熊极地馆等。此外，这里还有各种珊瑚礁和海洋鱼类。你可以和很多大型鱼类近距离接触，甚至用手触摸。你来海洋公园一定要做好全身湿透的准备，可自备雨衣。这里的游乐设施里面最有名的是海洋过山车和空中之塔。到了夏天的晚上，海洋公园还会有焰火表演。

旅游资讯

地址：500 Sea World Drive San Diego, CA 92109

交通：从Oldtown坐公交车9路到海洋世界站下即到

网址：www.seaworldparks.com

票价：成人票86美元，儿童78美元

开放时间：10:00~17:00，夏季延长到23:00

电话：619-2263901

旅友点赞

在圣迭戈海洋世界里，你可以买到称心的纪念品，每个展馆都有各自丰富的纪念品售卖店，有海豚、虎鲸等动物的毛绒玩具、棒棒糖、纪念品T恤等，价格在十几美元到几十美元。另外，建议不要喂食园子里的鸟类，或者捕捉它们。

中途岛号航空母舰博物馆

地址：910 N. Harbor Drive, San Diego, CA

交通：乘坐地铁绿线到Seaport Village Station下车，向西步行5分钟至码头即可

网址：www.midway.org

票价：20美元

开放时间：10:00～17:00，最迟16:00入场；感恩节和圣诞节闭馆

电话：619-5449600

旅友点赞

　　中途岛号航空母舰上的先进设备都已拆除，现只能见到一些空壳。据说，当时舰上顶层是可以降落飞机的甲板；第二层也装有预警机、直升机等；第三层是官兵生活层；第四层是动力机械层。航空母舰真的很大，里面的设备更多，远远可以看到航母甲板上面有很多战斗机。

　　中途岛号航空母舰博物馆（USS Midway Aircraft Carrier Museum, San Diego, CA）位于圣迭戈码头，是航空迷必到之处。博物馆前面的雕像是根据著名的新闻图片"胜利之吻"而建。中途岛号航空母舰长298.4米，自重5.1万吨。这艘战舰曾创造过多项第一，其中包括第一艘起降喷气式战舰的航母以及的一艘发射导弹的航母。在1992年，中途岛号作为美军中服役年限最长的战舰而退役。

圣迭戈港

　　圣迭戈港（Port of San Diego）是美国非常重要的军港，长有19千米，最宽处到达4.8千米，被认为是北美大陆西部海岸最好的天然港口之一。海湾接壤圣迭戈、丘拉维斯塔、因皮里尔滩和科罗纳多等城市。大名鼎鼎的由"中途岛"号航空母舰改装而成的中途岛号航空母舰博物馆就位于此。

地址：3165 Pacific Highway San Diego, CA 92101

交通：乘坐公交车2、210、810、820、850、860、923、992路至W Broadway下，向西步行即可抵达港口

网址：www.portofsandiego.org

电话：619-6866200

旅友点赞

　　这是一个非常适合跟朋友聚会的地方，环境好、景色也美，还可以在这里的露天咖啡厅闲坐，观看来往于这里的人群。

圣迭戈动物园

　　圣迭戈动物园（San Diego Zoo）是全球最大的动物园之一。在这片山丘绿林覆盖的广袤地带，栖息着800多种动物，包括猎豹、麝香牛、赤熊、火烈鸟等稀有物种。其中，动物园以"熊猫区"人气最旺，其大熊猫都是从中国运来；动物园中最抢眼的风景线是猿猴森林大道，森林大道两侧是一望无际的郁郁葱葱的繁茂绿林，这里栖息着原产自非洲和亚洲的30多种珍稀动物；闻名遐迩的"夜间动物园"每天21:00开放，在漆黑的夜色中，你可以在汽车里亲眼看到狮子们的夜生活，亲耳听到它们令人毛骨悚然的吼叫声；最富有野性情趣的展区为野味公园；广袤无际、酷似非洲大陆的热带天然动物园内有形态各异的无数动物在草地上嬉戏和奔跑，宛如一幅幅美轮美奂的热带草原画卷。由于这里占地辽阔，你得乘坐巴士绕园参观。巴士分2层，可将四周的无尽原野风光一览无遗。

旅游资讯

地址：2920 Zoo Drive San Diego, CA 92101
交通：乘坐公交车7、215路到Park Bl & Zoo Pl站下车即可
网址：www.sandiegozoo.org
票价：46美元，3~11岁儿童36美元
开放时间：冬季9:00~17:00，夏季9:00~21:00，夜间动物园9:00~21:00
电话：619-2311515

旅友点赞

　　在全美国家动物园中，圣迭戈动物园饲养的大熊猫数量最多，共有4只。很多美国游客喜欢到这片森林中散步，这里拥有清新的空气，有人说在这里就像攀登非洲的乞力马扎罗山那样心旷神怡。

佛罗里达州乐高主题公园

　　佛罗里达州乐高主题公园是世界上第5座乐高主题公园，也是最大的乐高主题公园。公园使用超过5000万块乐高塑料积木修建游乐设施和景点，分为乐高城、城堡山、海盗窟、挑战极限、幻想区等10大主题区域。公园的经典展示就是用乐高塑料积木搭建的由白宫、自由女神像、帝国大厦等美国主要景点组成的"迷你美国"缩微模型。

旅游资讯

地址：1 Legoland DriveCarlsbad, CA 92008

交通：乘坐公交车444路到Palomar Airport Rd & the Crossings Dr站下车即可

网址：www.legoland.com

票价：78美元

电话：760-9185346

★★★　旅友点赞

　　这座公园主要面对2～12岁的儿童开放。位于入口附近的雷龙造型和位于幻想区的爱因斯坦头像是园内最大的2个积木建筑。

日落悬崖

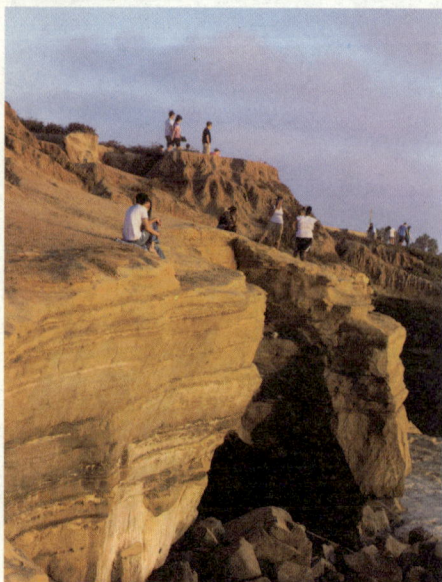

　　日落悬崖（Sunset Cliffs Natural Park）面朝太平洋，是一个绝佳的观赏日落的海岸公园。崎岖的峭壁是圣迭戈最美丽和幽静的海滩之一，其日落时的景象十分壮观。

旅游资讯

地址：San Diego, CA 92107

交通：自驾或包车前往

电话：619-2355914

网址：www.sunsetcliffs.info

★★★　旅友点赞

　　在日落悬崖公园聚集了许多游人，他们有的钓鱼，有的练气功、瑜伽、跑步……一切都显得宁静而祥和。

巴尔波亚公园

巴尔波亚公园（Balboa Park in San Diego）依山而建，是一座综合性公园，有"美国最大城市文化公园"之称。园内有圣迭戈动物园、自然博物馆、圣迭戈艺术博物馆、万国公园等景点，中国馆也在其中。公园还汇集了6个露天以及室内演艺场所，8个风格各异的花园，周末还有艺术品市场。另外，这里还是圣迭戈的文化娱乐活动中心，是周末全家出行的好地方，也特别适合开展远足和骑自行车等运动。

旅游资讯

地址：1549 El Prado, San Diego, CA

交通：乘坐公交车7路到Park Bl & Village Pl站下车即可

网址：www.balboapark.org

票价：免费，部分景点收费

开放时间：全天

电话：619-2390512

★★★ 旅友点赞

公园内El Prado大道两侧的绝大多数西班牙殖民复兴风格的博物馆建筑，其如此华丽的建筑风格在美国还是比较少见的。园内的加州塔内有100个小吊钟，每一刻钟时百钟齐鸣，钟声回荡在公园上空，犹如天籁之音。

圣迭戈老城

圣迭戈老城（Old Town San Diego）是一个美丽而充满乐趣的历史古城，是加州的诞生地，也是西班牙早期殖民地，同时还是第一批欧洲人的定居所。这里有非常多的特色小商店，有众多屡获殊荣的餐厅，还有17个博物馆和历史遗迹。另外，还有免费现场表演，专业剧场、工匠、画廊也都在步行距离之内。同时，在圣迭戈老城区公园里还遍布着古老的西班牙建筑、教堂等，充满着浓郁的墨西哥风情，晚上的时候有很多小酒馆开放。

旅游资讯

地址：Old Town San Diego, CA

交通：乘坐公交车44、88、105路在Old Town站下即可（Taylor St & Juan St路口）

★★★ 旅友点赞

有人说这里是墨西哥的"后花园"，这里无处不充满浓郁的墨西哥气息，非常适合闲逛。

Part 3

美国西北部一周游

Part 3 美国西北部一周游

美国西北部印象

★★★ 特殊地带

美国西北地区在美国历史上一直是一个特别名词，这里有牛仔，有原住民，还有专门为此开辟出来的一个电影类型：西部片。这片广袤的土地，曾经一度是美国人心中追求自由、寻找自我的圣地。

★★★ 最佳居住地

西雅图拥有典型的海洋性气候，多雨、湿润，所以，它又被称为"雨城"。因环境优美，它还有"翡翠之城"的美誉。这里又因为有微软和波音这两个制造业巨头的存在，越发显示出它的青春活力与商业价值。这里不论是教育、医疗、政治、经济都很完善，经常被一些媒体杂志评为"最适合人类居住的城市"。

★★★ 城市魅力

这里不仅有美丽的海岸风光，还有浓郁的人文历史色彩。旧金山有最漂亮的"九曲花街"，还有渔人码头，更有享誉世界的金门大桥。而西雅图不仅有漂亮的城市风光，还有很多关于这座城市的爱情电影。

★★★ 奇异自然景观

美国西部占据美国一半的领土，这里主要是一些山地和美丽壮观的国家公园。其中，最著名的就是黄石国家公园，这里被誉为"地球最美丽的表面"。当然还有红杉树国家公园、罗斯福国家公园、盐湖城等众多美丽的地方。

推荐行程

A 旧金山 约1300千米 B 西雅图

西雅图
Seattle

Okanogan-Wenatchee
National Forest

斯波坎
Spokane

科达伦
Coeur d'Alene

塔科马
Tacoma

华盛顿州

奥林匹亚
Olympia

亚基马
Yakima

肯纳威克
Kennewick

刘易斯顿
Lewiston

沃拉沃拉
Walla Walla

波特兰
Portland

塞勒姆
Salem

本德
Bend

Boise National Forest

尤金
Eugene

俄勒冈州

博伊西城
Boise

楠帕
Nampa

AB约1300千米
驾车约需13小时

罗斯堡
Roseburg

梅兰茨帕斯
Grants Pass

梅德福
Medford

克拉马斯
福尔斯
Klamath Falls

Humboldt-Toiyabe
National Forest

尤里卡
Eureka

雷丁
Redding

埃尔科
Elko

雷德布拉夫
Red Bluff

奇科
Chico

里诺
Reno

内华达州

萨克拉门托
Sacramento

卡森市
Carson City

Toiyabe National Forest

旧金山
San Francisco

斯托克顿
Stockton

交通方式对比

路线	交通方式	优点	缺点	运行时间
旧金山—西雅图	火车	乘坐舒适	价格便宜，速度慢	约23小时
	自驾车	时间自由	需熟知美国交通规则	约13小时
	飞机	快速、便捷	可能会出现晚点，价格贵	约2小时12分钟

最佳季节

美国西北地区属于地中海气候，是一个四季都适合出行的地方，不过从气候上来讲，最适合旅游的季节是春、夏、秋三季。每年11月至次年3月是美国西北地区的雨季，不适合旅行，因为这个时候无论是旧金山还是西雅图，给人的印象经常是细雨绵绵。由于洋流影响，西北地区气温很少低于5℃，或高于21℃，一年四季气候温和。冬季一般比较潮湿，夏季多雾，并且一天中可能出现多次天气变化。大文豪马克·吐温曾说过"我一生中最冷的一个冬天是在旧金山的夏天度过的"。所以，来这里即使是夏天也要带上厚外套，因为它很可能在夏季的夜晚降温。

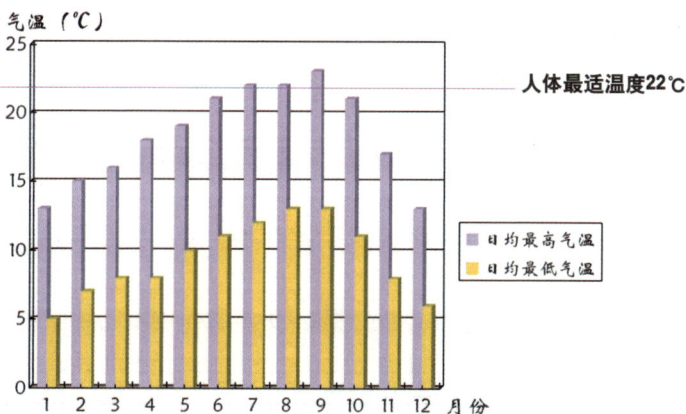

▲ 旧金山全年日均气温变化示意图

最佳季节的衣物

美国西北部早晚温差较大，所以一定别忘了随身携带羊毛衫和防风的保暖外套。另外，一年之中，无论任何季节前往旧金山，请一定记得带上一件厚外套。此外，太阳镜、充足的防晒霜和遮阳帽必不可少。如果去主题公园或参加水上活动，近视的朋友最好佩戴隐形眼镜。另外，一定要记得带雨具。夏季这里稍微干燥，记得带上保湿品，给皮肤保湿。

美国西北部最佳季节衣物						
衣物种类	4月	5月	6月	7月	8月	9月	10月
棉制短袖	—	√	√	√	√	√	—
薄外套	—	√	√	√	√	√	—
长裙	—	√	√	√	√	√	—
单层套装	√	√	√	√	√	√	√
牛仔裤	√	√	—	—	√	√	√
泳装墨镜	—	√	√	√	√	√	—
厚外套	√	√	√	√	√	√	√
运动鞋	√	√	√	√	√	√	√
正装、礼服	√	√	√	√	√	√	√

美国西北部路线： 旧金山—西雅图6天6夜游

城市	日期		每日安排
旧金山	Day 1	上午	金门公园
		下午	艺术宫→金门大桥
	Day 2	上午	九曲花街→渔人码头→39号码头
		下午	恶魔岛
	Day 3	上午	旧金山市政厅→圣玛利亚大教堂
		下午	阿拉莫广场→双子峰
	Day 4	上午	泛美金字塔→唐人街
		下午	联合广场
西雅图	Day 5	上午	西雅图艺术博物馆
		下午	太空针塔→西雅图音乐体验博物馆→克里公园
	Day 6	上午	华盛顿大学
		下午	西雅图码头区→先锋广场

到达旧金山

旧金山又称圣弗朗西斯科，是美国太平洋沿岸仅次于洛杉矶的第二大城市，位于加利福尼亚州北部。城市坐落在介于太平洋与圣弗朗西斯科湾之间的一个半岛上，北临金门海峡，是美国西部最大的金融中心。这里华人和华侨较多，市区东北角的"中国城"为美国最大的华人集中地。

通航城市

目前，北京、重庆、上海等地都有直飞旧金山的航班。当然也可以在芝加哥、洛杉矶等城市中转。

从中国飞往旧金山的航班

因为旧金山华人比较多，所以与国内联系较为频繁，仅中国国际航空每天就有2班从国内直达旧金山的航班，联合航空也有2班直达飞机，东方航空和南方航空也开设了直达航班。

中国飞往旧金山的航班				
航空公司	电话	城市	单程所需时间	出航信息
中国国际航空 www.airchina.com.cn	95583	北京	直飞11小时20分钟	中国国航每天16:00有1班从北京直飞旧金山航班；11:00有1班从重庆直飞旧金山的航班；上海、广州等地需要从北京中转
		上海	中转16~20小时	
		广州	中转14~18小时，部分需隔天	
		重庆	直飞16小时20分钟	
中国东方航空 www.ceair.com	95530	北京	中转15~30小时	每天13:00东方航空都有一趟从上海飞往旧金山的直飞航班，北京、广州等地要在上海中转
		上海	直飞11小时30分钟	
		广州	中转15~20小时，部分需隔天	
中国南方航空 www.csair.com	95539	北京	17~20小时，部分需隔天	每天22:00南方航空都有一趟从广州白云机场飞往旧金山的直飞航班，北京、上海等地要在广州中转
		上海	18~20小时，部分需隔天	
		广州	直飞12小时10分钟	
联合航空 www.united.com	800-8108282（全国），400-6506686（京广沪）	北京	直飞11小时25分钟，中转13~17.5小时	联合航空每天13:40有1班从北京直飞旧金山的航班，其他需要在芝加哥中转
		上海	直飞11小时15分钟	每天12:10联合航空都有1趟从上海飞往旧金山的直飞航班，另有12:10和15:45从上海浦东机场出发的航班，分别在旧金山和芝加哥转机

如何到市区

旧金山国际机场是旧金山湾区最主要的国际机场，位于旧金山市区南方大约21千米处。从机场前往旧金山市区，可以乘坐快速列车、公交车、出租车等交通工具。

从机场前往市区的交通方式			
名称	费用	交通概况	运行时间
快速列车	约7美元	乘坐旧金山港区交通管理局的快速列车到达旧金山市，只需30分钟	4:00～0:30
公交车	约3美元	从旧金山国际机场到达市区的公交车24小时都有，而且每个航站楼内都有车站，老人与孩子还有适当的优惠	6:00～22:00
出租车	约37美元	旧金山国际机场的出租车就停靠在每个航站楼领取行李的位置，到达市区约0.5小时时间，乘出租车还需要给15%～20%的小费	7:00至次日1:00都有着穿着制服的工作人员协助你搭乘，但是1:00之后就没有出租车再在指定地方等候顾客
租车	——	打算自由行的游客，不妨在机场就租一辆车。从航站楼出来搭乘AirTrain就可以到达租车公司服务中心。通常在机场租的车要比在市内租车便宜	租车的详细事项请参考本书的导读部分

旧金山4日行程

旧金山是一个非常有故事的城市，这里因为淘金而发展，后来因为地震又重建。这里有众多的游览景点，最吸引人的是这里的渔人码头和泛美金字塔，当然这里的"九曲花街"和恶魔岛也值得游览。因为这里景点众多，所以在这里为大家安排了4天的游玩行程。

Day 1 金门公园→艺术宫→金门大桥

在旧金山的第1天行程并没有安排得特别紧，因为你刚到美国，多少会有一些不适应，所以介绍的景点也是比较知名的大景点。首先就是金门公园，这里还有一些图书馆，而且环境比较轻松，还有志愿者可以帮你。下午则是参观艺术宫，这是一个非常漂亮的地方；之后则是著名的金门大桥，你可以漫步在这里观看旧金山这座城市的全景。

旧金山第1天行程		
时间	目的地	行程安排
9:00~12:00	金门公园	公园位于旧金山西北部，郁郁葱葱的公共公园东西长5千米，南北宽仅800米，是旧金山市内最大的绿地。公园中有加州科学院、青年博物馆和日本花园等展馆。1894年的世博会就是在金门公园举办的，园内现今还留有不少当时的建筑，雅致优美的日本庭院就是其中之一
12:00~13:45	午餐与休息	公园内部有一些快餐厅，你可以点餐后，带着食物在这里的草坪或是树荫下的长椅上来一次野餐。当然公园附近也有很多家不错的餐厅
13:45~16:30	艺术宫	这是一座仿古罗马废墟的建筑，建于1915年，迄今已有近百年的历史。当年是为了召开巴拿马"太平洋万国博览会"而造的，为了体现地震重建后的新市容。当地支持保存这栋建筑的人士筹集经费，使用永久性的建材重建了艺术宫，才使艺术宫保存至今
16:30~20:00	金门大桥	金门大桥是旧金山标志性建筑，也是世界著名大桥之一。它北端连接北加利福尼亚，南端连接旧金山半岛。跨越了旧金山湾和太平洋的金门海峡，被认为是旧金山的象征

▲旧金山第1天行程路线示意图

金门公园

金门公园（Golden Gate Park）原是一片荒芜的沙地，后来人们从世界各地搜集花草树木，栽植了近百万棵绿植，成功将其打造成了旧金山最大的绿地。公园中有加州科学院、青年博物馆和日本花园等。其中，加州科学院是西海岸最为古老的科学博物馆，有着世界级规模的自然科学博物馆、水族馆以及天文馆，这里的地震馆可以模拟1906年旧金山大地震的情景，让人们身临其境的感受当时的灾难场景；在青年博物馆，你可以看到不少设计前卫的艺术作品；1894年的世博会就是在金门公园举办的，园内现今还留有不少当时的建筑，雅致优美的日本庭院就是其中之一。

旅游资讯

地址：San Francisco, CA
交通：乘坐轻轨N号线在Judah St&28th Ave站下可到
网址：www.sfrecpark.org
票价：免费；船只每小时租赁费为13～17美元，萨里式游览马车20美元，自行车8美元，内嵌式冰鞋6美元
开放时间：全天开放
电话：415-8312700

旅友点赞

金门公园还有高尔夫球场、网球场等体育设施，宁静的湖泊更是点缀其间，供人们在园内散步划船。这里也有很多义工给游客提供免费导览服务，当你面对硕大的公园，无法确定游览目标时，不妨去询问一下他们。

中午在哪儿吃

公园内部有一些快餐厅，你可以点餐后，带着食物在这里的草坪或是树荫下的长椅上，来一次野餐。当然公园附近也有很多家不错的餐厅可以供你选择。

The Moss Room

这家餐厅位于金山公园内，环境非常好，提供一些快餐，以及咖啡、果汁等饮品，推荐品尝他们家的热狗，很不错。这里的基本消费在10美元左右。

地址：55 Music Concourse Drive San Francisco, CA 94118
交通：乘坐44路公交车在Tea Garden Dr/De Young Museum站下车可到
网址：www.themossroom.com
电话：415-8766121

The Richmond

这家餐厅提供的餐点非常精致，虽然每份都很少，但还是建议少点一些，因为初到美国的人可能并不太适应这里的西式餐点。这里的主要餐点有芦笋、牛排沙拉、果蔬沙拉等。这家的红酒还是很不错的，建议就餐时也点一份。

地址：615 Balboa Street San Francisco, CA 94118
交通：乘坐31、31BX路公交车在Balboa St & 8th Ave站下车可到
网址：www.therichmondsf.com
电话：415-3798988

艺术宫

艺术宫（Palace of Fine Arts）是一座仿古罗马废墟的建筑，建于1915年，迄今已有百余年的历史。当年是为了召开巴拿马"太平洋万国博览会"而建造的，为了体现地震重建后的新市容。艺术宫造型古典优雅，圆形的主体建筑配上拱门和石柱，在水池、绿树的掩映下十分美丽。水为艺术宫增色不少，在艺术宫前有一个修饰得非常精美的水池，水池周围有碧绿的青草、葱葱的树木。因风光秀美、建筑精美，这里也吸引着很多新人来此拍摄婚纱照。

旅游资讯

地址：3301 Lyon Street San Francisco, CA 94123
交通：乘坐公交车PresidiGO Crissy Field至Exploratorium或Palace of Fine Arts站下车；也可乘坐公交车30、30X路至Broderick St & North Point St站下车，沿North Point St步行至Baker St左转，再步行至Bay St即可，步行也需要10分钟左右
网址：www.palaceoffinearts.org
票价：免费
开放时间：6:00~21:00
电话：415-5636504

旅友点赞

艺术宫不大，但装饰极其精美，这里每根玫瑰红色的石柱上都站立着低头垂泪的仙女雕塑。在这里，你可以看到注重拍摄细节的摄影师常常在一处雕塑前停留很久，更有的为了拍摄圆顶内部的精美图案，卧倒在地。

晚上在哪儿
玩

傍晚时分，太阳没有那么毒辣的时候最适合在金门大桥上漫步了。在这里，你可以看到漂亮的落日和远处的大海，景色非常赏心悦目。

金门大桥

金门大桥（Golden Gate Bridge）是旧金山标志性建筑，也是世界著名大桥之一，跨越了旧金山湾和太平洋的金门海峡，被认为是旧金山的象征。金门大桥长2.7千米，你可以以步行、骑自行车或乘车的方式穿过大桥。再从对面的山上观赏以旧金山的摩天大楼为背景的金门大桥，十分漂亮。你也可以乘坐游船游览湾区，在金门大桥的下面驶过，换个角度观赏它。

地址：Golden Gate Bridge San Francisco, CA 94129
交通：金门巴士（GGT）提供旧金山、Marin City、Sonoma County开往大桥的固定公交车线路；从市中心可乘坐公交车10、70、80、101路抵达金门大桥南端
网址：www.goldengatebridge.org
票价：过路费3美元（只限开往市区的方向），徒步免费
电话：415-9215858

★★★ 旅友点赞

金门大桥附近有一些自行车租借点，建议骑车前往。桥上每天都会有很多人，如果你不着急，可以在桥上观看一下来来往往的人群，虽然你可能听不懂这些来自世界各地的人的语言，但是却能从他们的表情中感受到一些很别致的惊喜。

Day 2

九曲花街→渔人码头→39号码头→恶魔岛

在旧金山的第2天，早晨的第一站是要领略一下传说中的"世界上最弯曲的街道"——九曲花街。欣赏完九曲花街，一路向北可以抵达渔人码头，在那里可以享受美食及购物的乐趣。下午则是乘坐轮船前往"恶魔岛"，参观这个曾经关押囚犯的神秘岛屿。

旧金山第2天行程		
时间	目的地	行程安排
7:00～9:00	九曲花街	九曲花街位于旧金山伦巴底街上，有"世界上最弯曲的街道"之称，路面坡度达40°以上，短短的一段路上有着8个发卡弯，非常考验驾驶技术。整条路是由砖铺成的，路两旁种满各种植物和鲜花，景色十分美丽
9:00～10:30	渔人码头	渔人码头最早由一个意大利渔民的港口发展而成，随着鱼捕获量的减少，逐渐就成为了现在具有特色的休闲观光景点，更是成为旧金山的象征之一
10:30～12:00	39号码头	39号码头是渔人码头的精华所在，也是旧金山之行的必到景点。39号码头上有商店、餐馆、影音店、街头表演，也有海洋哺乳类动物中心和海湾水族馆
12:00～13:00	午餐与休息	午餐建议在39号码头吃，这里有众多的餐馆和小吃。这里的餐厅不仅可以欣赏无敌海景，而且还有当地海湾无比美味的特产——超级大螃蟹
13:00～14:15	恶魔岛	恶魔岛在3千米外的海中央与39号码头遥望。在1934～1963年的这29年间，这里曾经是最大的联邦监狱。包括芝加哥"教父"卡邦、"鸟人"史特劳德和冷血的"机关枪"杀手凯利等臭名昭著的头号罪犯都曾关押于此，故名"恶魔岛"

恶魔岛
Alcatraz
Island

CD约35千米，
坐轮渡约20分钟

BC约600米，
步行约8分钟

Fishermans
Wharf

渔人码头
Fisherm an'
s wharf

AB约800米，
步行大约10分钟

Marina Blvd

Fort Mason,
Great Meadow

Ellmore St

Bay St

九曲花街
Lombard
Street

伦巴底街
Lombard Street

39号码头
Pier 39

电报山
Telegraph Hill

▲旧金山第2天行程路线示意图

九曲花街

　　九曲花街（Lombard Street）位于旧金山伦巴底街上，有"世界上最弯曲的街道"之称，路面坡度达40°以上，短短的一段路上有着8个发卡弯。其考验驾驶者的驾驶技术的程度，让人常常能看到汽车首尾相连的景象，也因此成为了旧金山的著名景点。整条路是由砖铺成的，路两旁种满了各种植物和鲜花，景色十分美丽。站在花街高处还可远眺旧金山-奥克兰海湾大桥和恶魔岛。如不开车，也可顺着花街两旁的人行步道前行，欣赏美丽景色。

旅游资讯

地址：Lombard Street San Francisco, CA 94133

交通：乘坐当当车Powell-Hyde至Hyde St站下车即可

★★★
旅友点赞

　　旧金山市交通管理当局还就车辆在九曲花街的行驶与停放做出一些特殊规定，规定行使车辆必须绕着花坛盘旋行进，不得对花坛有任何损坏；规定车速必须减至8千米每小时以下，停放车辆时必须将前轮倾斜，以防溜车等。否则，违规者会受到相应处罚。如果想把车停下来步行参观，可在Leavenworth St.停下来，这是九曲花街出口处的一条横街，可短时间内免费停车，但要注意最好别挡住当地居民的车库入口。

渔人码头

　　渔人码头（Fisherman's Wharf）最早由一个意大利渔民的港口发展而成，逐渐成为了现在具有特色的休闲观光景点，更是旧金山的象征之一。渔人码头有各种特色商店、餐厅、街头表演。从这里向大海望去还可以看到恶魔岛、金门大桥、海湾桥等景点。由于邻近海湾，渔人码头也成为游客品尝鲜美海鲜的绝佳选择地点。这里有很多街头摊点售卖新鲜的螃蟹和蟹肉面包汤，旅游纪念品店也比比皆是。

旅游资讯

地址：300 Jefferson Street, Between Hyde and Powell Streets, San Francisco, CA 94133

交通：乘坐公交车2、4、8、18、24、27、38、44、54、56、58、72、74、76路至Beach St & Taylor St站下车，向北步行2分钟即可抵达码头；乘坐F线有轨当当电车至Beach St & Stockton St站或The Embarcadero & Stockton St站下车即可

网址：www.fishermanswharf.org

电话：415-6747503

Tips

　　1.自驾车可以在39号码头对面的停车楼里免费领取印有"免费停车2小时"字样的宣传图册，凭此彩页可在渔人码头2层的游客中心领取免费停车券。

　　2.在当地品尝海鲜时，切记不要暴饮暴食，以免引起肠胃不适。如果发生身体不适，在码头有药房可以买到肠胃药。

39号码头

　　39号码头（Pier 39）是渔人码头的精华所在，也是旧金山之行的必到景点。在39号码头，有商店、餐馆、影音店、街头表演，也有海洋哺乳类动物中心和海湾水族馆。这个码头还邻近唐人街和内河码头。此外，在39号码头，可以远眺天使岛、阿尔卡特拉斯岛、金门大桥和旧金山–奥克兰海湾大桥等景点。在码头上怀旧的木制格局内有10多家美食餐厅和100多家独具特色的精品小店、新鲜水果店和甜品店。

旅游资讯

地址：Beach Street & The Embarcadero San Francisco, CA 94133

交通：乘坐公交车2、4、8、18、24、27、38、44、54、56、58、72、74、76路至Beach St & Taylor St站下车，向北步行2分钟即可抵达码头

电话：415-9817437

网址：www.pier39.com

中午在哪儿 吃

午餐建议在39号码头吃，这里有众多的餐馆和小吃店。这里的餐厅不仅有无敌海景，而且还有提供当地无比美味的超级大螃蟹的餐厅。

1 Neptune's Palace Seafood Restaurant

这家餐厅就在39号码头上，临近海岸，不仅有无敌海景，而且还有当地美味的超级大螃蟹可以品尝。

地址：2 Beach Street San Francisco, CA 94133
交通：乘坐E、F号线轻轨在The Embarcadero & Stockton St站下车
网址：www.pier39restaurants.com
电话：415-4342260

2 Wipeout Bar & Grill

这家位于海边的餐厅给人一种舒适而随意的感觉。至于餐厅的主菜，想必不用多说，大家也知道，主要是以海鲜为主。

地址：PIER 39 #A02 San Francisco, CA 94133
交通：乘坐E、F号线轻轨在The Embarcadero & Stockton St站下车
网址：www.wipeoutbarandgrill.com
电话：415-9865966

恶魔岛

恶魔岛（Alcatraz Island）在距39号码头3千米外的海中央，与39号码头遥望。这里曾经是最大的联邦监狱，芝加哥"教父"卡邦；杀人如麻却又天赋异禀、对鸟类极有研究的"鸟人"史特劳德；冷血的"机关枪"杀手凯利等，这些臭名昭著的头号罪犯都曾关押于此，故名"恶魔岛"。如今，这里已成为国家历史古迹。在岛上的商店里，售有那些刑期已满的囚犯的回忆录，他们都宣称那是一种"永生难忘的痛苦经历"。此外，恶魔岛也是远观旧金山和金门大桥宏伟景象的绝佳位置。

旅游资讯

地址：Alcatraz Island San Francisco, CA 94133
交通：在渔人码头的41号码头乘坐渡轮前往恶魔岛，每年7~8月是旅游旺季，建议提前预约往返的船票，预约手续费为2.25美元左右
网址：www.nps.gov
票价：渡轮船票（含岛上观光门票）28美元，儿童17美元
开放时间：9:00~18:00；每小时1~2班，航行时间为20分钟左右。因为季节时令的不同，渡轮的运营时间也会有所改变
电话：415-5614900

旅友点赞

恶魔岛几乎保留了原来的监狱风貌，游客可以体会一下监狱犯人的"待遇"：一旦进入旧日牢房区，不但没有水喝，还得上有异味的流动公厕。

晚上在哪儿 **玩**

如果你从岛上回来依然兴致勃勃，想要找一些更刺激的地方游玩，建议你去看一场精彩的魔术表演。当然你也可以到旧金山的各色酒吧消遣一番。

1 Marrakech Magic Theater

这是一家在旧金山非常有名气的魔术剧场，里面的魔术师不仅有高超的技艺，而且特别风趣幽默。整场表演下来，剧场的笑声和惊呼声不断。

地址：419 O'Farrell Street San Francisco, CA 94102
交通：乘坐27、38、38R路公交车在O'Farrell St & Taylor St站下车可到
网址：www.sanfranciscomagictheater.com
表演时间：18:00～21:00
电话：925-9846504

Day 3 旧金山市政厅→圣玛利亚大教堂→阿拉莫广场→双子峰

在旧金山的第3天，你可以到旧金山市政厅游览，这是一座由纯金修饰的奢华建筑。之后，可以到圣玛利亚大教堂游览一番。下午可以到阿拉莫广场，晚上到双子峰观看最美的夜景。

		旧金山第3天行程
时间	目的地	行程安排
9:00～10:30	旧金山市政厅	这里堪称美国西海岸的白宫，不仅仅是因为它重要的政治地位，还因为它自身建筑的华丽。旧金山市政厅仿造梵蒂冈的圣彼得大教堂而建，金顶设计又是借鉴巴黎荣军院而造，据说动用了1吨黄金进行修饰，金顶的高度更是高过美国国会大厦
10:30～12:00	圣玛利亚大教堂	位于旧金山市中心的圣玛利亚大教堂，出自著名的华人设计大师贝聿铭之手，也是美国加州三大教堂之一。其外型完全屏弃了传统观念，鸟瞰主建筑顶部，呈现的是一个巨大的十字架
12:00～13:00	午餐与休息	教堂附近便是旧金山的日本城，这里不仅有各式各样的日本餐厅，还有一些日本商店，非常有特色
13:00～16:30	阿拉莫广场	阿拉莫广场是展示维多利亚式建筑的窗口。东侧的斯坦纳街有一群安恩女王时期建筑风格的房屋，被誉为"明信片风光集萃"，它们是旧金山建筑的招牌。与此形成鲜明对比的是这排"明信片风光"背后耸立着摩天大楼的金融区
16:30～20:30	双子峰	双子峰是旧金山市内的两个制高点，这里的山顶观景台因为没有茂密的大树遮挡，所以可以360°欣赏旧金山的美景。从峰上俯视，繁华的旧金山市景和整个海湾的景色全都尽收眼底，尤其是夜晚的时候，景色绝佳

BC约1.8千米，
乘车大约4分钟，
步行约25分钟

AB约1000米，
步行约15分钟

ANZA VISTA

圣玛利亚
大教堂
Saint Mary's Cathedral

阿拉莫广场
Alamo Square

University of
San Francisco

旧金山市政厅
City Hall of
San Francisco

LOWER HAIGHT

Buena Vista Park

CD约3.2千米，
乘车大约6分钟

Roxie Theater

The Castro Theatre

EUREKA VALLEY

双子峰
Twin Peaks

▲旧金山第3天行程路线示意图

旧金山市政厅

　　旧金山市政厅（City Hall of San Francisco）不仅有重要的政治地位，其自身的建筑也十分华丽，堪称是美国西海岸的白宫。旧金山市政厅仿照梵蒂冈的圣彼得大教堂而建，金顶设计又是借鉴巴黎荣军院而造，据说动用了1吨黄金进行修饰，金顶的高度更是高过美国国会大厦。旧金山市政厅大气恢宏，端庄奢华，门口还有两排梧桐树整齐排列着，如同训练有素的士兵为市政厅站岗放哨似的，显得庄重万分。旧金山市政厅入口上方三角墙上的雕塑是法国艺术家的作品。

地址：1 Dr Carlton B Goodlett Place San Francisco, CA 94102

交通：乘坐公交车10、70、92、93、101、101X路至McAllister St & Polk St站下车；乘坐公交车47、49、90路至Van Ness Ave & Grove St站下车可到

网址：www.sfgsa.org

开放时间：导览团进行时间为周一至周五10:00、12:00、14:00，时长45分钟

票价：免费

电话：415-7012311

市政厅可以免费参观，还有导游团进行免费的详解。里面的电梯是老式的那种，非常有特色。市政厅门口的梧桐树下，时常坐着一些乞丐在那里乘凉或是晒太阳。

圣玛利亚大教堂

圣玛利亚大教堂（Saint Mary's Cathedral）出自著名的华人设计大师贝聿铭之手，也是美国加州三大教堂之一。圣玛利亚大教堂在设计理念上一反传统教堂设计的风格，用了很多现代元素去构建。鸟瞰圣玛利亚大教堂主建筑顶部，呈现的是一个巨大的十字架。

地址：1111 Gough Street San Francisco, CA 94109

交通：乘坐地铁2号线在Sutter St & Gough St站下车，再步行约4分钟即可到达

网址：www.cathedraleventcenter.com

票价：免费

开放时间：全天；每月的第2个周日14:15为洗礼时间

电话：415-5672020

教堂从空中俯瞰是一个巨大的十字架，从侧面看顶部中心的线条则犹如往下的抛物线型。

中午在哪儿吃

圣玛利亚大教堂附近便是旧金山的日本城，这里不仅有各式各样的日本餐厅，还有一些日本商店，非常有特色。建议你的午餐在这里解决，日式料理多少与中国菜有些相似，想必吃腻了美国快餐的你，已经非常想念亚洲餐点了。

1 Kiss Seafood

这是一家日式料理店，店面装修融合了日式和欧式风格，很精致。餐厅主要讲究食材的原味，菜品非常多，而且制作也特别讲究，仅从精致的摆盘就可以看出厨师的用心。

地址：1700 Laguna Street San Francisco, CA 94115
交通：乘坐2、3路公交车在Sutter St & Laguna St站下车可到
网址：www.kissseafood.com
电话：415-4742866

阿拉莫广场

阿拉莫广场（Alamo Square）是展示维多利亚式建筑的窗口。广场中绿草如茵的山顶是最佳摄影景点之一；东侧的斯坦纳街有一群安恩女王时期建筑风格的房屋，被誉为"明信片风光集萃"，是旧金山建筑的招牌；与此形成鲜明对比的是这排"明信片风光"背后耸立着摩天大楼的金融区；这里有著名的"六姐妹"，也就是6栋房子，这6栋房子是在旧金山一次7.8级大地震后唯一没有受到影响的房子。

旅游资讯

地址：Alamo Square San Francisco, CA
交通：乘坐21路公交车可以抵达

★★★ 旅友点赞

这个地方拍出来的照片可以直接做成漂亮的明信片。这里游客比较少，环境非常清静，你可以躺在草坪上观看美丽的风景。

晚上在哪儿玩

如果你晚上不想到城市最繁华热闹的地方游玩，而是想找个稍微安静的地方观看整个城市，建议你到双子峰。在这里，你可以远观整个城市夜晚的繁华景色。

1 双子峰

海拔280多米的双子峰（Twin Peaks）是旧金山市内的2个制高点，主要是2个离得很近的山峰，两边环绕着8字型的公路。这里的山顶观景台因为没有茂密的大树遮挡，所以人们可以360°欣赏旧金山美景。从峰上俯视，繁华的旧金山市景和整个海湾的景色全都尽收眼底。尤其是夜晚的时候，景色绝佳。被各色灯光笼罩的旧金山非常漂亮，金门大桥等景点也可清晰地看到。

地址：501 Twin Peaks Boulevard San Francisco, CA 94114
交通：乘坐公交车37路至Twin Peaks站下车可到
网址：www.sfrecpark.org
票价：免费
开放时间：全天
电话：415-8316331

　　双峰山很高，路也很长，不适合步行，建议租车自驾上去。晚上去看夜景，建议带上风衣，因为沿海城市晚上会很冷。最好带一些啤酒，这样可以边喝酒边观看美丽的风景。不过，建议留一个专门开车的人别喝酒，因为酒驾很危险。

Day 4　泛美金字塔→唐人街→联合广场

　　在旧金山的第4天行程安排会特别松散，主要是为了给大家购物和自由玩乐留出一些充足的时间。早上先去泛美金字塔观看风景。之后则是逛一下旧金山的唐人街，旧金山的唐人街规模非常大，需要花费半天的时间在这里游玩。下午则是到联合广场逛逛，购置些物品。

旧金山第4天行程		
时间	目的地	行程安排
9:00~10:30	泛美金字塔	泛美金字塔是旧金山城市天际线中最为主要的建筑之一，楼高260米，共48层。这座过于后现代设计的高楼自建造时就受到不少非议，有人说它长得像地狱里刺出的利剑，也有人郿揄其为印第安民族的原始帐篷，不过随着时间的推移，它对于旧金山早已变成了一种必须的存在
10:45~11:45	唐人街	旧金山唐人街是美国第二大的唐人街，也是旧金山最古老的街道。旧金山的唐人街是亚洲以外最大规模的华人社区，也是美国最古老的中国城。街道上熙熙攘攘的各式店面仿佛把你带回到古色古香的中国。这里自1840年就是很多华人移民美国之后第一个落脚安居的地方
12:00~12:45	午餐与休息	唐人街最多的就是中餐馆，中国国内各地的特色小吃都能在这里找到，所以你的午餐可以在唐人街解决
13:00~16:15	联合广场	联合广场是由鲍威单、邮政、斯托克顿和格尔四条街道合围而成的，广场很小，却整洁如公园，这里常常举行画展、跳蚤市场等各项活动。旧金山的各大奢华酒店都在附近，有萨克斯第五大道、梅西百货等购物场所分布其中，各大顶级设计师品牌，以及一些高级品牌在此都随处可见

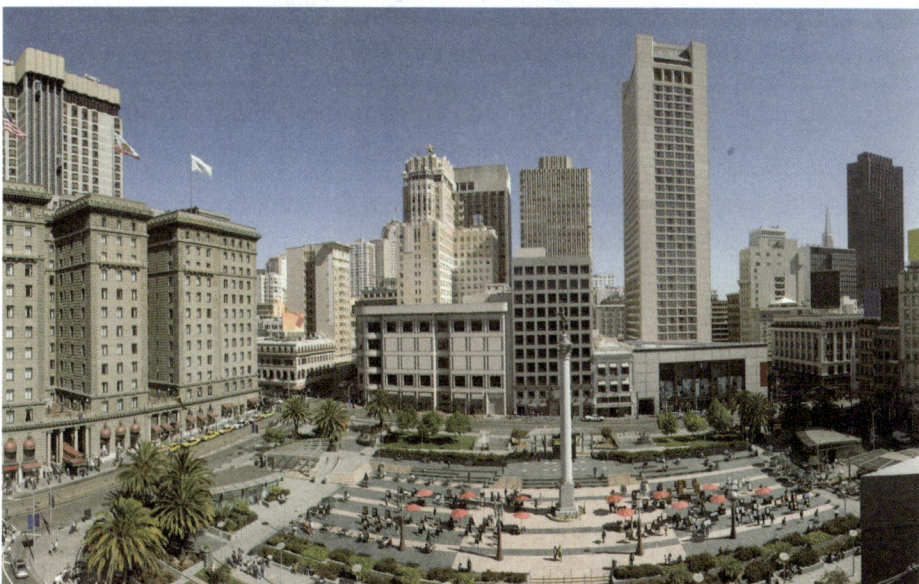

AB约480米，
步行大约8分钟

BC约650米，
步行大约10分钟

唐人街
Chinatown

泛美金字塔
Transamerica
Pyramid

联合广场
Union Square

The Fairmont
San Francisco

Marines'
Memorial Theatre

Grand Hyatt
San Francisco

St.Mary's Square

Omni

Rickhouse

Montgomery St

▲旧金山第4天行程路线示意图

泛美金字塔

泛美金字塔（Transamerica Pyramid）是旧金山最高的摩天大楼，是城市天际线中最为主要的建筑之一。泛美金字塔高260米，共48层，为四面金字塔造型。泛美金字塔的后现代设计风格自建造时就受到不少非议，但它却是这座城市对于艺术追求的积极证明。泛美金字塔尖顶的顶端是一个虚拟观景平台，4个方位安装了摄像机，你可以控制方向和距离；一楼电视墙上会免费播放着从顶层瞭望塔看到的360°虚拟瞭望景观，即使不登顶，人们也可以看到旧金山的城市风采。在休假季节、感恩节和独立日，大楼楼顶会亮起一束白光。

旅游资讯

地址：600 Montgomery Street San Francisco, CA 94111, United States

交通：乘坐公交车1、2、3、4、10、15路前往；或者乘坐BART在Embarcadero站下车；也可以乘坐MUNI电车在Montgomery站下

网址：www.transamericapyramidcenter.com

旅友点赞

　　在这里可以观看到整个旧金山的全景，非常漂亮，适合拍照。天气好的时候，可以看到恶魔岛等景观。

唐人街

　　旧金山的唐人街（Chinatown）是亚洲以外最大规模的华人社区，也是美国最古老的中国城。这里的飞檐画壁、琼楼玉宇，有着格外显眼的中国传统氛围，仿佛把人带回到古色古香的中国。唐人街内是鳞次栉比的中国餐厅、茶楼、中药房，他们的招牌都是用繁体字刻写而成，有着古色古香的气息。

旅游资讯

地址：Grant Avenue, San Francisco, CA 94108

交通：乘坐Muni38BX、1AX、81X、31AX、1BX、8AX、8BX、8X、31BX、38AX、1、2、3、30、45、91路公交车均可到达唐人街

旅友点赞

　　现在这里有中文服务的银行、中文学校、中文报社、餐馆等。

中午在哪儿 吃

　　唐人街上最多的就是中餐馆，国内各地的特色小吃都能在这里找到。所以你的午餐可以在逛唐人街时随意解决，而且相比一些西餐厅，中餐价格较为合理，最重要的是非常美味。

御食园

地址：655 Jackson Street San Francisco, CA 94133, United States
交通：乘坐8、8AX、8BX路公交车在Kearny St & Jackson St站下车可到
网址：www.zandyrestaurant.com
电话：415-9818988

　　御食园（Z & Y Restaurant）的川菜在旧金山非常有名，主厨号称是国家级的川菜大师。据说，这里所有的调料是厨师在中国采购的，辣味非常正宗。餐厅很小但是经常顾客爆满，不过上菜速度还是非常快。

联合广场

联合广场（Union Square）是由鲍威单、邮政、斯托克顿和格尔这四条街道合围而成的，面积很小，却整洁如公园。这里常常举行画展、跳蚤市场等各项活动。旧金山的各大奢华酒店以及梅西百货等高档购物场所也都在附近。广场上经常有一些街头艺人在表演，洋溢着浪漫而令人愉悦的气氛。

旅游资讯

地址：Union Square San Francisco, CA 94108

交通：乘坐公交车38、38L路至Geary Blvd & Stockton St或Powell St & Geary Blvd站下车；乘坐当当车Powell-Hyde、Powell-Mason至Powell St & Geary Blvd或Powell St & Post St站下车即可到达

★★★ 旅友点赞

广场周围是各大品牌旗舰店和商场，其中最著名的就是广场对面的梅西百货，基本上任何品牌都可以找到。另外，这里的蒂凡尼大厦也非常受人瞩目。而对面的Cheese Cake Factory是一家人气蛋糕店，时间允许的话，不妨前去品尝一下那里的甜点。

晚上在哪儿 玩

旧金山的晚上有很多娱乐项目，如果你不想看戏剧，也不想听演唱会，那就找一个酒吧玩一会，也是一个非常不错的选择。

Luna Park

这是一家酒吧餐厅，内部的装修和氛围都十分轻松惬意。来到这里，你可以随意地坐在长长的吧台前，点一杯酒，还可以点一些简单的餐点，自在地享受夜晚。

地址：694 Valencia Street San Francisco, CA 94110, United States

交通：乘坐轻轨J号线在Church St & 18th St站下车可到

网址：www.lunaparksf.com

营业时间：11:30～22:00

电话：415-5538584

如果多待一天

如果你的时间稍微宽裕，建议你在旧金山多待1天。如果你在市区玩够了，也可以到旧金山附近的小城区游览一番。旧金山还是"美食天堂"，这里聚集了世界各地的美食，绝对能让你身陷美食的诱惑。当然这里的购物也是非常值得称赞的，临近的购物街绝对会让你逛到腿软，挑到眼花。

多待一天的游玩

如果你可以在旧金山多待1天，你可以到纳帕谷品尝最美味的葡萄酒；可以到硅谷感受一下最新的高科技发展源地；还可以到斯坦福大学游览一番，感受这里浓郁的学术氛围。

纳帕谷

地址：Napa, CA 94558
交通：从旧金山自驾约需要1个小时的车程

加州是典型的地中海式气候，这里昼夜温差的戏剧性变化，各种各样的土壤条件，最适合葡萄的生长。纳帕谷是加州最著名的葡萄酒产区。这里的葡萄种植面积超过1800多平方米，有14个葡萄种植区，超过400家酒庄。在这里你可以任意选择三到四家规模和产品不同的酒庄参观，了解酿酒工艺的历史演变，在酒窖里的品酒会上学习品酒的知识。纳帕谷也是公认的世界最佳美食目的地，有超过85家美食餐厅可以精心搭配各种当地美酒。纳帕谷现在已有14家米其林星级餐厅，是地球上人均拥有米其林餐厅最多的地方之一。

旅友点赞

游览纳帕谷的方式非常多，除了自驾车或骑自行车，还可以选择乘坐悠闲的红酒专列火车，一边品尝美酒佳酿，一边饱览纳帕谷的美景。此外，游客还可以乘坐直升飞机、加长款豪华房车或者热气球游览纳帕谷。纳帕谷内还有150多家田园风格的豪华度假村可供选择，宛如世外桃源般的环境，备受情侣举行婚礼和企业经营者的追捧。这里还是理想的购物场所，你可以拜访当地有机橄榄油农庄，逛一下风格各异的本地农夫市场，还有一些厨房家具用品店，同时拥有时装精品店和艺术品画廊，保证让想购物的你满载而归。

2 硅谷

硅谷是一个多元文化的地区，全球IT界的精英汇聚于此。世人熟知的苹果、惠普、英特尔、谷歌、雅虎、Facebook等一连串如雷贯耳的IT大公司总部都设在这里。作为高科技研发的孵化器，硅谷影响着全球每个人的生活，更是创业梦想家和风险投资银行家的逐梦天堂。

如果你是"电脑控"，那必须得参观硅谷计算机博物馆，这里收藏有3500多件计算机历史上的"史前古玩物"。对高科技有兴趣的游客，还可以参观创新技术博物馆和圣克拉市的英特尔博物馆。此外，温彻斯特神秘屋和美国航天局艾姆斯研究中心也值得一游。

3 斯坦福大学

斯坦福大学（Stanford University）是世界上最杰出的大学之一。斯坦福大学拥有的资产属于全世界大学中最大的一家，因此这里的教学设备也极为充裕。校内的图书馆藏书650多万册，内部设有7000多部电脑供学生使用，亦设有多个电脑室及电脑中心为学生提供服务。此外，校内的体育设施也很多，有能容纳8.5万人的体育馆、高尔夫球场和游泳池等。胡佛纪念塔是斯坦福大学的地标性建筑，是为庆祝斯坦福建校50周年而建，同时也是为了纪念时任美国总统胡佛对学校建设做出的巨大贡献。

地址：450 Serra Mall Stanford, CA 94305
交通：乘坐公交车1050A、C、C–Lim、SLAC等路在Serra Mall @ Main Quad站下车可到
电话：650-7232300
网址：www.stanford.edu

旅友点赞

斯坦福大学的腾飞，是20世纪70年代之后的事，恐怕我们还得归功于斯坦福占地面积的广大。约32平方千米的面积，学校想怎么样用也用不完，于是1959年工学院院长特门提出了一个构想，这也是斯坦福大学的转折点：将约4平方千米的土地以极低廉、只具象征性的地租，长期租给工商业界或毕业校友设立公司，再由他们与学校合作，提供各种研究项目和学生实习机会。斯坦福成为美国首家在校园内成立工业园区的大学。得益于拿出土地换来的巨大收获这个建议，斯坦福使自己置身于美国的前沿。工业园区内企业一家接一家地开张，不久就超出斯坦福能提供的土地范围，向外发展扩张，形成美国加州科技尖端、精英云集的"硅谷"。随着美国西海岸高科技带的兴起，各个电脑公司，包括世纪宠儿微软公司纷纷在这一线安营扎寨，斯坦福大学的地位越来越举足轻重。

多待一天的美食

旧金山当地人种植或生产新鲜蔬菜、水果、芳草和葡萄酒，再加上这里是移民地，各种烹饪风格相互借鉴，使菜肴多种多样，且别具风味。

1 Rich Table

Rich Table是一家高档餐厅，主厨Evan和Sarah Rich带领着一支拥有超过30年经验的团队，直接从农场选新鲜食材，供应质量上乘的菜品。Rich Table餐厅的服务员态度热情，给所有前来用餐的顾客营造出了轻松、欢乐的用餐气氛。

地址：199 Gough Street San Francisco, CA 94102
交通：乘坐轻轨F号线在Market St & Gough St站下车可到
电话：415-3559085
网址：www.richtablesf.com

2 The Boiling Crab

这是一家在旧金山南湾的海鲜餐厅，这里龙虾、长脚蟹、贝类、小龙虾等应有尽有。这里有一大特色，则是在就餐时不给任何餐具，只给你一个围兜。推荐品尝这里的雪蟹腿，肉多且鲜嫩。这里的主食有玉米、小土豆、Sausage等，味道都不错。

地址：1631 E Capitol Expy Ste 101，San Jose，CA 95121
交通：乘坐42、70路公交车在Capitol & Hwy 101站下车可到
网址：www.theboilingcrab.com
人均消费：10~30美元
营业时间：周一至周五15:00~22:00；周六、周日12:00~22:00
电话：408-5326147

3 岭南小馆

岭南小馆（R&G Lounge）绝对是旧金山最出名的广东菜餐厅了，如果你想在此享用晚餐，记得提前订位。据闻，奥巴马曾在此品尝过这里的招牌菜"岭南牛肉"和"椒盐蟹"。菜的分量很大，你可以不用点太多就足够吃饱。

地址：631 Kearny Street San Francisco, CA 94108
交通：乘坐1路公交车在Clay St & Kearny St站下车可到
电话：415-9827877
网址：www.rnglounge.com

4 Kokkari Estiatorio

这家餐厅被誉为是美国最好的希腊餐厅，价格合理，氛围好，服务算得上一流。餐厅内人很多，但是并不影响食物的美味，建议一定要来这里品尝一下。

地址：200 Jackson Street San Francisco, CA 94111
交通：乘坐2、4、8、18、24、24X、27、38、44、54、56、58、72、72X、74、76、82X、97等路公交车在Battery St & Jackson St站下车可到
营业时间：午餐只在周末11:30~14:30提供；晚餐周一至周四17:30~22:00，周五至周日17:30~23:00
电话：415-9810983

多待一天的购物

旧金山可谓是名副其实的购物天堂，从价格实惠的品牌直销店到世界级的连锁商店，可谓应有尽有。在这里，你能买到你所需要的任何商品，尽享购物带来的乐趣。主要推崇的购物地是联合广场附近，那里聚集了各大百货商店，非常适合前往购物。

1 City Lights Bookstore

如果你对"垮掉的一代"感兴趣，"城市之光"书店是你来旧金山必去的一个地方，因为它是当代"垮掉的一代"文化的大本营。其店主是少数至今仍然活跃着的"垮掉的一代"的诗人费林·盖蒂。

地址：261 Columbus Avenue, San Francisco, CA 94133
交通：乘坐10、12、41路公交车在Broadway & Grant Ave站下车可到
网址：www.citylights.com
营业时间：10:00 ~ 24:00
电话：415-3628193

2 Napa Premium Outlets

这是位于纳帕的一个购物村，相比美国其他购物村，这个购物村规模比较小，只有50多家商店，但是折扣力度比较大。

地址：629 Factory Stores Dr, Napa, CA
交通：自驾或乘出租车前往
网址：www.premiumoutlets.com
电话：7072269876

3 Nordstrom

这是一家位于旧金山的百货公司，其规模较大，吸引了很多国内外的游客前来购物。这家店以销售男装为主，一般美国白领男性购物都喜欢来此店。遇上周日和节假日，人会很多。

地址：865 Market St, San Francisco, CA
交通：乘坐轻轨J、KT、L、M、N号线在Powell St Station下车可到
网址：www.nordstrom.com
电话：415-2438500

多待一天的娱乐

在旧金山多待1天，你可以到旧金山动物园游玩，也可以到满是窗户和门的温切斯特神秘屋游玩。

1 旧金山动物园

旧金山动物园（San Francisco Zoo）是美国最佳动物园之一，建立于1889年，至今已有100多年的历史。这里的动物品种和数量繁多，在美国也是数一数二的。动物园追求一种回归自然的创办理念，因而这里所有的笼舍布置都是尽可能的贴近原始的生态氛围，让动物们有着安定舒适的居住环境。疣猪、树袋熊、企鹅、水獭是这里深受欢迎的动物。

地址：Sloat Boulevard at 45th Avenue, Parkside, San Francisco, CA 94132
交通：乘坐地铁L线、公交车23、18可以到达
网址：www.sfzoo.org
票价：15美元
开放时间：冬季10:00～16:00，最后入场时间15:30；夏季10:00～17:00，最后入场时间16:00
电话：415-7537080

旅友点赞

动物园很大，建议乘坐索道到最上面，由上往下玩。进大门时记得拿份中文地图，查看动物表演时间表，以便合理安排时间。自驾车的朋友可带点自己喜欢的食物和饮料进去。

2 温切斯特神秘屋

温切斯特神秘屋（Winchester House）是一座出了名的古怪建筑，因为它有着160个房间，1万扇窗户，40个楼梯以及2000扇门。这些极端的设计都是房子主人莎拉·温切斯特的主意。参观者如果不跟着工作人员进行游览，一定会迷路，因为你根本就不会想到自己脚下哪里会多出一扇窗户，而这个窗户又是通往何方，也不会知道面前的走廊到底有无尽头，身边的大门又是否是虚设的。在温切斯特神秘屋参观，需要莫大的勇气和探索精神。温切斯特神秘屋里面的一桌一椅，一墙一扶手，都可谓是豪华昂贵的艺术品，即使是这1万扇窗户，上面也都有精美的彩绘玻璃。

地址：525 South Winchester Boulevard San Jose, CA 95128
交通：从旧金山出发，可以搭乘Cal Train前往Santa Clara车站，在车站附近搭乘60路公交车前往神秘屋
网址：www.winchestermysteryhouse.com
票价：40美元
开放时间：9:00～19:00
电话：408-2472101

旅友点赞

据说莎拉的丈夫威廉·温切斯特是温切斯特步枪的发明者，因为战争而发家致富，有万贯家财，但是威廉却没有享受到这些财富，他和女儿离奇的去世让莎拉百思不解。莎拉咨询了灵媒，才得知死于温切斯特步枪的人都化为了冤魂，并对温切斯特家族下了诅咒，为了破解诅咒，莎拉必须建造一栋房屋，里面的构造必须诡谲另类，才能阻挡这些鬼魂的侵袭。房屋的修建不能停止，一旦搁置就会发生命案，因此温切斯特的这座老宅由一开始的简朴农舍渐渐地被改造成了复杂精致的大豪宅。

217

旧金山住行攻略

旧金山有各种类型的酒店，完全可以满足你对酒店类型的需求。出行方面，旧金山有缆车、地铁、电车、公交车等，能满足你的基本出行。此外，游客也能租自行车游览旧金山。

在旧金山住宿

旧金山的住宿种类很多，包括豪华饭店、青年旅舍、艺术旅馆、田园客栈以及社区饭店等，能够满足不同品位、不同消费能力、不同需求的游客。但是需要提醒的是，旧金山是一个繁忙的城市，住酒店一定要提前预订，不然很可能会错失适合自己的住宿地。

1 旧金山市区HI酒店

旧金山市区HI酒店（HI – San Francisco Downtown）距离联合广场仅5分钟的步行路程。旅馆的每间客房基本设施齐全，且客人可享用欧陆式早餐。客人可以使用所有公共区域，包括厨房和休息室。酒店公共区域提供免费无线网络连接和安全储物柜，并配有自动洗衣店。酒店还拥有一个剧院室。

地址：312 Mason Street San Francisco, CA 94102
交通：乘坐公交车27路在Mason St & O'Farrell St站下车可到
网址：www.hihostels.com
参考价格：约30美元一个床位
电话：415–7885604

2 马里纳酒店

马里纳酒店（Marina Inn）距离渔人码头不到7分钟路程。酒店每天供应欧式早餐，且供免费无线网络连接。酒店客房配有松木床、有线电视、办公桌和电风扇；每间客房配有城市指南；早餐时间提供免费报纸。

地址：3110 Octavia Street San Francisco, CA 94123
交通：乘坐公交车28、91路在Lombard St & Laguna St站下车可到
网址：www.marinainn.com
参考价格：60美元起
电话：415–9281000

3 旧金山费尔蒙酒店

旧金山费尔蒙酒店（The Fairmont San Francisco）是一家五星级豪华酒店，设有能看到风景如画的海湾或城市景致的豪华客房，提供全套服务的SPA。酒店的Tonga Room & Hurricane Bar酒吧供应亚洲美食，提供现场娱乐表演，并于每周末提供传统的下午茶服务。客人可以在酒店内的诺布山健身俱乐部享受健身设备、桑拿浴室以及健身课程。酒店在客人入住期间，还提供包括运动鞋在内的运动装备。

地址：950 Mason Street San Francisco, CA 94108
交通：乘坐缆车California在California St & Mason St站下车可到
网址：www.fairmont.com
参考价格：约340美元起
电话：415–7725000

旧金山住宿地推荐

名称	地址	网址	电话	费用
Hay Group	55 2nd Street #550 San Francisco, CA 94105	www.haygroup.com	415-6443700	25美元起
Holiday Inn Civic Center San Francisco	50 Eighth Street San Francisco, CA 94103	www.hiccsf.com	415-6266103	150美元起
Courtyard Vallejo Napa Valley	1000 Fairgrounds Drive Vallejo, CA 94589	www.marriott.com	707-6441200	100美元起
USA Hostels San Francisco	711 Post Street San Francisco, CA 94109	www.usahostels.com	415-4405600	30美元起

在旧金山出行

旧金山市内的主要交通工具有缆车、地铁、电车、公交车等，当然在旧金山出行，自驾车或者骑自行车都是不错的方式。

地铁

旧金山的地铁有2种，一是BART，二是Muni地铁。其中Muni的线路只通行旧金山市内，而BART能连接旧金山机场到旧金山市区和湾区的东湾等地。有一些Muni地铁站和BART的地铁站是共用的，但是不能在站内换乘，需要出闸重新购票换乘。

BART的票价不是固定的，在站内机器买票时，应注意看清楚起点和目的地站点而购取相应的票价，如果购买的票价不足，出站时要用现金补票。BART有5条线，其中红线、黄线、绿线、蓝线都是连接旧金山湾区到东湾的东西方，橙线连接东湾南北。从旧金山机场可以搭乘黄线和红线到达旧金山市区。要注意的是BART的红线和绿线在晚上和周末是不行驶的。

公交车

公交车的车票可在车上购买，但是需要提前准备好零钱，票价为1.5美元。公交车并不是每一站都会停靠，要自己多留意路边的站牌以防坐过站。如果想要下车，拉一下车边的绳子示意司机停车即可。需要提醒的一点是，即使你不打算再使用你的票，也要把它拿好，如果因为没票而被抓住的话，将被罚款75美元。

有轨缆车

有轨缆车是观光客在旧金山必须要体验的一种交通工具，搭乘时犹如坐云霄飞车一般，单程票价5美元，可在总站的自动售票机购票，也可上车后直接买票。现在旧金山的缆车有3条路线，其中波为一梅森街线（Powell-Mason Line）和波为一海德街线（Powell-Hyde Line）都以波为街和市场街的交叉处为起点，终点站都在渔人码头附近；另一条是加州街线（California St. Line），从金融街出发，途经唐人街，最终抵达凡尼斯路。

湾区捷运

如果只是在市内观光的话，可以不使用湾区捷运这种交通工具，但是从旧金山国际机场到旧金山市内或海湾地区，它则是首选的交通方式了。其票价最低是1.4美元，可在自动售票机买票（自动售票机可以使用的货币是面值10美元、15美元、20美元的纸币和5美分、10美分、25美分的硬币）。运行时间周一至周五4:00～24:00；周六6:00～24:00；周日8:00～24:00。

从旧金山至西雅图

飞机

从旧金山飞往西雅图的航班主要由达美航空、联合航空、维珍航空以及阿拉斯加航空等负责运营，飞行时间大约为2小时12分钟。每天都有十几班飞机飞往西雅图，所以乘坐飞机非常方便。一般情况下机票会有很大的折扣力度，通常情况下100美元以内就可以搞定。因此，乘坐飞机前往西雅图是短期旅行的最佳选择。

火车

从旧金山坐火车到西雅图需要长达23小时。因此，如果你的时间不是特别宽裕不建议乘坐火车。不过火车上的风景特别漂亮，如果你的时间比较充裕还是一个不错的选择。火车票价根据时间不同而有所调动，一般情况下硬座在130美元左右，卧铺在270美元左右。

自驾车

在美国出行，开车自驾是一个非常受欢迎的旅行方式，从旧金山开车到西雅图需要花费13小时的车程。虽然路途遥远，但是沿途的风景非常美。

到达西雅图

西雅图是一个符合人们对美好生活所持有的全部臆想的城市。这里拥有艺术气息和咖啡文化交汇而成的氛围，古老冰川和炽烈火山兼容而成的美景，鲜美海味和热闹市集穿插而成的生活。西雅图是一个多雨的城市，可是雨也是西雅图的灵魂；它浇灭了人们心底的浮躁，让西雅图有着大城市少有的悠闲。西雅图有热闹的街市生活，有充满梦想的街头艺术家，有香气四溢的咖啡，还有偶尔晒在海湾上的夕阳，这些都会勾起你发现生活中细微美好的心。

如何到市区

从西雅图—塔科马国际机场前往市区

西雅图—塔科马国际机场位于西雅图市区以南约20千米处，距离西雅图市区车程30分钟，位于西雅图与塔科马之间。机场共有南北2个航站楼，两者之间有一个地下通道连接，国际航线在南航站楼。

目前，机场主要服务于西雅图、塔科马市、大西雅图都会区及其附属区域，是西北航空的重点城市，也是阿拉斯加航空的主要枢纽机场，连接北美、欧洲和东亚等其他地区。目前，海南航空、达美航空所经营的北京至西雅图的航线总计每周9班之多。

机场实用信息

租车柜台位于行李提取区域内，其中一些能够提供抵达停车场一层的接送服务。还有一些租车公司能够提供箱式货车的运输服务。你可在位于行李提取处滚梯入口的任何一个旅客信息中心拨打电话55咨询地面运输事宜。此外，在停车场三层还设有一个地面运输信息站为旅客提供咨询服务。Shuttle Express将在机场停车场（Airport Garage）三层的内侧车道接送旅客。

机场摆渡（Airporter Shuttle）和负责市区小型机场运输的格雷线（Gray Line）在行李提取楼层最南端的00号门外停车场接送旅客。详情可在www.graylineseattle.com查询。负责Helijet、Kenmore Air和其他国内航空公司旅客接送服务的摆渡车，将在停车场三层的2号安全岛待客。

在5号行李传送带旁边的6号门外，你可以找到由Metro和Sound Transit公司提供的公共汽车接送服务。

停车场通过位于四层的天桥与主航站楼相连，并提供待客泊车服务。停车场的收费标准分为：按时计费、按周计费和长期服务三种。

在航站楼附近还有一处免费停车场（请注意指示标志），接机的司机可驾车在此等候旅客电话通知，但在等候期间司机不得离开自己的车辆。其他车辆禁止在机场车道上泊车或停车等候。

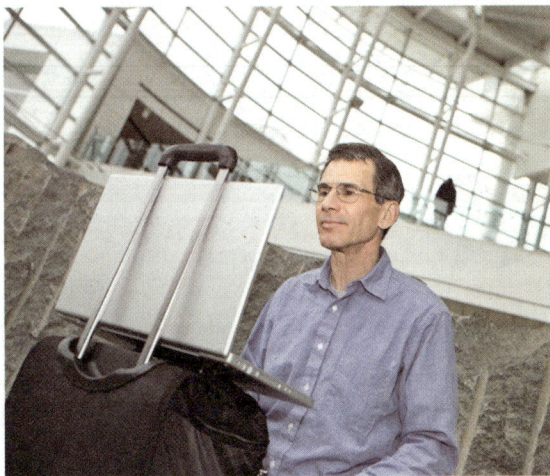

从机场至市区的交通方式			
交通方式	乘车地点/目的地	运行时间	费用
专线巴士	出机场航站楼右侧的巴士站处，乘坐174或194路专线巴士，即可到达市中心	5:00至次日1:00	1.25美元
机场巴士	出航站楼南侧乘车，可前往市中心及周边地区	5:30~22:30，每30分钟一班	10.25美元
豪华快车	领取行李后，在出口处的信息中心打电话预约。乘坐豪华快车可前往市中心及周边地区	24小时	约21美元
出租车	在机场航站楼三层标有Grand Transportation Plaza标志处乘车，可前往市区及周边地区	24小时	约35美元

从国王街火车站前往市区

国王街火车站位于国际区和先锋广场之间，提供前往温哥华、塔科马、波特兰岛、斯波坎等地的列车。旅客可以在网上购票，也可以到车站窗口购票。另外，火车站还代售美国灰狗长途汽车公司的车票。从这里前往市区，可以乘坐免费巴士。

西雅图2日行程

因为时间的限制，所以在西雅图只安排了两天的游玩时间。西雅图被认为全美最适合人类居住和工作的城市，关于这座城市也有一些不错的电影，如《北京遇上西雅图》《西雅图不眠夜》等。

Day 5 西雅图艺术博物馆→太空针塔→西雅图音乐体验博物馆馆→克里公园

在西雅图的第1天，首先要到西雅图艺术博物馆中游览一番，之后再到市区的各大知名景点依次游览，晚上建议到克里公园游览，因为这里可以拍摄到西雅图最美的夜景。

西雅图第1天行程		
时间	目的地	行程安排
10:00~12:00	西雅图艺术博物馆	在艺术馆的前面，一个手拿榔头的工人雕塑，它的胳膊夜以继日地活动着，象征着辛劳的劳工们
12:00~14:00	午餐与休息	午餐建议在派克市场吃，而且第一家星巴克也设立在这里
14:00~15:00	太空针塔	太空针塔顶层观景台的造型如同飞碟，是西雅图的地标性建筑之一
15:00~18:00	西雅图音乐体验博物馆	体验馆内设多个设计新颖的画廊、一个交互式声音实验室、一座天空教堂、一座拥有最尖端的照明设备和全球最大室内LED屏幕的音乐厅
18:00~20:00	克里公园	这里是拍摄西雅图夜景的最佳地点，所以，夜晚来这里欣赏西雅图夜景最好不过

▲ 西雅图第1天行程路线示意图

地图标注：
- 克里公园 Kerry Park
- Southwest Queen Anne Greenbelt
- DE约1.8千米，乘车大约5分钟
- 西雅图音乐体验博物馆 EMP Museum
- SOUTHLAKE UNION
- LOWER QUEEN ANNE
- 太空针塔 Space Needle
- CD约200米，步行大约2分钟
- Pacific Science Center
- BC约1.6千米，乘车大约5分钟
- Olympic Sculpture Park
- The Westin Seattle 酒店
- 派克市场 Pike Palace Market
- AB约500米，步行大约6分钟
- 西雅图艺术博物馆 Seattle Art Museum

西雅图艺术博物馆

　　西雅图艺术博物馆（Seattle Art Museum）大规模收藏了亚洲部分国家的的艺术品、文物以及非洲艺术品，还涵盖了中世纪、文艺复兴时期以及巴洛克时期欧洲和美洲的艺术品，其中还包括一个专门收藏西北当代艺术品的房间。这里对于不同的藏品提供有免费的导游。在艺术馆的前面立着一座3层楼高的钢塑，这是一个手拿榔头的工人雕塑，它的胳膊夜以继日地活动着，这座钢塑是由JonathonBorofsky制作的，象征着辛劳的劳工们。

旅游资讯

地址：1300 1st Avenue Seattle, WA 98101

交通：乘坐10、47、99、113、121、122、123、125路等公交车到1st Ave & Union St站下车可到

网址：www.seattleartmuseum.org

票价：19.5美元

开放时间：周三、周五至周日10:00～17:00，周四10:00～21:00。周一、周二、圣诞节和平安夜闭馆

电话：206-6543100

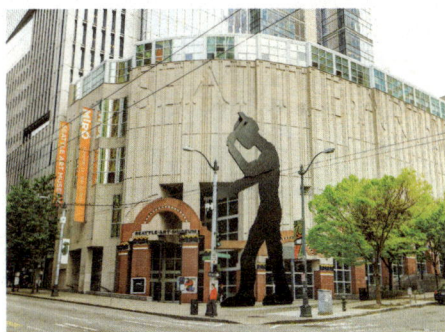

这所博物馆拥有来自中国、韩国及东南亚的备受关注的艺术收藏品和日本本土以外最杰出的日本艺术收藏品。其他著名展品还包括杰克逊·波洛克和安迪·沃霍尔的当代艺术作品、欧洲肖像画及雕塑杰作，以及历史可追溯到2世纪的亚洲作品。

中午在哪儿吃

中午吃饭时，派克市场是一个不错的选择，这里餐厅特别多，而且是一个非常有特色的市场，在享受美食的同时还可以游览一些特色商店。

1 派克市场

派克市场（Pike Place Market）从前是农村集贸市场，如今已发展成一个重要的旅游胜地，每年举办约200场商业活动，展出190多种手工艺，设立120多个农产品摊位，有形形色色街头表演艺人，吸引着来自四面八方的游客。漫步于派克市场的每个角落，随处可见整桶的鲜花、新鲜糕点和果蔬、手工干酪、当地蜂蜜、葡萄酒、古董等，在这里你随时可以发现大量令你出乎意料的商品，此外，这里还有各国风味餐馆、飞鱼表演等。

地址：派克街和弗吉尼亚街上第一大道和西大道之间
交通：乘坐41、71、72、73、74、76、77、101、102、106、150、255、316路等公交车可到；乘坐Link轻轨在Westlake站下车，往海湾方向步行可到
网址：www.pikeplacemarket.org

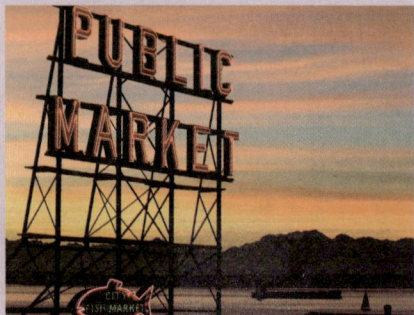

2 第一家星巴克

第一家星巴克（First Starbucks Store）以售卖烘焙好的咖啡豆和咖啡机为初衷，并就近为刚上岸想暖身的渔夫们提供现成的咖啡。后由霍华·舒兹收购，改变经营模式，向派克市场的小贩们售卖意大利式浓缩蒸馏咖啡和多款咖啡冷热饮料、新鲜美味的各式糕点食品，以及丰富多样的咖啡机、咖啡杯等商品。

地址：1912 Pike Place Seattle, WA 98101
交通：乘坐113、121、122、123、125路等公交车在1st Ave & Pine St站下车可到
电话：206-4488762
网址：www.starbucks.com

第一家星巴克店内不仅悬挂着最初褐色双尾鳍的LOGO，还可见一尊纪念柱立于店内，这也是辨别第一家星巴克的标志。游客凡是携带从第一家星巴克店购买的咖啡豆，到世界任意一家星巴克店均可免费制作咖啡。

太空针塔

　　太空针塔（Space Needle）顶层观景台的造型如同飞碟，是西雅图的地标性建筑之一，从城市任何一个角落望去，它几乎都是视觉焦点。它是为了庆祝1962年西雅图世博会召开而建的，在顶部的瞭望台和旋转餐厅能俯看西雅图360°的全景，观景台同层还有一家海鲜餐厅。太空针塔二楼有工作人员会帮你与太空针塔的布景合影，并给你一张印有条形码的纸条。你可以在太空针塔顶部的自助终端将人像读取出来，并选择你喜欢的背景合成照片，然后可免费通过电子邮件发给自己。如果要打印照片，价格会较贵。

旅游资讯

地址：400 Broad Street Seattle, WA 98109

交通：乘坐公交车3、4、16、82路到5th Ave N & Broad St站下车可到；乘坐Monorail有轨电车到Seattle Center站下车即可

网址：www.spaceneedle.com

票价：11美元

开放时间：8:00～0:00，关闭前30分钟停止售票

电话：206-9052100

旅友点赞

　　登上太空针塔之前需要进行安检。太空针塔一层是卖各种纪念品的商店，出售各类印着太空针塔图案的T恤和明信片，以及各种太空针塔的模型。除明信片之外，其他商品价格都不菲。

西雅图音乐体验博物馆

　　位于太空针塔脚下的西雅图音乐体验博物馆（EMP Museum），由先锋派建筑师Frank Gehry所设计建造。明亮的色彩加之由3000枚不锈钢片和铝片组成的外墙，展现了音乐的力度与流动之美。体验馆内设有多个设计新颖的画廊、一个交互式声音实验室、天空教堂，以及有最尖端的照明设备和全球最大室内LED屏幕的音乐厅。

旅游资讯

地址：325 5th Avenue N Seattle, WA 98109

交通：乘坐公交车3、4、16、82路到5th Ave N & Broad St站下车可到

网址：www.empmuseum.org

票价：22美元起

开放时间：9月2日至次年5月22日10:00～17:00，5月23日至9月1日10:00～19:00。其中7月25日至7月28日10:00～21:00，12月24日10:00～16:00，12月25日闭馆，12月26日至30日10:00～19:00

电话：206-7702700

★★★ 旅友点赞

在这里最受欢迎的地方是互动房间，在房内你可以试着去玩吉他、鼓、键盘、DJ转盘。另外，博物馆还展示了20世纪30年代以来有关吉他的历史，其中包括最早的电吉他。

晚上在哪儿 玩

晚上不如到克里公园观看西雅图最美的夜景，在这里你可以看到西雅图众多标志性的建筑。

1 克里公园

克里公园（Kerry Park）是拍摄西雅图夜景的最佳地点，从这里拍照不仅可以将西雅图市区和太空针塔收在你的镜头里，还能在天气晴朗的时候拍到瑞尼尔雪山的山顶。此外，西雅图城市风光、太空针塔、瑞尼尔山的风景明信片都是在此地拍摄的。

地址：211 West Highland Drive Seattle, WA 98119

交通：乘坐公交车2、13、29路到Queen Anne Ave N & W Highland Dr站下车可到

网址：www.seattle.gov

电话：206-6844075

★★★ 旅友点赞

如果足够有耐心，可以于黄昏时在山上看着天色慢慢变暗，从橙色变成浅蓝，再变成深蓝，最后变成紫色。一个人站在高处看着城市慢慢染上灯火的光辉，感觉十分美妙。

Day 6 华盛顿大学→西雅图码头区→先锋广场

西雅图是一个非常漂亮的海港城市，来这里一定要享受一下美丽的海滨风情。在这里的第2天首先要到华盛顿大学感受一下深厚的学术氛围，之后就到码头区欣赏美丽的海岸风光，晚上则是到先锋广场，开启一次怀旧之旅。

西雅图第2天行程		
时间	目的地	行程安排
10:45～11:45	华盛顿大学	走进华盛顿大学，你立刻就会为那一栋栋美轮美奂的欧式建筑所倾倒，感受自己就像是置身于欧洲的某座城市一样
11:45～12:45	午餐与休息	午餐建议在西雅图码头区就餐，这里餐厅比较多，选择也比较宽泛，而且还有漂亮的海景风光
12:45～14:15	西雅图码头区	阿拉斯加路52号码头到70号码头都属于西雅图码头区，这里汇聚了熙熙攘攘的各色餐厅和购物中心，
14:15～16:30	先锋广场	先锋广场各个街区处处可见古董、画廊以及酒吧爱好者。西雅图的古建筑群大多位于此，拥有大约20个由维多利亚时代罗马式建筑组成的街区

▲ 西雅图第2天行程路线示意图

华盛顿大学

华盛顿大学是一所世界顶尖的著名大学，也是美国西海岸历史最悠久的大学。华盛顿大学占地极为广阔，且地理位置非常好，不仅濒临Portage Bay和Union Bay，面对着广阔如海的华盛顿湖，而距离市中心也只有15分钟的车程。华盛顿大学的正门有几个高大的图腾柱，这是华盛顿大学的特有景致。华盛顿大学被称为拥有全美最漂亮的校舍，一走进大学，你立刻就会为那一栋

227

栋美轮美奂的欧式建筑所倾倒，就像是置身于欧洲的某座城市一样。在这里你不仅能看到哥特式尖顶造型的建筑，还可以看到巴洛克式华丽装饰风格的大楼。这些楼有的气派宏伟，有的精致典雅，但无不透露着浓厚的古典气息。

旅游资讯

地址：Seattle, WA
交通：乘坐公交车44、32路可以到达
网址：washington.edu
电话：206-5432100

★★★ 旅友点赞

　　春天是游览华盛顿大学的最佳时机，一整条路的樱花，直通社区正中的狄朗梅勒喷泉。华盛顿大学还有一间酷似哈利·波特魔法学院场景的阅读室，学术开放的自由气氛，让你不用登记就可以入内参观。

中午在哪儿 吃

中午建议在西雅图码头区就餐，这里餐厅比较多，选择也比较宽泛，而且还有漂亮的海景风光。

1 The Crab Pot

　　这家餐厅在西雅图码头区附近，可以看到非常漂亮的海滨风光。一下子把一大盆海鲜倒在桌上的凶残吃法是Crab Pot的特色，他们会把各种新鲜的海鲜和一些香料一起蒸熟，端上来倒在桌上的Butcher paper上。进去的顾客都要围上画着店内卡通人物的围兜，用小木槌敲敲打打地剥开螃蟹壳，这种吃法十分别致。

地址：1301 Alaskan Way Seattle, WA 98101
交通：乘坐公交车21、120、550、554等路可到
营业时间：周日至下周四11:00～21:00，周五至周六11:00～22:00
网址：www.thecrabpotseattle.com
电话：206-6241890

西雅图码头区

阿拉斯加路52号码头到70号码头都属于西雅图码头区（Seattle Waterfront）。这里汇聚了熙熙攘攘的各色餐厅和购物中心，有繁忙的渡船、巡洋船、维多利亚帆船及游船从这里启航。你可以在这里给海鸥喂食，也可以在码头公园闲庭信步，最重要的是这里的风景很漂亮，你可以看到蔚蓝的大海。

旅游资讯

地址：1301 Alaskan Way Seattle, WA

交通：乘坐轻轨Link线或公交车41、71、71、73、101、102、106、150、216、218、219、550路在University Street站下车，步行到西雅图码头区

★★ 旅友点赞

码头的人相对比较少，而且海岸非常漂亮，下午来这里吹一下湿润的海风，非常舒服，而且这里的氛围也非常好。

先锋广场

19世纪，先锋广场（Pioneer Square）是一座朝气蓬勃的伐木小镇，然而1889年的一场大火瞬时停息了小镇伐木业发展的脚步，镇上许多木结构建筑在这场大火中被损坏。而后人们很快在旧址上用砖块和砂浆重建这座小镇。19世纪90年代，7万多名勘探者涌入这一地区，小镇迅速崛起，成为克朗代克河淘金热的主要代表区域。如今，先锋广场依然颇受游人的青睐。

旅游资讯

地址：608 1st Ave.,Metro Transit, Seattle, WA

交通：乘坐轻轨Link线或公交车41、71、72、73、74、76、77、101、106、150、255、316路到Pioneer Square站下车可到

网址：www.poineersquare.org

★★ 旅友点赞

先锋广场各个街区处处可见古董店、画廊以及酒吧。西雅图的古建筑群大多位于此，拥有大约20个由维多利亚时代罗马式建筑组成的街区中，优美典雅的博物馆、艺术画廊、餐厅和酒吧鳞次栉比。

晚上在哪儿 玩

如果你觉得已经游览了西雅图的各路名胜景点，也体验了海滨的各色美景，不如晚上就在先锋广场附近选择一些娱乐点吧。穿梭在古老的小巷中，你可以找到许多怀旧的小纪念品以及琳琅满目的现代艺术品。另外，你还可以在地下的旧城区，一睹近百年前西雅图刚刚兴起时的摸样。

1 Trinity Nightclub

这是当地非常有名的一个俱乐部，有一个很大的DJ舞池，还有较为高级的私人贵宾室，同时还有几个比较有特色的主题房间。俱乐部就在先锋广场附近，晚上这里的人会比较多。

地址：111 Yesler Way Seattle, WA 98104
交通：乘坐轻轨Link线在Pioneer Square Station下车可到
网址：www.trinitynightclub.com
电话：206-6977702

如果多待一天

西雅图是一个非常迷人的城市，也许仅仅2天的安排并不能尽兴于你对这座城市的喜爱之情。如果你的时间稍微宽裕，可以选择在西雅图多待1天。这一天你可以购物，也可以欣赏城市风光，更可以慢慢欣赏美丽的海滨风光。

多待一天的游玩

在西雅图多待1天，你可以去观看波音飞机的组装过程，也可以到郁金香小镇观看最美丽的郁金香花海。当然，西雅图的美还需要你慢慢发掘、细细品味。

1 波音之旅

波音之旅（Boeing Tour）让你可以参观波音747、767、777以及787喷气式飞机在飞上蓝天前，在埃弗雷特产品线的组装过程。一次游览历时大约90分钟，期间你可以了解到有关波音及其旗下飞机的趣事。

地址：8415 Paine Field Boulevard Mukilteo, WA 98275
交通：在西雅图市区4th / Jackson – drop off Only站乘坐火车，中途需在Lynnwood Transit Center站换乘另一列火车，在Hwy 525 & 84th St SW站下车，再步行14分钟即可到达，全程约1小时45分钟
网址：www.futureofflight.org
票价：20美元
开放时间：8:30～17:00，感恩节、圣诞节、新年不开放
电话：425-4388100

旅友点赞

如果是开车前往参观，建议将手机、相机等物件留在车内。因为整个波音之旅不允许拍照，而将之放在展厅里的储物柜中是需要收费的。如果提前预约，残障客人还可享受特殊的住宿安排。

2 郁金香小镇

郁金香小镇（Tulip Town）是北美最大的郁金香和水仙花产地，也是仅次于荷兰的世界第二大产地。每年4月，这里就是花的盛宴，大片大片的郁金香如同跳动的音符，纵横交错地编织成了七彩的乐谱。郁金香小镇是观赏郁金香的好地方，而Roozen Garden则是除了郁金香小镇以外，在斯卡吉山谷里赏花的另一个好地方。这里有一个精致的花园，经常会展出各种稀有品种的花。

地址：15002 Bradshaw Road Mount Vernon, WA 98273
交通：由西雅图市中心向北驾车单程约1.5小时可到
网址：tuliptown.com
开放时间：每年4月9:00~17:00
票价：郁金香农场每人5美元
电话：360-4248152

多待一天的购物

西雅图拥有各式各样的购物场所。如种类丰富的Nordstrom旗舰店，其拥有最新款式的时装；梅西百货有最前沿的时尚精品；蒂芙尼公司以及其他无数备受人们追捧的商店挂满了琳琅满目的顶级珠宝及手表……西雅图的繁华街区几乎可以满足你所有的购物需求。

1 Seattle Premium Outlet

这是西雅图的一个名牌折扣购物中心，距西雅图市区不到1小时的车程。它拥有来自世界各个国家的100多家知名品牌，囊括的商品可谓是应有尽有，而且折扣诱人，部分商品可以低到零售价格的1/3。很多带着购物计划的游客会到这里来大量扫荡，但很多时候人们可能需要排队进店。

地址：10600 Quil Ceda Boulevard Tulalip, WA 98271
交通：从西雅图市中心乘坐510路（Everett方向）公交车至Everett St下车，换乘201路（Smokey Point方向）公交车至State Ave & 1st St下车，换乘222路（Tulalip方向）公交车至105th St NE & 30th Ave NE下车即到。但是该条路线在周日以及节假日不发车
网址：www.premiumoutlets.com
营业时间：周一至周六10:00~21:00，周日11:00~19:00；节假日时间略有不同
电话：360-6543000

2 Nordstrom Downtown Seattle

Nordstrom Downtown Seattle是西雅图的本土高档连锁百货公司，产品包括服饰、化妆品、香水、家居用品等。这里一切以顾客满意为标准，并且注重购物环境。西雅图市中心的总店，每天都有乐手表演。每年的7月底至8月初会有周年庆大促销。

地址：500 Pine St., Seattle, WA 98101
交通：附近车站为Westlake Center，公交车41、71、72、73、74、76、77、101、102、106、150、216、218、316、550路以及Link轻轨均可到达此站
网址：shop.nordstrom.com
营业时间：周一至周六9:30~21:00，周日10:00~19:00；节假日时间略有不同
电话：206-6282111

多待一天的美食

西雅图美食以海鲜为主流，包括蚝、大螃蟹、鲑鱼、鳟鱼、鳕鱼和干贝。此外，还有来自华盛顿州草原的烤牛排，都让人垂涎欲滴。西雅图餐厅多达2000家，如果你热爱美食，来西雅图准没错。

1 翠苑酒家

翠苑酒家（Jade Garden）为一家粤式餐厅，提供正宗的粤式点心，生意很好，要做好排队的准备。餐厅内的菜肴价格不贵，选择很多。可以刷卡，接受预订。

地址：424 7th Avenue South Seattle, WA 98104
交通：乘坐轻轨Stcr FHS线在S Jackson St & 8th Ave S站下车可到
网址：www.jadegardenseattle.com
营业时间：周一至周六9:00至次日2:30；周日9:00至次日3:30
电话：206-6228181

2 沪江春

沪江春（Shanghai Garden）以中国江南菜系为主，主厨是一位有30多年烹饪经验的沪菜大厨。尽管店面比较小，但其菜肴口味深受当地华人的喜爱，是众多中国留学生的聚餐之地。

地址：524 6th Avenue South Seattle, WA 98104
交通：乘坐轻轨LInk线在International District/Chinatown Station – Bay C站下车可到
网址：www.theshanghaigarden.com
营业时间：周日至下周四11:00～21:30，周五至周六11:00～22:30
电话：206-6251688

3 Emmett Watson's Oyster Bar

这是风格很简单朴素的一家小店，是品尝生蚝的最佳去处。这里的新鲜生蚝绝对不能错过，配上酱料特别鲜美。还要推荐烤牡蛎，他们把生蚝加上一片烟熏培根，再淋上浓郁的奶酪，用炭烤熟。端上来之后，一口咬下去，口感极富层次，又脆又软又鲜美，汁水浓郁。

地址：1916 Pike Place #16 Seattle, WA 98101
交通：乘坐公交车113、121、122、123、125路在1st Ave & Pike St站下车可到
网址：www.emmettwatsonsoysterbar.com
电话：206-4487721

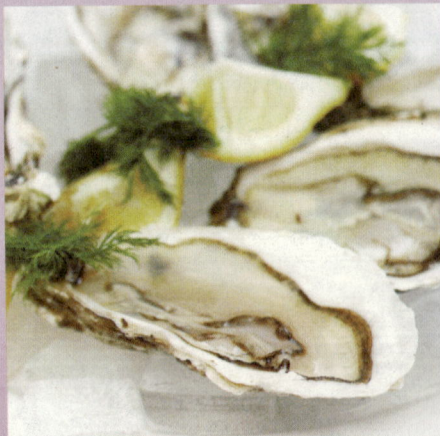

多待一天的娱乐

在西雅图有多种娱乐方式，你可以到酒吧或者俱乐部狂欢，也可以乘坐水上飞机，来一次浪漫的水上之旅。

1 地下城之旅

西雅图历经百余年风雨后，地下的旧城区埋藏着不少传闻中的趣事。从19世纪90年代被修复的Doc Maynard's Public House出发，穿过历史悠久的Pioneer Square，在Rogues Gallery结束。穿梭在地下城的3个街区，你或许也能随着情境回到那个动荡的年代。

地址：608 1st Ave., Seattle, WA 98104
交通：先民广场(Pioneer Square)附近，周边车站James St& 3rd Ave或者3rd Ave & Columbia St，可乘坐公交车99、21、13、4路到达
网址：www.undergroundtour.com
门票：17美元
开放时间：4～9月10:00～19:00；10月至次年3月11:00～18:00；部分节假日期有所不同
电话：206-6824646

2 西雅图水上飞机

乘坐西雅图水上飞机，从西雅图联合湖出发，先去往华盛顿湖，再经过Elliott Bay，绕到Shilshole Bay，最后回到联合湖。每趟航班历时20分钟，沿途风光旖旎，是游览西雅图的一个不错选择。另外，该公司还提供浪漫的晚餐航班。

地址：1325 Fairview Ave. E., Seattle, WA 98102
交通：附近车站为Fairview Ave E & Yale Ave N，乘公交车70路可达
网址：www.seattleseaplanes.com
票价：约100美元
开放时间：周一至周六8:00至日落，周日9:00至日落
电话：206-3299638

西雅图住行攻略

西雅图是一座美丽的城市，适合居住更适合游玩。正因为这座城市的美丽，吸引了不少来自世界各地的游客。在这里度假游玩，不论是住宿还是出行都比较方便，而且给人一种安逸舒适的感觉。

在西雅图住宿

在西雅图住宿很方便，从经济型旅馆到五星级酒店都有。不过，夏季旅游旺季时需要提前预约，此时的房价也会上涨一些。

1 您好-西雅图美国酒店旅舍

这家旅舍距离火车和巴士站有2个街区，旅舍的每间宿舍间都配有储物柜。旅舍24小时开放，不设宵禁，提供免费无线网络连接，并设有游戏室和咖啡厅。旅舍内有男生宿舍、女生宿舍、单人间、双人间、三人间等多种住宿设施。

地址：520 South King Street Seattle, WA 98104
交通：乘坐轻轨Stcr FHS线在S Jackson St & 5th Ave S站下车可到
网址：www.hiusa.org
参考价格：30美元
电话：206-6225443

2 马可波罗汽车旅馆

这家汽车旅馆距离西雅图市中心和华盛顿大学有5分钟的车程。酒店的每间客房都提供免费Wi-Fi、有线电视、微波炉和迷你冰箱、空调等设施。酒店还提供免费的停车场和投币式洗衣设备。早晨提供免费咖啡和松饼。

地址：4114 Aurora Avenue North Seattle, WA 98103
交通：乘坐5路公交车在Fremont Ave N & N 42nd St站下车可到
参考价格：50美元
电话：206-6334090

3 西雅图市中心快捷假日套房酒店

这家酒店中的所有客房都提供免费无线网络连接，可收看付费频道的电视和视频游戏，付费是按次计算。此外，客房内还配有一张办公桌以方便客人办公。酒店每天早晨提供自助早餐。酒店设有一个室内游泳池，一个24小时开放的健身中心和一个商务中心。

地址：226 Aurora Avenue North Seattle, WA 98109
交通：乘坐公交车5、26、28、E Line路在Aurora Ave N & Denny Way站下车可到
网址：www.ihg.com
参考价格：150美元
电话：206-4417222

西雅图住宿地推荐				
名称	地址	网址	电话	费用
College Inn	4000 University Way NortheastSeattle	www.collegeinnseattle.com	206–6334441	80美元起
Travelodge Sea–Tac Airport North	14845 Tukwila International Boulevard Seattle	www.travelodge.com	206–2421777	50美元起
Hotel Nexus	2140 North Northgate WaySeattle	www.hotelnexusseattle.com	206–3650700	60美元起
Pensione Nichols Bed and Breakfast	1923 First Avenue Seattle	www.pensionenichols.com	206–4417125	150美元起
The Westin Seattle	1900 5th Avenue Seattle	www.westinseattle.com	206–7281000	100美元起

在西雅图出行

西雅图公共交通设施非常齐全，虽然没有地铁，但是有城市轻轨，非常便捷，在西雅图出行基本不用担心交通问题。

公交车

西雅图的公交车和美国大部分城市的公交车一样，不是每一站都停，下车时需要拉动车内的停车提示线，告诉司机你要在下一站下车。西雅图的公交车是按照路程长短来收取费用的，所以不同的公交车路线，费用不同。而且在一定范围内换乘是不需要再付一次车钱的，所以投币买票后一定要留好票根，少花冤枉钱。

专线巴士

专线巴士的路线不仅贯穿西雅图市中心，还可到达周边地区，其中旅游观光最常乘坐的是市中心免费巴士。免费巴士的范围包括北边的Battery St.、南边的Jackson St.、东边的6th Ave及西边的海岸线。超过此区域就要乘坐收费巴士，票价2.25美元，高峰期时会增加到2.5美元。高峰期时间周一至周五6:00～9:00、15:00～18:00。

城市轻轨

西雅图虽然没有地铁，但是有覆盖范围极广的城市轻轨。海湾轻轨中央线（Central Link）是一条连接西雅图市中心和机场的轻型铁路系统，全程13站，始于西湖中心（Westlake），终点是机场，票价为2美元，可使用ORCA Card，但不包含在市区的免费乘车区。

隧道巴士

隧道巴士行驶的主要范围在交通堵塞严重的3rd Ave.地下，市区有5个车站，运行时间只限于平时的5:00～23:00，以及周六的10:00～18:00。

电车

电车均从70号码头出发，共9个车站。

Ride the Ducks

Ride the Ducks是西雅图特有的一种水陆两用观光车，可带你在西雅图市内和Lake Union上转一圈，深受很多游客的青睐。

时间改变

时间延长

如果你可以在美国多待1天，建议你来个城市与自然景观相结合的自由行。你可以抛弃西雅图，先在旧金山游玩4天，领略一下美国的都市节奏，之后直接驱车或者乘坐飞机前往美国最美的国家公园——黄石国家公园游玩。

去黄石国家公园玩1天

黄石国家公园

建立于1872年的黄石国家公园（Yellowstone National Park），是世界上第一个国家公园，也是美国景观组合最丰富的国家公园。公园内有雪山、森林、峡谷、湖泊、河流，而最特别的景观就是地热。五颜六色的大棱镜温泉是公园的标志及象征，因此它被誉为"地球最美丽的表面"。

黄石国家公园可驾车进入，如果想要玩遍所有的景点，基本需要三四天的时间。公园有北门、东北门、西门、东门和南门5个入口，11月至次年4月只有北门对外开放。从地图上看公园内部的公路大致呈现"8"字型，建议采取正"3"或反"3"的路线来走。这样是按照省时的原则，不走回头路。

黄石国家公园区域信息	
区域	详情
西北部	猛犸象热泉区（Mammoth Hot Springs）也被称为热台阶区，这里是已知的世界最大的碳酸盐沉积温泉，而这里最有名的景致就是猛犸象热泉
东北部	罗斯福区，印第安人早先在此狩猎，开凿了班瑞克步道（Bannack Trail），这里有古老的西部景观，这里较有名的景点为高塔瀑布
中间	峡谷区，主要景观为黄石大峡谷与瀑布，还有诺里斯间歇泉盆地
东南部	黄石湖区，黄石湖边是欣赏湖光山色的好地方，湖边有钓鱼桥、格兰特村和西姆喷泉盆地
西南部	间歇泉区，有各色的间歇泉、温泉、喷气孔、泥潭等，最有名的就是老忠实间歇泉、大棱镜温泉

黄石国家公园住宿概况		
住宿方式	详情	
园内住宿	黄石国家公园内的住宿地有酒店和小木屋，所有的酒店都是禁止吸烟的，为了尽可能地与公园的原始环境协调，房间内并没有电视、广播、空调和网络	
园内露营地	桥湾露营地	桥湾露营地就设在黄石湖湖畔，接近桥湾。有400个营地位子和4个可供集体露营的空位
	峡谷露营地	峡谷露营地位于黄石大峡谷，是最热门的露营地。有270个营地位子，但不提供集体露营的位子
	麦迪逊露营地	在老忠实间歇泉附近，位于麦迪逊河旁边，适合捕鱼。有270个营地位子和3个可供集体露营的位子
	格兰特村露营地	格兰特村露营地位于黄石湖的西南岸，靠近西大拇指。有400个营地位子和8个可供集体露营的位子
园外住宿	公园周边的小镇环境都十分优美，可供选择的住宿地非常多。相比较住在黄石公园内，价格相对便宜，条件比园内的好，大多数包含早餐，房间装修的也各有特色。杰克逊小镇、西黄石镇、科迪镇都是不错的选择	

老忠实间歇泉

　　老忠实间歇泉（Old Faithful Geyser）是美国黄石国家公园中最负盛名的景观，常年以来因其很有规律地喷发而得名。从它被发现到现在的100多年间，每隔93分钟就会喷发一次，每次喷发持续四至五分钟，水温为93℃，水柱高达40多米，从不间断。老忠实间歇泉游客中心会提前摆出喷发时间表，从西门或南门进入黄石国家公园的游客，可以选择先前往游客中心看好喷发时间，再放心去游览周边景点。

大棱镜温泉

　　大棱镜温泉（The Grand Prismatic Spring）又称大虹彩温泉，是美国最大的热泉，也是世界第3大热泉，它被命名为"最美的地球表面"。大棱镜温泉的美在于湖面的颜色随季节而改变。春季，湖面从绿色变为灿烂的橙红色；在夏季，显现橙色、红色或黄色；但到了冬季，水体呈现深绿色。大棱镜周围建有行人木栈道，一圈走下来，大概需要40分钟。

黄石大峡谷

　　黄石国家公园中间为峡谷区，黄石大峡谷是黄石国家公园著名景观之一，可以同时观赏壮观深邃的峡谷风光和飞流而下的瀑布。天气好的时候，可以看到一道彩虹横跨峡谷。黄石大峡谷长约32千米，宽450～1200米，深达360多米，长期的河水冲刷形成了色彩瑰丽的岩壁，呈现出黄、橙、棕、褐等，印第安人称之为"黄石"。黄石河的对岸建有观景点，依次为Lookout Point、Grand View和Inspiration Point，其中黄石大峡谷的最佳观赏点是Lookout Point。峡谷中94米高的下瀑布（Lower Fall）是黄石落差最大的瀑布之一，Artist Point是它的最佳观景点。你上午到达这个观景点最好，下午拍照会有较严重的逆光。

猛犸象热泉区

　　猛犸象热泉区（Mammoth Hot Springs）位于黄石国家公园西北部，是世界上已探明的最大的碳酸盐沉积温泉。其景观以石灰石台阶为主，也称热台阶区，可分为上台地和下台地。猛犸象热泉原有多个热泉从山坡上一节一节地流下来，滋生了大量细菌，成为了一个色彩丰富的阶梯，但是在2002年的一次地壳运动后，大部分热泉停止了活动，导致大量微生物死亡，使猛犸象热泉失去了颜色。美洲大角鹿在春季求偶期间也爱在此成群结队，附近的沸腾河是冷热两股小溪的汇合点，水温适宜，可以游泳。

黄石湖区

　　黄石国家公园东南为黄石湖区（Lake Country），主要风光为湖光山色以及丰富的野生动物，是典型的火山口湖，也是"美国最大的高山湖泊"。黄石湖周围长满枞树和真枞等寒带常青树，是众多鸟类和野生动物的栖息地，也是喜欢钓鱼和划船者的最佳场所。湖的形状就像是一只手，西面一处像大拇指的地方被称为西大拇指（WestThumb），是其中一个著名的热气地带。在西大拇指那里看黄石湖，就会发现岸边的湖面五光十色，而且颜色不断在变化，这就是湖底的热喷泉在喷发的迹象。冬天的时候，黄石湖面结冰并覆盖积雪，与远处的雪山遥相呼应，十分壮观。

**时间
缩短**

如果你的时间有限，还可以选择一种更为舒适的旅行方式，你可以先到夏威夷岛游玩2天，然后再飞往旧金山游玩3天。夏威夷州由100多个大小岛屿组成，从西北到东南长3800多千米。夏威夷的檀香山是一座海岛城市，景色优美，气候宜人。

威基基海滩长数英里，是著名的天然浴场和风景区，市中心还有意大利文艺复兴时期风格的建筑——依拉奥尼皇宫。

夏威夷火山国家公园

夏威夷火山国家公园（Hawaii Volcanoes National Park）包括2座活火山：茂纳洛亚火山（Mauna Loa）和基拉韦厄火山（Kilauea）。基拉韦厄火山是世界上最活跃的活火山之一，从1983年至今从未停止喷发。巨大的火山口仿佛一口大锅，通红炙热的岩浆在火山湖中流淌，仿佛是大地的伤口结痂处再次裂开，流出一股股鲜血，称得上是大自然中的奇观。在火山口的周围还能看到被其摧毁过的小镇建筑遗迹。

旅游资讯

地址：Hawaii Volcanoes National Park, HI 96718

交通：可在夏威夷大岛的机场租车前往

网址：www.nps.gov

票价：租一辆车40~80美元，骑自行车或者徒步5美元，7天内可多次出入；全年通票25美元

电话：808-9856000

旅友点赞

国家公园里的托马斯·贾格尔博物馆是一座讲述火山女神和夏威夷各种传说的博物馆，想要研究火山奇观的人可以在这购买相关幻灯片或图书。

Tips

1.夏威夷火山国家公园海拔较高，风大且气温较低，记得带好外套御寒。穿适合运动的鞋子、长裤和上衣。携带望远镜和供晚上使用的手电筒。别忘了带雨衣，该岛的东部常常阴雨不断。此外，最好带一个指南针和急救箱，以防不时之需。

2.游览公园前，应提前准备好食物和水，园区内不提供饮用水和食物等。

3.为保证安全，请沿着标明的路线步行，注意所有警告标记，远离禁止区域。这些区域的有害火山气体和不稳定的山体可能有危险。

4.开车绕一圈61千米的火山口之路（Chain of Craters Road）约需2小时左右，不过这条道路靠近火山口，会因火山喷发而被暂时封闭，需要绕道。出行前，请先询问公园的工作人员情况，再做具体游玩打算。

威基基海滩

威基基海滩（Waikiki Beach）是世界上最出名的海滩之一，东起钻石头山下的卡皮奥拉妮公园，一直延伸到阿拉威游船码头，但最精华的部分是从丽晶饭店到亚斯顿威基基海滨饭店之间的一段。这里有细致洁白的沙滩，摇曳多姿的椰子树以及林立的高楼大厦。这里的海水宁静开阔，在此你可以划船、冲浪和坐皮划艇；可以乘坐亚特兰蒂斯号潜水艇，潜入36米深的海洋深处，欣赏美丽的暗礁；还可以在海滩上享受太阳浴，又或者在夕阳西下时沿着沙滩散步，欣赏落日的壮丽景象。

旅游资讯

地址：Kalakaua Blvd, Honolulu, Oahu, HI 96815

交通：乘坐公交车2L、22路至Kalakaua Ave+Opp Seaside Ave站下车，向海边步行5分钟即可；乘坐公交车2、8、13、19、20、23、42、98A、W1、W2、W3路至Kuhio Ave+Kaiulani Ave站下车，沿Kaiulani大街向南步行5分钟即可

钻石头山

钻石头山（Diamond Head Crater）是一座死火山，也是夏威夷的象征。它像一条卧龙一般卧在威基基海滩不远处，在海滩上可以远眺钻石头山。要想全面领略钻石头山的景色，最好的方式是徒步登山。站在山顶你可以360°环看整个檀香山市区的美景，还可以远眺眼前一望无际的湛蓝色太平洋，以及不远处威基基海滩的美丽弧线。

珍珠港

　　珍珠港（Pearl Harbor）位于夏威夷瓦胡岛的西南部，是夏威夷最大的天然海港，三面环山，一面临海。这里最著名的2处景点便是福特岛边的亚利桑那战列舰纪念馆和密苏里号战舰纪念馆。如今，美国政府把珍珠港定为爱国主义教育基地，景区内的导游都是义务的志愿者，还有免费的中文版地图供应。

Part 4

美国北部
一周游

Part 4 美国北部一周游

美国北部印象

★★★ 五大湖区

　　世界最著名的五大淡水湖就在这里，因此来这里游玩你会领略到非常美丽的湖岸风光，而且这里还有极为壮观的尼亚加拉大瀑布。不论这里的城市有何特色，仅是这里的湖岸风光就足以让你流连忘返。

★★★ 学术气息

波士顿是一座充满学术气息的城市，有包括哈佛大学在内的一百多所大学在这里扎根。活力、厚重、激越，是这座城市的特质。在这座被誉为美国最古老的城市中，你可以领略到厚重的学术气息，这所城市想必是很多年轻人梦寐以求的地方。

★★★ 商业重地

美国北部是非常发达的工业聚集地，而且这里矿产资源丰富。芝加哥更是美国重要的金融城市。可以说美国北部是美国发达地区的一个代表。

★★★ 神奇自然景观

说到美国北部，还有一个地方绝对不可遗漏，那就是著名的阿拉斯加州。这里有极美的极昼、极夜，还有漂亮的雪山。在这里，你可以看到憨厚的北极熊，还可以看到很多极地植物。

245

推荐行程

A 芝加哥 约1600千米 **B** 波士顿

特拉弗斯城 Traverse City
格林贝 Green Bay
加拿大 Goulbourn
巴里 Barrie
彼得伯勒 Peterborough
康沃尔 Cornwall
沃特敦 Watertown
佛蒙特州
波士顿 Boston
芝加哥 Chicago
密歇根州
多伦多 Toronto
罗切斯特 Rochester
乌蒂卡 Utica
新罕布什尔州
萨吉诺 Saginaw
伦敦 London
大急流城 Grand Rapids
底特律 Detroit
克利夫兰 Cleveland
伊利 Erie
布法罗 Buffalo
纽约州
奥尔巴尼 Albany
南本德 South Bend
托莱多 Toledo
韦恩堡 Fort Wayne
阿克伦 Akron
扬斯敦 Youngstown
康涅狄格州
阿伦敦 Allentown
纽约 New York
印第安纳州
俄亥俄州
摩根敦 Morgantown
费城 Philadelphia
印第安纳波利斯 Indianapolis
辛辛那提 Cincinnati
哥伦布市 Columbus
马里兰州
新泽西州
西弗吉尼亚州
华盛顿 Washington
特拉华州

AB约1600千米，驾车约需15小时

交通方式对比

路线	交通方式	优点	缺点	运行时间
芝加哥—波士顿	火车	乘坐舒适	价格便宜，速度慢	约26小时
	自驾车	时间自由	需熟知美国交通规则	约15小时
	飞机	快速、便捷	可能会出现晚点	约3小时10分钟

最佳季节

美国北部属于典型的大陆性气候，四季分明，冬天寒冷、夏天炎热。但因濒临大西洋，这里的气候也明显受到海洋的影响，波士顿在5月和10月甚至降过雪，当然这种现象极为罕见。而芝加哥，因为临近五大湖，冬季越靠近湖边越冷，而夏季则可以说是在蒸桑拿。芝加哥旅游最佳季节是4~6月，而波士顿旅游的最佳季节是春秋两季。

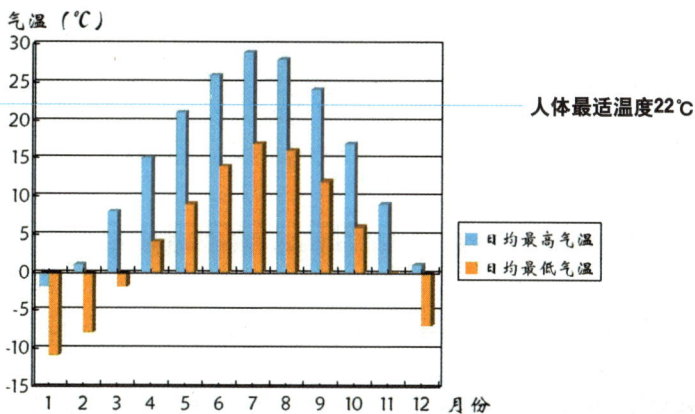

▲ 波士顿全年日均气温变化示意图

最佳季节的衣物

美国北部春秋时节温度适宜，降雨量相对均衡，所以准备轻便、透气的服装就可以满足旅游的需要了。当然，由于晚上空气湿凉，带件薄外套会比较有用，同时也要携带防风、防暑、防晒的物品。衣物完全可以按照在国内春秋季节所穿衣物准备即可，你一定要携带舒适方便的鞋子出行，同时建议带一套适合重要场合穿的正装，因为美国有一些餐厅和公共场所不允许人们穿便装进入。另外，因为这里气候时常会出现反常状况，建议带上一件厚外套。

美国北部最佳季节衣物					
衣物种类	4月	5月	6月	9月	10月
棉制短袖	—	√	√	√	—
薄外套	—	√	√	√	—
长裙	—	√	√	√	—
单层套装	√	√	√	√	√
牛仔裤	√	√	—	√	√
泳装墨镜	—	√	√	√	—
厚外套	√	√	√	√	√
运动鞋	√	√	√	√	√
正装、礼服	√	√	√	√	√

美国北部路线： 芝加哥—波士顿6天6夜游

6天6夜的美国北部路线			
城市	日期		每日安排
芝加哥	Day 1	上午	芝加哥艺术博物馆
		下午	千禧公园→白金汉喷泉
	Day 2	上午	海军码头
		下午	壮丽一英里→杰·普利兹克露天音乐厅
	Day3	上午	威利斯大厦
		下午	菲尔德自然历史博物馆
	Day 4	上午	林肯公园
		下午	林肯公园动物园→马里纳城
波士顿	Day 5	上午	波士顿美术博物馆
		下午	波士顿公共图书馆→三一教堂
	Day 6	上午	哈佛大学
		下午	麻省理工学院

到达芝加哥

芝加哥（Chicago）是继美国纽约和洛杉矶之后的第3大城市，又是重要的金融和文化中心。芝加哥有着世界最著名的城市天际线和摩天大楼群，城市街道以整齐和洁净而闻名。经过1871年那场大火后，来自全世界的著名设计师聚集芝加哥，在这里实现了他们的理念，修建了众多建筑，一举奠定了芝加哥坚不可摧的现代建筑在世界领先的地位。

通航城市

芝加哥是美国著名的大型城市，一般情况下世界各大航空公司都有前往芝加哥的航班。美国国内航空系统也比较发达，你也可以在中国国内乘坐航班到美国的一些知名城市，然后转机到芝加哥。

从中国飞往芝加哥的航班

从中国国内直飞芝加哥的航班并不多，但是可在纽约、华盛顿、洛杉矶等地转机。因此从中国到芝加哥还是非常方便的。

如何到市区

从奥黑尔国际机场至市区

奥黑尔国际机场位于市区西北部约20千米处，共有4个航站楼，其中5号航站楼是国际航线。5号航站楼的乘车处在二层。

从机场至市区			
交通方式	乘车地点/目的地	运营时间	费用
地铁	从2号航站楼地下的地铁蓝线的黑奥尔站台处乘车，可前往市中心的地铁各站	24小时，1:00～5:00，30分钟一班，其余时间7～10分钟一班	2美元
机场巴士	在各个航站楼的行李寄存处乘车，前往市内及周边地区	6:00～23:00，5～10分钟一班	25美元
出租车	在各个航站楼的Taxi站牌下乘车，可至市内及周边各地	24小时	35～40美元

从米德韦国际机场至市区

米德韦国际机场位于市区西南约12千米处，是奥黑尔国际机场的辅助机场，这里的旅客主要是商务乘客。

从机场至市区			
交通方式	乘车地点/目的地	运营时间	费用
地铁	在航站楼通往停车场路上的Midway站乘车，可至地铁橙线的沿线各站	周一至周五3:00至次日0:55；周六4:55至次日0:51；周日5:31~23:31，5~10分钟一班	2美元
机场巴士	在行李提取处对面的柜台处申请，在航站楼外的Midway站乘车，可至市内及周边地区	6:00~23:30，15分钟一班	20美元
出租车	从机场前的出租车乘车处乘车，可至市内及周边各地	24小时	25~28美元

芝加哥4日行程

芝加哥这座城市曾经因为一场大火将昔日的辉煌化为虚有，不过也正因如此，这里成为艺术家和建筑师们肆意畅想的城市。现在的芝加哥是一座非常现代化的城市，这里的辉煌与崭新足以让你在此游玩4天。

Day 1 芝加哥艺术博物馆→千禧公园→白金汉喷泉

在芝加哥的第1天一定要到美国三大美术馆之一的芝加哥艺术博物馆参观一番，下午则到满是芝加哥现代艺术建筑的千禧公园游玩，这里是芝加哥必玩的景点。晚上就建议你到白金汉喷泉感受芝加哥最浪漫的情调。

芝加哥第1天行程		
时间	目的地	行程安排
9:45~12:00	芝加哥艺术博物馆	它既是世界上最古老的美术展览馆之一，也是当今美国三大美术馆之一。馆内收藏了纵横五大洲的艺术珍品，可以称为是万国博物馆
12:00~14:00	午餐与休息	千禧公园外面有一些环境非常优雅的餐厅，公园内部也能找到一些咖啡厅，在美术馆旁边也有一些餐厅可供你就餐
14:00~18:30	千禧公园	这是芝加哥的一座大型城市公园，置身公园中，处处可见后现代建筑风格的痕迹，露天音乐厅、云门和皇冠喷泉是千禧公园中最具代表的三大后现代建筑
18:30~22:30	白金汉喷泉	这是世界最大的照明喷泉，是美国最美丽的喷泉，也是芝加哥的标志性建筑。白金汉喷泉比法国凡尔赛宫的大喷泉还要大一倍，它的基座是用粉红色大理石筑成，四周有几百道水花射向中央

千禧公园
Millennium Park

杰·普利兹克露天音乐厅 ♫

Maggie Daley Park

AB约200米，
步行约3分钟

Ⓑ

Chicago Yacht Club

Ⓐ

E Monroe St

♨ Monroe-Red

CENTRAL

芝加哥艺术
博物馆
Chicago Art
Museum

BC约850米，
步行约10分钟

S Michigan Ave

♨ Jackson-Red

E Jackson Dr

Van Buren St

🚌

S Columbus Dr

Monroe
Harbor

Ⓒ

白金汉喷泉
Buckingham
Fountain

▲ 芝加哥第1天行程路线示意图

芝加哥艺术博物馆

　　芝加哥艺术博物馆（Chicago Art Museum）创建于1891年，是世界上最古老的美术展览馆之一，也是当今美国三大美术馆之一。馆内收藏了纵横五大洲的艺术珍品，可以称为是万国博物馆。该博物馆以收藏法国印象派画家的代表作享誉世界，雷诺阿、毕加索、梵·高等一代宗师的价值连城的作品都收藏于此。博物馆守在入口两侧的2只青铜狮子雕像各不相同，南边是"挑战"，北边是"徘徊"，现在成了芝加哥城的标志。

旅游资讯

地址：111 South Michigan Avenue, Chicago, IL 60603

交通：乘坐地铁棕线、绿线、橘线、粉线、紫线在Adams/Wabash站下车后，往东直走8分钟左右即可到达

票价：23美元，青少年及学生17美元，14岁以下儿童免费

开放时间：周三至下周一10:30～17:00，周二10:30～20:00，感恩节、圣诞节、元旦节闭馆

电话：312-4433600

★★★

旅友点赞

如果看到博物馆门前左右两侧的青铜石狮被人披上了衣服，一定不要觉得古怪，在芝加哥的冰球队和橄榄球队进入赛季决赛时，它们都会被穿戴起球队的衣服或球帽为球队加油。

中午在哪儿吃

千禧公园外面有一些环境非常优雅的餐厅，公园内部也能找到一些咖啡厅，在美术馆旁边也有一些餐厅。因此你的选择还是很广泛的，当然如果你觉得这里的餐点比较贵，你可以选择汉堡这类快餐或者直接自己带一些便利食品。

1 Russian Tea Time Restaurant

这是一家环境非常优雅的西餐厅，整体装潢非常精美，餐厅的角落还摆设着一些精美典雅的艺术品。如果你是一个非常喜欢讲究情调的人，想必这里不会让你失望。

地址：77 East Adams Street Chicago
交通：乘坐地铁绿线、橙线、棕线、粉线、紫线到Adams/Wabash站下车可到
网址：russianteatime.com
电话：312-3600000

千禧公园

千禧公园（Millennium Park）是芝加哥的一座大型城市公园，公园的一边是芝加哥最繁华的密歇根大街，另一边则是风景秀丽的密歇根湖。置身公园中，处处可见后现代建筑风格的印记，杰·普利兹克露天音乐厅、云门和皇冠喷泉是千禧公园中最具代表性的3大后现代建筑。云门雕塑由不锈钢拼贴而成，虽体积庞大，但外型却非常的别致，宛如一颗巨大的豆子，因此也被当地人昵称为"银豆"；在云门的前方是杰·普利兹克露天音乐厅，这是芝加哥各种音乐节的举办地，整个舞台建筑的顶棚犹如泛起的片片浪花，而可容纳7000人的草坪上方是由纤细交错的钢结构搭起的网架天穹，营造出了一种极具视觉冲击力的公共空间；

在云门的西南侧则是皇冠喷泉，这是一片湿漉漉的广场，广场的两侧安置有两座15米高的LED屏幕，屏幕里循环播放1000张芝加哥市民的笑脸照片，这些人像照片还会时不时地变换表情，象征着芝加哥人欢迎全世界的客人。

旅游资讯

地址：201 E. Randolph St.，Chicago

交通：乘坐地铁绿线、橙线、棕线、粉线至Madison/Wabash或Randolph/Wabash站下车，再向东步行两条街即到；搭乘CTA巴士3、4、6、14、20路至Madison或Wabash街站下车

网址：www.millenniumpark.org

票价：免费

开放时间：6:00~23:00

电话：312-7421168

★★★ 旅友点赞

在云门的南侧是一座笔直、一眼看不到尽头的白色步道天桥。这座通往芝加哥艺术博物馆的Nichols桥，除了头尾之外，桥身没有一座桥墩，它就像一束白光一样划过千禧公园。漫步在桥上，视野非常好，白色清爽的桥身映衬在芝加哥风景如画的城市景象里，让人觉得连走路都轻松了许多。

晚上在哪儿玩

晚上，你不如就在公园里观看美国最美的喷泉——白金汉喷泉。虽然这里时常比较拥挤，但是这里的浪漫却是你绝对不可错过的。

白金汉喷泉

白金汉喷泉（Buckingham Fountain）位于芝加哥格兰特公园内，是世界上最大的照明喷泉，也是芝加哥的标志性建筑。白金汉喷泉比法国凡尔赛宫的大喷泉还要大一倍，它的基座是用粉红色大理石筑成，四周有几百道水花射向中央。中央的主体有三圈水池，象征着格兰特公园旁的密歇根湖，而水池四周的海马雕塑则象征着临湖的伊利诺伊、印第安纳、威斯康辛、密歇根四州。水池正中央有一支水柱可喷射至四五十米高。

地址：301 S Columbus Dr., Chicago

交通：乘坐地铁棕色线、橙色线、粉色线、紫色线至Harold Washington Library站下车，向东步行10分钟进入格兰特公园即可；乘坐公交车2、6、10路至Balbo & Columbus站下车，直接步入格兰特公园即可

网址：www.chicagoparkdistrict.com

开放时间：4~10月8:00~23:00

电话：312-7427529

旅友点赞

观赏白金汉喷泉的最佳时机是每天傍晚之后，此时会有音乐喷泉表演。夜晚在万盏灯火的映射下，喷泉十分瑰丽壮观。喷泉每40分钟喷发一次，每次持续20分钟。每到夏季，公园内还经常举办大型音乐会。它也是当地人婚礼外景的拍摄地，漫步喷泉边，经常可以看到美丽的新娘与她的伴娘团在此合影留念。

Day 2

海军码头→壮丽一英里→杰·普利兹克露天音乐厅

在芝加哥的第2天，白天一定要到海军码头观看最美的湖景，然后游览芝加哥最繁华的"壮丽一英里"；晚上建议你到杰·普利兹克露天音乐厅欣赏一场精彩的露天音乐会。

芝加哥第2天行程		
时间	目的地	行程安排
9:45～12:00	海军码头	海军码头是芝加哥的标志性景点，呈U字型，中间是广场和商店，边上是步道，沿着步道漫步，可欣赏密歇根湖的景色。广场上矗立着一座大铁锚，那是芝加哥号巡洋舰的主人送给海军码头的纪念物
12:00～14:00	午餐与休息	你可以在海军码头饱餐一顿，也可以到壮丽一英里找一家非常闲适的咖啡厅休息一下再行出发
14:00～18:30	壮丽一英里	壮丽一英里是从芝加哥河向北至橡树街为止的北密歇根大道，两旁遍布着名品商店、高档酒店和著名的建筑物，是市区里最为繁华的一段商业街道
18:30～22:30	杰·普利兹克露天音乐厅	这是一个在千禧公园里非常漂亮的建筑，也是芝加哥夜晚最浪漫的选择地之一

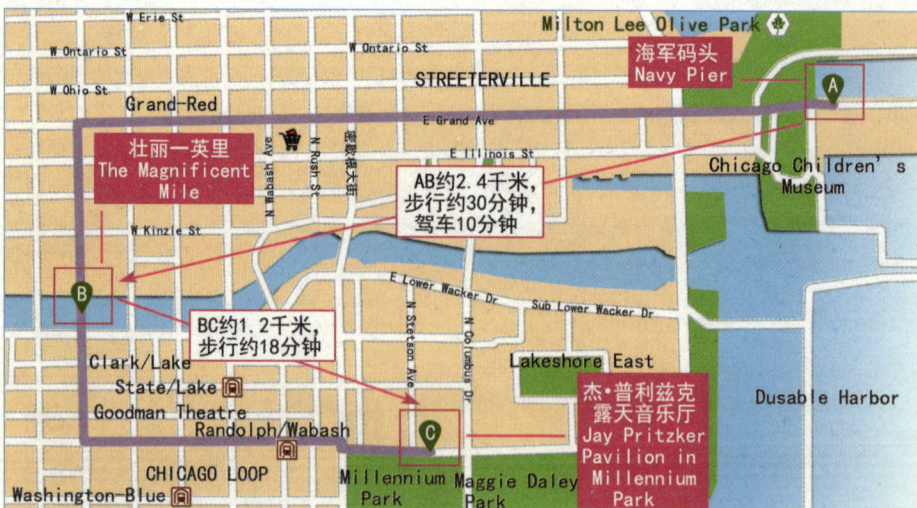

▲芝加哥第2天行程路线示意图

海军码头

　　有着百余年历史的海军码头（Navy Pier），位于密歇根湖岸，是芝加哥的标志性景点。海军码头非常大，呈U字型，中间是广场和商店，边上是步道，步道边分布着许多露天酒吧和咖啡座。沿着步道漫步，可欣赏密歇根湖的景色。走到码头尽头，可见芝加哥河与密歇根湖的交汇处。在码头南侧入口处有观光游船，你可在此买票上船，欣赏密歇根湖的美景。在码头上还有摩天轮、旋转木马、电影院、剧院、大小餐厅等，甚至还拥有一个植物温室和一座儿童博物馆。夏日，这里会举办丰富多彩的活动，包括户外艺术展、每年一度的帆船节以及最不能错过的盛大的烟火表演。

旅游资讯

地址：600 E.Grand Ave., Chicago

交通：乘坐公交车29、65、66、120、121、124路至Navy Pier Terminal站下车即可；海军码头有免费电车（Trolley）服务，每年5月23日至9月7日可以乘坐起点在State大街的免费电车前往海军码头，运行时间为周日至周四10:00～22:00，周五至周六10:00至次日0:30。

网址：www.navypier.com

票价：海军码头公共区域游览无需门票，参加各项活动价格不等

开放时间：4月1日至5月22日周日至下周四10:00～20:00，周五、周六10:00～22:00

电话：312-5957437

★★ 旅友点赞

　　无论白天还是晚上都是来海军码头的好时机。这里很适合散步，白天你可以在室内商场逛街，在商场内可以听爵士乐，品尝美食，还可以在IMAX电影院看一场电影。或者来到广场上乘坐一下摩天轮（7美元一人）。

中午在哪儿 **吃**

中午你可以在海军码头找个不错的海鲜餐厅大吃一顿，也可以到"壮丽一英里"寻找一些精美的餐厅就餐。

Navy Pier Beer Garden

这是一个非常有特色的啤酒花园酒店，你可以在这里品尝到最好的啤酒，吃到非常美味的海鲜，还可以和来自世界各地的朋友一起狂欢，或者只是静静地坐在一角看美丽的湖岸风光。

地址：700 East Grand Avenue Chicago, IL 60611
交通：乘坐29、65、66路公交车在Navy Pier Terminal站下车可到
网址：www.chicagosbestbeergarden.com
电话：312-5957437

壮丽一英里

壮丽一英里（The Magnificent Mile）是一个旅游者和商人的胜地，也是是芝加哥市最为繁华的一段商业街道。在这里享受吃喝玩乐的同时，也可以见到许多芝加哥代表性的建筑。街道西面的箭牌大厦曾经是箭牌公司总部的所在地，建筑外墙特有的白色瓦陶即使在夜间也明亮夺目，仿佛矗立在河岸的灯塔；东侧的论坛报大厦则有着截然不同的强烈哥特式风格，整栋建筑的墙体镶嵌了来自世界各地的建筑物碎片，例如白宫的砖石、泰姬陵的碎片和金字塔的石块，大楼一层外的橱窗中甚至还展示着一块阿波罗15号飞船从月球采集的岩石。

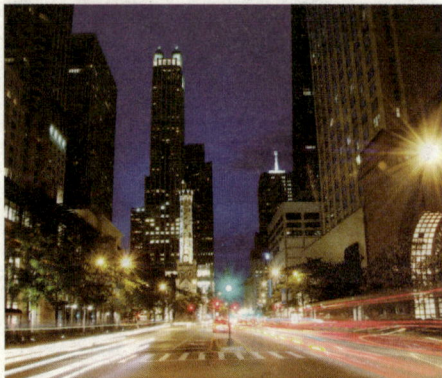

旅游资讯

地址：N. Michigan Ave. Chicago
交通：乘坐地铁红线到Grand站下车，向东步行三个街区；或者搭乘CTA巴士2、3、10、26、125、143、144、145、146、147、148、151、157路到Oak Street和Wacker Drive之间的任一站下车即可

旅友点赞

这条道路上最老的建筑是1896年建立的芝加哥水塔。黄色石灰建造的这栋美国第二古老的水塔是芝加哥大火中唯一幸存的公共建筑，成为了芝加哥大火后重建的标志。

芝加哥水塔

芝加哥水塔（City Gallery in the Historic Water Tower）是1871年芝加哥大火中幸免的少数建筑中的一座。如今，芝加哥水塔已然成为了芝加哥地标性建筑。芝加哥水塔使用的材料为大型的石灰石，整座水塔颇具13世纪欧洲哥特式建筑的风格，看上去似乎更像是一座微型城堡。

旅游资讯

地址：806 N Michigan Ave., Chicago

交通：乘地铁红线至芝加哥站下；或乘坐公交车3、145、146、147和151路即可到达

电话：312-7420808

晚上在哪儿 玩

如果你已经厌倦了壮丽一英里所带来的繁华，不如就去欣赏一下这旧水塔历史遗迹所带来的沧桑感或者到杰·普利兹克露天音乐厅享受一下美妙的音乐之旅吧。

杰·普利兹克露天音乐厅

这是一个在芝加哥非常有名气的露天音乐厅，就建在千禧公园中。每到夜晚，这里灯火辉煌，很远就能听见其传来的优美音乐声，非常浪漫，是芝加哥的情侣们的经典约会场所。

地址：201 East Randolph Street Chicago, IL 60601

交通：乘坐地铁绿线、橙线、棕线、粉线、紫线到Randolph/Wabash站下车可到

网址：www.explorechicago.org

电话：312-7421168

Day 3 威利斯大厦→菲尔德自然历史博物馆

在芝加哥的第3天，上午建议你爬上威利斯大厦，俯瞰最美的芝加哥全景，下午则到菲尔德自然历史博物馆游览。晚上你可以在市区找一家不错的酒吧放松一下。

芝加哥第3天行程

时间	目的地	行程安排
10:45 ~ 12:00	威利斯大厦	曾经的全世界第一高楼高耸入云，乘坐电梯70秒就可以到达103层的观景台。2009年，人们还在103层楼层外延伸1.2米，增设了4个非常有特色的全透明观景阳台。站在阳台俯瞰四周景色，你仿佛悬浮在了空中，随时会坠落
12:00 ~ 13:00	午餐与休息	威利斯大厦附近有很多不错的餐馆，建议你在这里就餐之后再前往下一目的地
13:00 ~ 16:15	菲尔德自然历史博物馆	这里收藏了2000多万件标本，从甲虫、飞蛾到木乃伊、史前哺乳动物遗骨，从上万种的矿石到丛林深处的神秘猿猴，从人类学、地质学到生物学的标本都有，可以说该博物馆犹如一个完整的自然宝库，有着非常高的参观价值

▲芝加哥第3天行程路线示意图

威利斯大厦

威利斯大厦（Willis Tower）的旧名也许更为人们所知——西尔斯大厦，曾经是全世界第一高楼。尽管第一的美名现在已经不在，但却依然是芝加哥城市天际线中最不可忽视的高点。乘坐电梯70秒就可以到达103层的观景台。2009年，人们还在103层楼层外延伸1.2米，增设了4个非常有特色的全透明观景阳台，站在阳台上俯瞰四周景色，你会感觉自己仿佛悬浮在空中，有随时会坠落的错觉，但是请放心，阳台上所有的玻璃质地都厚达13厘米左右，可以承受5吨的重量。

旅游资讯

地址：233 South Wacker Drive，Chicago

交通：乘坐地铁粉线、绿线、橙线到Quincy站下车，向西步行一条街可到；或者搭乘CTA巴士1、7、28、126、151、156路到Quincy站下车

票价：成人19美元，3~11岁儿童12美元

网址：www.theskydeck.com

开放时间：4~9月9:00~22:00，10月至次年3月10:00~20:00，最后一次乘梯时间为关闭前30分钟

电话：312-8750066

★★★ 旅友点赞

　　远眺密歇根湖美景的同时，也不要忘记踩上全透明的、可承载重达5吨的玻璃阳台向下俯视一下芝加哥的街道。站在412米高的全透明的、悬于空中的阳台上，既惊险又刺激。

中午在哪儿 吃

　　中午可以在威利斯大厦附近就餐，这里有不少不错的餐厅。如果你想要方便快捷一点，可以选择附近商场里的麦当劳。要知道第一家麦当劳就是在芝加哥建立的。

Panera Bread

　　这家餐厅就在威利斯大厦的对面，内部装修非常有档次。这里的食物不止看相精美，味道更是香醇，建议吃完主食后再点一些甜点，非常精致美味，绝对让你心情愉悦。

地址：250 S Wacker Dr., Chicago

交通：乘坐1、7、28、121、126、151、156路公交车在Wacker (Upper) & Adams站下车可到

网址：panerabread.com

电话：312-4960021

菲尔德自然历史博物馆

　　菲尔德自然历史博物馆（Field Museum of Natural History）是芝加哥最为重要的博物馆之一，这里收藏了2000多万件标本，从甲虫、飞蛾、木乃伊到史前哺乳动物遗骨，从上万种的矿石到丛林深处的神秘猿猴，从人类学、地质学到生物学标本……可以说该博物馆犹如一个完整的自然宝库，有着非常高的参观价值。世界上最大、最完整的霸王龙骨架"苏"（Sue）也收藏于此。

旅游资讯

地址：1400 S Lake Shore Dr Chicago, IL 60603

交通：乘坐高架Brown线、Green线、Orange线、Pink线、Purple线在Adams / Wabash站下车

网址：www.fieldmuseum.org

票价：18美元，儿童13美元，65岁以上老人15美元

开放时间：9:00～17:00，圣诞节闭馆

电话：312-9229410

旅友点赞

　　馆内的古埃及展馆里收藏着约有5000年历史的象形文字和23具埃及木乃伊等收藏品；玉石展厅中陈列有北美最大的中国玉石收藏；宝石展厅中陈列了世界最大的蓝黄玉；在地球进化展厅中，可以看到"掠食龙"——世界上仅有的一件该物种的展品。

晚上在哪儿玩

　　晚上可以到市区找个不错的酒吧消遣一下。芝加哥的蓝调音乐非常棒，找一个不错的酒吧欣赏一场精彩的蓝调音乐，也是来芝加哥必须要有的项目。

Buddy Guy's Legends

　　这家俱乐部以传奇蓝调音乐家Buddy Buy的名字命名，是芝加哥最热门的蓝调俱乐部，也是芝加哥最好的蓝调音乐俱乐部。每年1月份，Buddy Buy在俱乐部里的演出吸引着各地的乐迷到访。这个久负盛名的地点也经常举办其他蓝调大师的音乐会，场场爆满。只有在这里，才能够一周7天不间断地享受蓝调音乐和传统的南部特色食物。

地址：700 S Wabash Ave., Chicago

交通：乘坐地铁红线在Harrison站下车可到

网址：www.buddyguy.com

票价：周日至周四的基本门票10美元，周五和周六20美元，特别演出票价另计

开放时间：周一至周二17:00至次日2:00，周三至周五11:00至次日2:00，周六12:00至次日3:00，周日12:00至次日2:00

电话：312-4271190

Day 4 林肯公园→林肯公园动物园→马里纳城

在芝加哥的第4天，建议先去林肯公园游玩一番，之后到动物园游玩，晚上则是到马里纳城游玩。

芝加哥第4天行程		
时间	**目的地**	**行程安排**
9:45~12:00	林肯公园	这里不仅拥有众多的球场、热闹的街区、沙滩和停船码头，还坐落着林肯动物园、林肯公园温室和芝加哥历史博物馆。另外，林肯公园内的植物园也是颇具吸引力的好去处，园里有4个温室，18个繁殖培育室
12:00~14:00	午餐与休息	林肯公园附近有一些不错的餐厅，还有一些美味的快餐店，你可以吃到美味的热狗和汉堡，也能找一家非常有情调的咖啡厅躲避午后灼热的阳光
14:00~18:30	林肯公园动物园	动物园在大猩猩养殖方面居世界前列，如果有幸，你还能看到黑猩猩用蜡笔在广告板上画画
18:30~22:30	马里纳城	在这其中有诸如剧院、体育馆、游泳池、滑冰场、保龄球馆以及一些商店和饭店，整个建筑被视为"城市中的城市"

▲芝加哥第4天行程路线示意图

261

林肯公园

林肯公园（Lincoln Park）是芝加哥最大的公园，占地面积达4.9平方千米，毗邻密西根湖。其中，最为知名的景点莫过于林肯公园的动物园。林肯公园每年还会举行4次花展。

旅游资讯

地址：2001 North Clark Street, Chicago
交通：乘坐地铁棕线、紫线在Armitage下车，再向东步行约1.6千米可到；或者搭乘CTA巴士22、36、151、156路到西门（Stockton&Webster）下车
开放时间：5月25日至9月2日平日10:00～18:00，周末10:00～19:30；9～10月10:00～18:00；11月至次年3月10:00～17:00；4～5月10:00～18:00
电话：312-7422000

中午在哪儿 吃

林肯公园附近有一些不错的餐厅，还有一些美味的快餐店，你可以在店内吃到美味的热狗和汉堡，也能找一家非常有情调的咖啡厅躲避午后灼热的阳光。

Cafe Brauer

这是位于林肯公园内的一家咖啡厅，环境自然非常舒适。如果你想在午后享受一下安逸舒适的异国风情，这里会是一个不错的选择。

地址：2021 North Stockton Drive Chicago, IL 60614
交通：乘坐公交车151、156路在Stockton & Armitage站下车可到
网址：www.lpzoo.org
电话：312-7422400

林肯公园动物园

林肯公园动物园位于林肯公园的南面，建于1868年。动物园在大猩猩养殖方面位居世界前列，如果幸运的话，你还能看到黑猩猩用蜡笔在广告板上画画。动物园被分为2个部分，一个部分是普瑞兹科家庭儿童动物园；另一部分是动物园农场，在这个小型的动物园农场里经常可以看到猪、奶牛、马等动物。公园北面有一个池塘，里面生活有大雁、野鸭、天鹅等鸟类。

旅游资讯

网址：www.lpzoo.org

开放时间：阵亡将士纪念日（5月份最后一个周一）至劳动节（9月的第一个周一）平日10:00～17:00，周末10:00～18:30；9～10月10:00～17:00；11月至次年3月10:00～16:30；4～5月10:00～17:00（动物园一年365天全天开放，但其中一些游乐设施和蛇类馆在冬季闭馆）

晚上在哪儿玩

晚上不如到市区观看奇怪的"玉米兄弟"吧。这两座"双胞胎大厦"可是芝加哥非常知名的建筑，来这里体验"城中城"绝对是一次值得炫耀的行程。

马里纳城

地址：300 N State St., Chicago IL60654
交通：乘坐29、36、62路公交车在State & Marina City站下车可到
网址：www.marinacityonline.com
开放时间：全天开放
电话：312-6446260

马里纳城（Marina City）为住宅商业混合建筑，是芝加哥的标志性建筑之一，由2座65层、179米高的住宅大厦、鞍形礼堂，以及一个中等高度的饭店建筑所组成。工程完工时，这对孪生楼就成了当时世界上最高的住宅楼以及最高的钢筋混凝土结构建筑。在这2座犹如玉米棒外形的建筑里，有诸如剧院、体育馆、游泳池、滑冰场、保龄球馆以及一些商店和饭店，整个建筑被视为"城市中的城市"（City Within a City）。这两座呈玉米外形的孪生楼多次出现在涉及到芝加哥的电影里。

如果多待一天

芝加哥是一个非常迷人的城市，纵然有4天的安排，想必也不能满足你对这座城市的喜爱之情。如果你的时间稍微宽裕，可以在芝加哥多待1天，那是最好不过了。在这期间你可以购物，也可以游览城市风光，更可以慢慢欣赏美丽的湖岸风光。

多待一天的游玩

在芝加哥多待1天，你可以去林贝聿嘉诺特巴特自然博物馆游览一番，也可以到66号公路起点牌寻觅美国的公路文化。

1 林贝聿嘉诺特巴特自然博物馆

林贝聿嘉诺特巴特自然博物馆（Peggy Notebaert Nature Museum）在1999年开馆，展出的内容主要是芝加哥地区自然演化历史，是带孩子来感受大自然的好地方。馆内还有蝴蝶温室，在此你可以观看蝴蝶化蛹的全过程。

地址：2430 North Cannon Drive, Chicago, IL 60614
交通：乘坐公交车76路到Cannon & Nature Museum、Fullerton站下车可到；乘坐公交车151、156路到Stockton & Fullerton站下车步行5分钟即到
网址：www.naturemuseum.org
票价：9美元，60岁以上老人和学生7美元，3～12岁儿童6美元，3岁以下儿童免费
开放时间：周一至周五9:00～17:00，周六至周日10:00～17:00，16:30停止入内。5月的第一个周五、感恩节和圣诞节闭馆
电话：773-7555100

2 66号公路起点牌

在Adam大街和Michigan大街的交汇处，有一处不显眼的牌子，它便是美国著名的66号公路的起点牌。这块标明"Historic Route 66"起始点的竖牌，看似普通，但牌子上大大的"BEGIN"字样却指引着许多人从此踏上寻找美国文化的公路之旅。66号公路是美国公路之母，贯穿东西，起于芝加哥，终点在西海岸的加州圣莫妮卡。

地址：E Adams St., Chicago, IL（近S Michigan Ave路口）
交通：乘坐地铁绿线、橙线、棕线、粉线、紫线到Adams/Wabash站下车可到

多待一天的美食

芝加哥的美食种类非常丰富，这里因为临近五大湖区，所以还有丰富的水产品可以享用，味道非常鲜美。

1 明轩

明轩（MingHin Cuisine）是芝加哥中国城内最大的粤菜馆，从餐馆的装潢、服务到食物，都非常不错。这里除了早茶、烧腊、海鲜外，传统粤菜也十分可口。这里的热门菜品包括澳门烧腩仔、小炒王、四季豆鳗鱼、茄子班腩煲和各类生猛海鲜等。

地址：2168 S Archer Ave.,Chicago
交通：乘坐地铁红线在Cermak-Chinatown站下车可到
网址：www.minghincuisine.com
人均消费：15～30美元
营业时间：8:00至次日2:00
电话：312-8081999

2 芝士蛋糕餐厅

芝士蛋糕餐厅（The Cheesecake Factory）里的菜肴和芝士蛋糕都超级有名。有时间的话，如果不怕排队，可以到这里尝尝。当然也可以不就餐，直接排队买蛋糕。店里时常连走廊的楼梯上都坐满了人在等候就餐。

地址：875 North Michigan Avenue Chicago, IL 60611
交通：乘坐120、121、125路公交车在Chestnut & Mies Van Der Rohe站下车可到
营业时间：周一至周四11:00～23:30，周五11:00至次日0:30，周六10:30至次日0:30，周日10:00～23:00
电话：312-3371101

3 Harry Caray意大利牛排屋

这家意大利餐厅以著名的棒球解说员 Harry Caray的名字命名，为食客们提供意大利经典美食以及顶级的牛排和美酒。餐厅内干净宽敞，墙上挂满了体育方面的新闻和照片。这家餐厅曾被《芝加哥论坛报》评为芝加哥最好的牛排餐厅。这里的牛肉都是选自才出生三四周的小牛，因此肉质软嫩的程度可想而知。

地址：33 W Kinzie St, Chicago, IL 60610
交通：乘坐地铁棕线、紫线到Merchandise Mart 站下车向东步行五分钟即到
网址：www.harrycarays.com
营业时间：周一至周四11:30～22:30，周五至周六11:30～23:00，周日11:30～22:00
人均消费：25～40美元
电话：312-8280966

2 Rock N Roll McDonald's

这是一家位于芝加哥的麦当劳旗舰店，是芝加哥非常著名的餐厅之一，也是芝加哥最繁忙的餐厅之一，餐厅内以摇滚为主题，同时还展示了很多麦当劳与流行文化相关的展品，还可以缅怀一下猫王和甲壳虫。店面非常大，也提供咖啡等饮品。

地址：600 N Clark St .Chicago
交通：乘坐公交车22 路在Clak Clark & Ontario 站下车
网址：www.mcillinois.com
营业时间：24 小时营业
电话：0312-8670455

多待一天的购物

购物需求因人而异，芝加哥拥有各式各样的购物场所。无论你想寻找户外装置，还是最新潮的时装，芝加哥的繁华街区几乎可以满足你所有的购物需求。

1 Bloomie's

这里以萨克斯第五大道精品百货店最为著名，周围林立着许多家享有盛名的商店。在几个街区外，是著名的布鲁明代尔百货公司（Bloomie's）。这个6层楼高的商场提供一系列著名设计师设计的商品，包括Gucci和Club Monaco。

地址：900 North Michigan Ave.，Chicago
交通：乘坐143、146、147、148、151路公交车在Michigan & Delaware站下车可到

2 Water Square

这是一幢8层楼高，有100多家店面和餐馆的一站式购物中心。它包括广受欢迎的 Abercrombie & Fitch、Gap、Lacoste、Banana Republic and Marshall Field's。

地址：Michigan Ave., Chicago

Westfield North Bridge

该购物中心是芝加哥最新的购物胜地，以特伦百货公司最为著名。与其他购物中心不同的是，这里的屋顶极高，给人以开放的感觉。

地址：520 Michigan Ave., Chicago
交通：乘坐地铁红线在Grand站下车步行5分钟可到

Marshall Field's

该百货公司遍布美国，以"顾客就是上帝"作为营销理念，每家商店都很贴心地为逛累了的顾客设置凳子，以便休息，这里值得一逛。

地址：111 State St., Chicago
交通：乘坐地铁红线在Lake站下车步行5分钟可到

Oak St.

这里有70多家精品店、沙龙，代表了巴黎、伦敦和米兰的最新潮流。沿着橡树街树荫下的人行道走，你可以看到包括玛丽莲·米格林学院、莱斯特·兰帕特公司，阿拉斯加画展店和爱斯基摩人艺术品店等。

地址：Oak St., Chicago

Fashion Outlets of Chicago

2013年8月最新开业的Fashion Outlets靠近机场，成为距市区最近的奥特莱斯。这里拥有多样化的品牌可供挑选，其中包括Gucci、Prada、Longchamp等广受欢迎的中、高端品牌。

地址：5220 Fashion Outlets Way, Rosemont, Illinois 60018
交通：自驾车沿I90 W高速至78号出口处并入I190 W高速，继续行驶至River Road出口出高速沿River Road行驶约1300米左右；或乘坐蓝线地铁至Rosemont下车，步行15～20分钟即可到达，Rosemont有免费的接驳车到那里
网址：www.fashionoutletsofchicago.com

多待一天的娱乐

在芝加哥有多种娱乐方式，你可以到酒吧或者俱乐部狂欢，也可以到剧院欣赏一场优美的音乐剧。

Lyric Opera of Chicago

Lyric Opera of Chicago是美国3大剧院之一，深受观众喜爱。剧院内部装修豪华，演员表现出色，大部分的票会因定期会员的捧场而销售一空，如果想要观看演出的话，一定要提前预订。

地址：20 N.Wacker Dr., Chicago
交通：乘坐地铁橙线、棕线、粉线、紫线到Washington/Wells站下车可到

Biograph

该剧院以其复杂传奇的历史而著称，经修葺后已成为芝加哥最具号召力、最有活力的剧院，年轻的朋友不妨来这里观看一场演出。

地址：2433 N Lincoln Ave Lincoln Park
交通：乘坐8、11、37、74路公交车在Halsted & Lincoln/Fullerton站下车可到
电话：773-8713000

哈里斯音乐舞蹈剧院

该剧院位于千禧公园内，全年承办当地或旅游公司推出的舞蹈演出，表演氛围十分活跃。

地址：Michigan Ave.Bet.Rando Iph&Monroe Sts., Chicago
交通：乘坐公交车3、4、20、26、60、66、124、143、147、151、157路到Michigan & Washington站下车即可

Kngstone Mines

在这里，你可以听到最具代表性的芝加哥布鲁斯，共有2个乐团担任现场演奏，吸引了不少观光客前往。

地址：2548 N.Halsted St., Chicago
交通：乘坐公交车8路在Halsted & Wrightwood站下车可到
电话：773-4774646

Joe Segal's Jazz Showcase

这家俱乐部的所有者是芝加哥爵士乐的明星乔·塞加尔（Joe Segal）。这家俱乐部因有纽约主流爵士乐的演出而享有盛名，经常有大明星出没，所以也时常爆满。

地址：806 S Plymouth Ct, Chicago
交通：乘坐地铁红线在Harrison站下车可到
网址：www.jazzshowcase.com
电话：321-3600234

Hot House

在Hot House不仅可以欣赏到爵士乐，还能欣赏到各种不同风格的音乐，很多非本土的音乐元素也在这里得以释放。

地址：1310 W Thorndale Ave, Chicago, IL 60660
交通：乘坐地铁红线在Thorndale站下车可到
网址：www.hothouse.net
电话：312-7525316

芝加哥公牛队

因为"飞人"迈克尔·乔丹（Michael Jordan），芝加哥公牛队（Chicago Bulls）成了无数球迷心中不可替代的球队。那么来到它的主场，不看一场比赛，岂能甘心呢？

地址：1901 W.Madison St., Chicago
交通：乘坐19、20路公交车在Madison & United Center（1900 W）站下车可到
电话：312-4554000

芝加哥白袜队

20世纪初，芝加哥白袜队（Chicago White Sox）曾有过一段强盛时期，后又因一些问题使得球队名声一落千丈。直到2005年，白袜队在休斯敦客场战胜休斯敦太空人队，夺得大联盟的总冠军，才重新被人们喜爱。来到芝加哥，有机会的话，不妨到其主场看一场比赛吧！

地址：333W.35th St., Chicago
交通：乘坐地铁红线在Sox-35th站下车可到
电话：312-3741000

芝加哥住行攻略

芝加哥是一个人流量比较大的城市，每年来这里寻求发展的人很多，来这里参观的人也很多。这里的住宿和交通都比较便捷，但旅游旺季期间，尤其是住宿地还是要提早预订。

在芝加哥住宿

在芝加哥住宿很方便，从经济型旅馆到五星级酒店应有尽有。不过，夏季旅游旺季时住宿还是稍微紧张，此时的房价也会上涨一些。

1 拉斐尔酒店

拉斐尔酒店（Raffaello Hotel）是一家四星级精品酒店，享有湖泊和天际的美丽景致。该酒店设有酒吧、餐厅、康体中心、礼宾服务、商务中心以及供应免费咖啡的茶点区。酒店客房除了提供基本的无线网络连接，还配备有有线电视、DVD播放机、冰箱、微波炉、咖啡机和迷你吧等设施。宽敞的套房内还设有沙发床。

地址：201 E Delaware Pl., Chicago
交通：乘坐157路公交车在Mies Van Der Rohe & Delaware站下车可到
网址：www.chicagoraffaello.com
参考价格：150美元
电话：312-9435000

2 您好-芝加哥旅舍

您好-芝加哥旅舍（HI-Chicago Hostel）地理位置优越，距离美丽的密歇根湖仅几步之遥，离当地的著名景点、餐厅、购物区和热闹的夜生活场所也只有步行的距离。该旅舍提供舒适而现代的客房。

地址：24 E Congress Pkwy, Chicago
交通：乘坐地铁红线在Harrison站下车步行4分钟可到
网址：www.hiusa.org
参考价格：30美元
电话：312-3600300

3 芝加哥度假旅馆

这家旅馆位于林肯公园附近，距离Fullerton地铁站有数个街区。整个旅馆各处均覆盖免费无线网络连接。旅馆的客房提供笔记本电脑和自行车出租服务，亦提供台球桌、六弦琴和户外烧烤架。旅馆前台还提供打折的博物馆和景点通行证。另外，旅馆还有厨房可供客人使用，每天早晨会供应欧陆式早餐。

地址：616 W Arlington Pl., Chicago
交通：乘坐地铁红线、紫线、棕线在Fullerton站下车步行8分钟可到
网址：www.getawayhostel.com
参考价格：60美元
电话：773-9295380

芝加哥住宿地推荐				
名称	地址	网址	电话	费用
Chicago Getaway Hostel	616 W Arlington Pl., Chicago	www.getawayhostel.com	773-9295380	80美元起
Chicago Parthenon Hostel	310 S Halsted St., Chicago	www.chicagoparthenon hostel.com	312-2581399	70美元起
Urban Holiday Lofts	2014 W Wabansia Ave., Chicago	www.urbanholidaylofts.com	312-5326949	70美元起
达蒙CTA芝加哥 IHSP旅馆	1616 N Damen Ave., Chicago	www.ihspusa.com	312-7314234	50美元起

在芝加哥出行

芝加哥公共交通设施非常齐全，有公交车、地铁等，非常便捷，在芝加哥出行基本不用担心交通问题。

公交车

芝加哥公交车（CTA）在芝加哥市区有170条线路，每隔几个街区就有一个公交车站点，基本上覆盖了整座城市的各个地方，一些线路还24小时运营。其中，60号公交车从市中心密歇根大道经Adams街到火车站、汽车站；10号快车从市中心State街向南顺密歇根湖经菲尔德自然历史博物馆、水族馆，到工业和科学博物馆。你可以从EL站、图书馆、访问中心拿到免费公共交通地图。

地铁

芝加哥市的地铁发达，是最有效、最经济的公共交通之一。地铁线也是按颜色来区分的，非常地清楚易懂。其中，红、蓝2线提供全天候的服务，蓝线连接机场和市中心；而红线则通过市中心将南北方连接起来。

有轨电车和双层观光巴士

有轨电车和双层观光巴士只在芝加哥水塔至阿德勒天文馆之间运行，并且在市内主要景点停靠，十分方便。此外，芝加哥还在特定时间段推出6条免费的观光路线，几乎可至市内所有景点，车体上注明"免费电车"的字样。

从芝加哥至波士顿

从芝加哥到波士顿，有3种方式可以到达。但考虑到时间有限，所以主推乘坐飞机出行。美国国内机票在折扣期间价格非常合适。从芝加哥到波士顿每天都有非常多的航班，用时为3小时10分钟，网上提前预订机票花费约在100美元以内。

如果你的时间比较充裕也可选择自驾车出行，需要耗时15个小时左右。乘坐火车是感受美国北部风光的一种经典体验方式，但是耗时约1天左右，价格在260美元左右。如果你不是专程想体验美国北部风情，一般不建议乘坐火车。

到达波士顿

波士顿是美国最古老、最有文化韵味的城市之一，它所拥有的喜剧俱乐部仅次于纽约和洛杉矶。同时，波士顿作为一个港口城市，是美国革命期间很多重要事件的发生地点，因此设有各种纪念馆，建议一定要用你的双脚去亲自体验一下自由之路。除了文化艺术以及历史，波士顿还拥有哈佛大学以及麻省理工学院这2座著名高校。无论是漫步于知名大学的丛林小道，还是窝在书香四溢的老旧市立图书馆，都是一件非常文艺的事。

如何到市区

从洛根国际机场前往市区

从芝加哥乘坐飞机可到达波士顿的洛根国际机场，该机场位于离波士顿市中心东方6千米处。从机场前往波士顿市区，可以乘坐地铁、机场巴士、水上巴士等交通工具。在机场乘坐地铁蓝线可前往市区，需10～20分钟；机场巴士主要来往于机场及波士顿市主要旅馆之间，7:00～23:00每30分钟发一班车；水上巴士主要航行于机场与市区间，搭乘写有"Water Shuttle"的免费巴士，即可到达水上巴士搭乘处，至波士顿商业区约需7分钟。

从火车站前往市区

波士顿南站位于波士顿市中心大西洋大道和夏季街交界处，是大波士顿地区最大的火车站、长途汽车站和交通枢纽，连接着波士顿与普罗维顿斯、纽黑文和纽约市。

波士顿2日行程

波士顿是一座兼具现代气息和传统风情的城市。它是美国顶尖的金融城市之一，每天都上演着风起云涌的经济传奇；它还被誉为是"美国雅典"，包括哈佛大学在内的一百多所大学在这里扎根；它还在国家历史中扮演重要角色，"波士顿倾茶事件"掀起了美国革命。活力、厚重、激越，是这座城市的特质。

Day 5　波士顿美术博物馆→波士顿公共图书馆→三一教堂

在波士顿的第1天，首先到波士顿美术博物馆欣赏艺术作品，然后到波士顿公共图书馆游览一番，晚上可以到三一教堂参观。

波士顿第1天行程		
时间	目的地	行程安排
9:45~12:00	波士顿美术博物馆	这是一座为了纪念美国建国100年而设立的博物馆，著名建筑师贝聿铭在博物馆的扩建中参与了它的西馆设计。此外，这还是世界上最宏伟的博物馆之一，和法国卢浮宫、美国大都会博物馆的名气旗鼓相当
12:00~14:00	午餐与休息	中午建议在波士顿公共图书馆就餐，这里属于老城区，餐厅比较多
14:00~18:30	波士顿公共图书馆	在建立之初，美国最杰出的天才都被招来建造这座美国最富丽堂皇的建筑，因而被誉为"人民的皇宫"
18:30~22:30	三一教堂	三一教堂位于卡普利广场中央，建于1697年，高达26米的尖塔是其最显著的特征，精致的彩绘玻璃、玫瑰色砂岩的外观、壮丽的拱形铜雕大门以及雄伟的钟塔，这些都曾让它风光一时

▲ 波士顿第1天行程路线示意图

波士顿美术博物馆

　　波士顿美术博物馆（Museum of Fine Arts）建于1876年，是一座为了纪念美国建国100年而设立的博物馆，也是世界上最宏伟的博物馆之一，甚至和法国卢浮宫、美国大都会博物馆齐名。著名建筑师贝聿铭在博物馆的扩建中参与了它的西馆设计。波士顿美术博物馆以收藏中国文物和东亚艺术品闻名于世，藏有中国绘画近5千多幅，还有数不胜数的珍贵陶器和佛像雕塑。中国6世纪的石灰岩雕像、宋代宋徽宗的《五色鹦鹉图》、宋元时期的传世画作等都收藏于此。在这里，你能够饱览中国的瑰丽文化。

旅游资讯

地址：465 Huntington Avenue, Boston, MA 02115

交通：乘坐地铁绿线到Museum of Fine Arts站下车可到；乘坐公交车9、39、9701、9702、9703路到Huntington Ave@Louis Prang St站或Huntington Ave@Forsyth Way站下车可到

网址：www.mfa.org

票价：25美元，65岁以上老人和18岁以上学生23美元，7～17岁青少年10美元，6岁以下儿童和会员免费

开放时间：周一至周二10:00～16:45，周三至周五 10:00～21:45，周六至周日10:00～16:45，元旦节、爱国者日（4月的第三个周一）、独立日（7月4日）、感恩节和圣诞节闭馆

电话：617-2679300

旅友点赞

这里除了收藏来自中国的珍宝，还藏有19世纪法国绘画作品，如印象派作家莫奈的《穿和服的女孩》《睡莲》、塞尚的《坐在红扶手椅的塞尚夫人》、米勒的《播种者》等精美画作，深受人们欢迎。

中午在哪儿吃

中午建议在波士顿公共图书馆附近就餐，这里位于老城区，餐厅比较多。

Sorellina

这家餐厅就在波士顿公共图书馆对面，餐厅没有很奢华装饰，而且不太显眼，但是却很受当地人喜爱。参观完图书馆，你可以到这里体验一下小餐馆的古老魅力。

地址：1 Huntington Ave., Boston, MA

交通：乘坐地铁绿线的B、C、D、E号线到Copley站下车可到

网址：www.sorellinaboston.com

电话：617-4124600

波士顿公共图书馆

波士顿公共图书馆（Boston Public Linrary）在建立时招来了一大批美国最杰出的天才帮忙建造，包括麦克吉姆、米德和怀特、画家约翰·辛格·萨金特，以及雕塑家贝拉·普莱特等，故有"人民的皇宫"的美誉。这座富丽堂皇的建筑虽然已经消退最初的荣耀，但仍然是豪华市政建筑的典范。在这里，你可以找一找萨金特创作的壁画，还可以在意大利式的中心庭院中徜徉一番。

旅游资讯

地址：700 Boylston St Boston, MA 02116

交通：乘坐轻轨绿线地铁至Copley Station站下即到

网址：www.bpl.org

票价：免费

开放时间：周一至周四9:00~21:00，周五、周六9:00~17:00

电话：617-5365400

旅友点赞

　　这座美丽的欧式建筑，是美国最早的免费公众图书馆。图书馆内藏书丰富，并且有季节性的、各种主题的展览。艺术史和美国历史绝本书是这里的镇馆之宝，莎士比亚早期剧作、废奴时期的历史文献也在这里保存。图书馆内有Wi-Fi，还有一个露天的花园，下午去的时候在里面喝一杯咖啡、看一本书也可度过一段美妙的时光。

晚上在哪儿 玩

　　晚上不如就到三一教堂游览一番吧，教堂精美的外观和华丽的内饰一定让你大饱眼福。如果你是基督教徒，还可以在教堂里做祈祷。

三一教堂

　　三一教堂（Trinity Church）位于卡普利广场中央，高达26米的尖塔是其最显著的特征，于1885年被选为美国十大建筑之一，时隔100年后，三一教堂再次入选全美十大建筑之一。教堂中精致的彩绘玻璃、玫瑰色砂岩的外观、壮丽的拱形铜雕大门以及雄伟的钟塔，都曾让它风光一时。

　　教堂里的细致壁画多由美国画家约翰·拉·法尔热创作，该画家将其绘画风格融入教堂内的彩绘玻璃上，使三一教堂成为了理查德·森和法尔热在艺术方面的重要代表作品。

地址：206 Clarendon Street, Boston, MA

交通：乘坐地铁绿线到Copley Station站下即可抵达三一教堂所在的Copley Square

网址：trinitychurchboston.org

门票：5美元

开放时间：主教堂和纪念品商店，每周一、二、四、五11:00~17:00，最后进入时间是16:30；每周三11:00~18:00，最后进入时间是16:45；每周日主教堂开放时间是7:00~21:00，商店开放时间是9:00~18:00

电话：617-5360944

Day 6　哈佛大学→麻省理工学院

在波士顿的第2天，一定要到这里的大学游览一番，感受一下内部浓郁的学术气息。首先要到哈佛大学，下午则到著名的麻省理工学院。如果你晚上不想在大学附近游玩，也可到市区找一家不错的剧院或者酒吧，消遣夜晚的美好时光。

波士顿第2天行程		
时间	目的地	行程安排
9:45～11:45	哈佛大学	哈佛大学是有着全球诺贝尔奖得主最多的大学。历史上，哈佛大学的毕业生中共有8位曾当选为美国总统
12:00～13:45	午餐与休息	午饭建议在2所大学周边选择，这里餐厅的消费较低，菜肴味道好，而且选择更宽泛。
14:00～18:15	麻省理工学院	麻省理工学院是全球高科技和高等研究的先驱领导大学，在美国及全世界都有着非常重要的影响力，被称为是"世界理工大学之最"。来这里最值得一看的就是，它所拥有的各种风格迥异的建筑

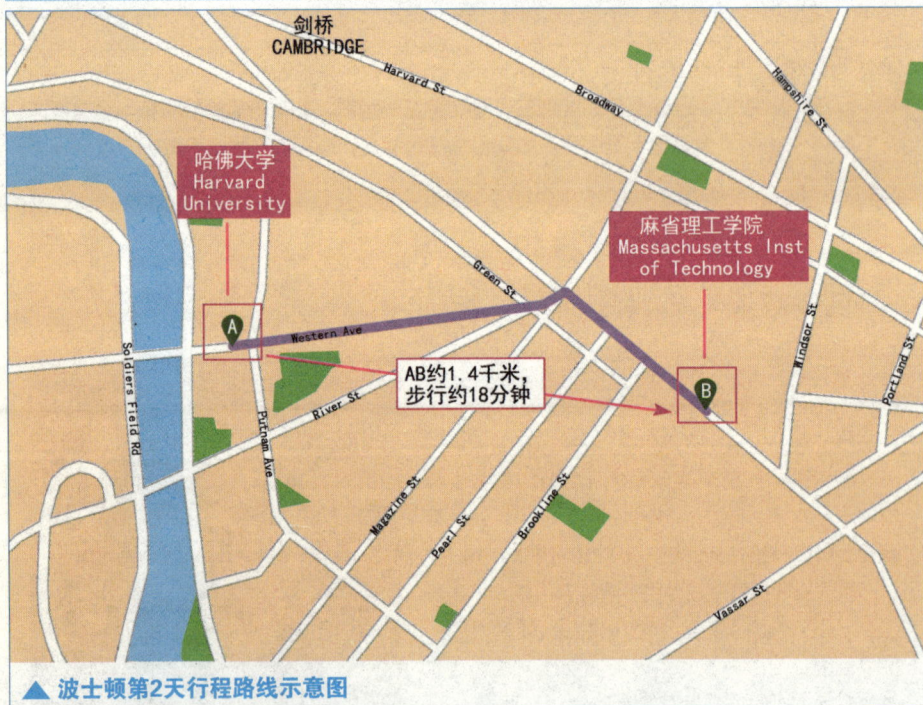

▲ 波士顿第2天行程路线示意图

哈佛大学

坐落在波士顿剑桥镇的哈佛大学（Harvard University），是美国历史最悠久的高等学府，也是一所在世界上享有顶级声誉与影响力的学校，更是有着全球诺贝尔奖得主最多的大学之一。历史上，哈佛大学的毕业生中共有8位曾当选为美国总统，包括奥巴马。此外，中国近代的作家和学者林语堂、梁思成也毕业于此。来到哈佛大学，一定要来参观一下这里的图书馆。其中，Houghton图书馆是对外开放的；而怀德纳图书馆是哈佛大学中最大的一座图书馆，也是全美第二大图书馆，目前该图书馆只对哈佛学生开放。怀德纳图书馆门前的大草坪是历年开学典礼和毕业典礼的举行地，这里也是哈佛园的所在地。

旅游资讯

地址：Smith Campus Center, 1350 Massachusetts Avenue Cambridge, MA 02138

交通：乘坐地铁红线至哈佛广场站下车即可；乘坐公交车1、68、69路至Massachusetts Ave 站下车即可

网址：www.harvard.edu

电话：617-4951000

旅友点赞

在哈佛园的西面就是最有名的约翰·哈佛铜像，这是每位来哈佛参观的人必来的地方。铜像的左脚，因有传说摸了之后会带来好运，而被游客摸得锃亮。

中午在哪儿吃

这两所大学周边有众多的餐厅，而且价格都很实惠，菜肴的味道也不错，建议就在这里享用午餐。

Toscanini's Ice Cream

这家甜品店内主要供应冰激凌、咖啡、茶以及各式甜品等，还可以预订冰激凌蛋糕。自1981年开业至今一直受到当地人的好评，其优异的口味和质量被《纽约时报》称赞为"世界上最好吃的冰激凌"。

地址：899 Main Street,Cambridge

交通：乘坐地铁红线至Central Square Station站下车可到

Russell House Tavern

这家餐厅同样位于哈佛大学旁边，餐厅装修精致而随意，可以在吧台吃饭喝酒，很有味道，非常受学生喜爱。

地址：14 John F. Kennedy St., Cambridge

交通：乘坐地铁红线到Harvard站下车可到

网址：www.russellhousecambridge.com

电话：617-5003055

麻省理工学院

麻省理工学院（简称MIT）是美国一所研究型私立大学，也是全球高等研究的领导大学，在美国及全世界都有着非常重要的影响力。而这所大学也培养出了许多获诺贝尔奖的顶尖人才，更被称为是"世界理工大学之最"。来麻省理工学院最值得一看的，就是它所拥有的各种风格迥异的建筑，毕业于此的建筑大师贝聿铭也为母校设计了很多栋建筑，主楼麦克劳伦大圆顶就是其中的一栋。另外，不得不提的建筑就是计算机科学中心，这座建筑外形以圆筒形与长方形相互交错，颜色鲜明、结构错综复杂，给人一种超时空的现代建筑物的感觉，绝对值得你驻足一看。

旅游资讯

地址：77 Massachusetts Avenue Cambridge, MA 02139 265 Massachusetts Avenue Cambridge, MA 02139

交通：乘坐地铁红线到Kendall/MIT station站下，出站即可到达

网址：web.mit.edu

票价：10美元，18岁以下的学生5美元，65岁以上的老人5美元

开放时间：全天

电话：617-2531000

旅友点赞

麻省理工学院是一个开放式的校园，没有围墙。出了地铁站向西沿着Main路便可来到科学博物馆，博物馆的门面不大，非常朴实而且低调，但里面却别有洞天，展出了麻省理工学院的研究成果。

晚上在哪儿 玩

晚上不如去看一场精彩的艺术表演吧。在"蓝人秀"你几乎不用担心语言障碍，因为这里的表演是以肢体表演为主。

蓝人秀

蓝人秀（The Blue Man Group）是由3位美国人于1987年组合而成，在纽约东村发迹。他们统一涂着厚重的钴蓝色妆，全身着黑衣，并不开口唱歌，以肢体动作表演为主，音乐基本属于摇滚系，加上舞台布景、与观众互动等，构成了妙趣横生的Show，充满了后现代的艺术感和美国式的幽默。表演中会有很多互动，邀请观众上台参与表演。比如蓝人还没有登场之前，舞台旁边的显示屏上会出现一些"调戏"观众的幽默句子，比如会祝某位现场的观众生日快乐，然后号召大家唱生日快乐歌等。表演结束的时候气氛异常热烈，全场观众几乎都会起身舞蹈。

地址：74 Warrenton St., Boston

交通：乘坐地铁橙线到Tufts Medical Center站下车可到

网址：www.blueman.com/boston/about-show

票价：122美元，15人以上可购买团体票，票价50～65美元；8～14人亦可组成"小团"，票价比团体票略贵5美元左右，且对可购买的表演场次有限制

开放时间：每天有1～3场表演不等，一般周五至周五有14:00、17:00、19:30这3场

电话：617-4266912

如果多待一天

波士顿是一个风景非常迷人的城市，也许仅仅2天的安排，你可能会有意犹未尽的感觉。如果你的时间稍微宽裕，可以在波士顿多待1天，那是最好不过了。在这里你可以购物，也可以游览城市风光。

多待一天的游玩

在波士顿多待1天，不妨带上相机和一颗好奇的心，随意漫步于波士顿的大街小巷。这样除了能够享受到慢生活的美妙节奏之外，说不定会遇到一位老人家，他会耐心地跟你讲解那些刻着迷一般文字的路边长椅的故事。

1 波士顿公地公园

波士顿公地公园（Boston Common）是美国历史最久远的公园，也是波士顿市区的核心地带。这个公园是典型的英国式花园，是城市中难得的绿洲。现在这里是波士顿人休闲的理想场所，经常能看到音乐家、表演家、演说者。

地址：Charles St., Boston
交通：乘地铁绿线或红线至Park St.站下可到

2 公园街教堂

公园街教堂（Park St. Church）已有200多年历史，在美国南北战争时期曾被用来存放弹药，也是废奴勇士发表演说的地方。与众不同的是，这座教堂有一个顶尖为八角形的尖塔，和一般的教堂大不一样。

地址：1 Park.&Tremont Sts., Boston
交通：乘坐地铁红线、绿线到Park St.站下车可到
网址：www.parkSt..org
开放时间：周二至周六9:00～15:00；周日10:45、17:30
电话：617-5233383

3 马萨诸塞州议会大厦

马萨诸塞州议会大厦（Massachusetts State House）建于1798年，由美国国会大厦的设计者查尔斯·布尔芬奇设计，所以第一眼看上去还真是有点像国会大厦。其别具一格的大厦金顶长期以来一直是波士顿市的标志。据说，在美国只有当一个州出过3个以上总统的话才有资格让州议会大厦成为金顶。

地址：Bowdoin&Beacon Sts., Boston
交通：乘坐地铁绿线在Park St.站下车，向北步行10分钟可到；或乘坐公交43、55路到Beacon St @ Park St.站下车，向北步行5分钟可到
网址：www.mass.gov
开放时间：周一至周五10:00～16:00（节假日休息）
电话：617-7273676

多待一天的美食

一般来说，波士顿人的早餐以鸡蛋为主打，诸如鸡蛋饼、炒鸡蛋、煮鸡蛋、荷包蛋等。除了鸡蛋做的佳肴、烤豆、印第安布丁和波士顿奶油馅饼外，也有波士顿非常地道的风味美食。此外，海鲜也是你不可错过的美味，除了野生龙虾鲜甜美味的诱惑，蛤肉浓汤也有着让人垂涎欲滴的魔力。

1 Legal Sea Foods

爱吃海鲜的朋友千万不要错过波士顿这家最具人气的海鲜餐馆，在这里可以品尝到当地的杂烩蚌壳浓汤、蒜盐味虾的意大利面以及巧克力冰激凌。

地址：26 Park Square，Boston
交通：乘坐地铁橙线到Tufts Medical Center站下车可到
电话：617-4264444

2 Anthony's Pier4

经常有电影明星、政治家等著名人士光顾这里。在这家餐厅，你可以一边眺望波士顿海湾的美景，一边享用美味的海鲜料理，十分舒适。

地址：140 Northern Ave.，Boston
交通：乘坐地铁红线到South Station下车步行10分钟可到
电话：617-4826262

3 Capital Grille

这家装修精致优雅的餐厅位于街角，经常聚集有各种小资情怀的人士。如果你也被这里的环境所吸引，不妨进去点上一份牛排，细细品尝一下。

地址：259 Newbury St.，Boston
交通：乘坐地铁绿线的B、C、D号线到Hynes Convention Center站下车可到
电话：617-2628900

4 Union Oyster House

这家海鲜餐馆有着悠久的历史，一到周末就会人满为患。推荐品尝这里的清煮龙虾，连龙虾的大钳子里都是饱满的虾肉，吃起来非常美味。

地址：41 Union St.，Boston
交通：乘坐地铁橙线到Haymarket站下车可到
电话：617-2272750

5 Skip Jack's

地址：199 Clarendon St.，Boston
交通：乘坐地铁绿线的B、C、D、E号线到Copley站下车可到
电话：617-5363500

这家餐馆位于三一教堂后面，门口有鱼的招牌，非常好找。这里除了有种类繁多的葡萄酒外，还有美味的寿司和飘着奶香味的面包。到这里就餐的最佳时间是周日，这天的12:00～15:00会有精彩的爵士乐表演，值得一看。

多待一天的购物

波士顿是购物者的天堂。这里不仅商品种类齐全，琳琅满目，而且价格诱人。这里有很多著名的书店，很多新出版的著作都可以折价购得。这里著名的购物场所有伯埃斯顿大街、查尔斯大街、科普利市场、闹市街口、范纳伊尔堂市场、纽伯里大街、昆西市场等。

1 昆西市场

　　来到波士顿，一定要去昆西市场（Quincy Market）凑凑热闹。昆西市场是当地著名的购物场所，紧邻法纳尔大厅，建筑两侧连接着玻璃长廊，市场周围的历史建筑众多，你如果喜欢美国历史，不妨深入研究一番。当然，昆西市场最有名的就是它的购物小摊和店铺了，这里如同一个跳蚤市场，你可以买到很多特色小礼品，水果摊的水果种类丰富，价格也非常便宜。接二连三的餐厅中的各色美食肯定会让你胃口大开，想吃上一顿美式大餐就来昆西市场吧。此外，市场也有很多商铺可以逛逛，例如GAP、COACH、CLARKS等。

地址：4 S Market St., Boston, MA
交通：乘坐地铁橙线和绿线的B、C、D、E号线到Haymarket站下车可到

2 伦瑟姆村

　　伦瑟姆村（Wrentham Village）聚集了全世界顶级品牌产品，让客户在独一无二的室外布置中享受25%~65%的折扣优惠。更是整个新英格兰地区最大的名牌直销中心。其地理位置优越，离波士顿市中心仅35分钟车程。

地址：在波士顿西南约33千米处
交通：在波士顿市中心乘坐Gray Line Bus可到
票价：成人车票40美元；3~11岁孩童22美元，3岁以下免票但无座

多待一天的娱乐

　　在波士顿，你不仅可以欣赏到伦敦西区及百老汇的表演，也可以观赏大批小剧院里上演的或古典或实验性的戏剧，而这里的喜剧俱乐部则仅次于纽约与洛杉矶。这里有着完美音响效果的交响乐厅，有著名的波士顿交响乐团、波士顿流行乐团，还有大量的爵士乐俱乐部。波士顿虽然从来都不是一座疯狂的不夜城，但近年来纷纷涌现的娱乐设施、场所，使其变成热闹的娱乐海洋。

3 自由之路

地址：The Freedom Trail, Boston, MA 02109
交通：乘坐地铁橙线和绿线的B、C、D、E号线到Haymarket站下车，向南走3分钟可到

　　自由之路是波士顿最具历史韵味的一条观光线路，起点是波士顿公园的游客中心，终点为查尔斯河对岸高高耸立的彭加山纪念碑。自由之路比较好认，道路地面是由红色砖块铺成，一路曲折蜿蜒，一直延伸在3千米的街道中。自由之路沿途共有16个景点，一路上还

有很多17世纪和18世纪的房屋、教堂和独立战争遗址，是波士顿历史发展的关键道路，同时也被称作是波士顿的重要景点。路上的景点有波士顿公园、麻省州议会大厦、公园街教堂、谷仓墓地、国王礼拜堂、富兰克林铜像和第一座公立学校——波士顿拉丁学校旧址、老街角书店、旧南区聚会所、旧州议会厅、波士顿大屠杀遗迹、法纳尔大厅和昆西市场等。

2 波士顿海湾

来到邻靠大海的波士顿，怎能不去海湾边上走走。波士顿海湾有大大小小众多岛屿，你可以在昆西市场附近的长码头（Long Wharf）搭乘小船在碧蓝的大海上驰骋，欣赏天水一色的美景。海湾附近停靠着很多捕鲸游艇，你可以开启一场精彩的观鲸之旅。

地址：1 Long Wharf, Boston, MA 02110
交通：乘坐地铁蓝线到Aquarium站下车可到

波士顿住行攻略

波士顿是美国的一座历史之城，同时作为一个学术城市和金融城市，每年来这里的人会很多，因此这里的住宿和交通可以说是非常便捷。但是依然建议尽量避免在旅行旺季和学生开学、放假等时段出行。

在波士顿住宿

在波士顿住宿很方便，从经济型旅馆到五星级酒店都有。不过，夏季旅游旺季时需要提前预约，此时的房价也会上涨一些。

1 波士顿米尔纳酒店

波士顿米尔纳酒店（Milner Hotel Boston Common）建于1877年，距离波士顿公园有不到2个街区，提供免费无线网络连接、24小时前台和每日欧陆式自助早餐。客房中配备了有线电视、咖啡壶和空调。连接浴室中配备了免费洗浴用品和吹风机。

地址：78 Charles St S, Boston
交通：乘坐地铁橙线到Tufts Medical Center站下车步行5分钟可到
网址：www.boston.milner-hotels.com
参考价格：70美元
电话：617-4266220

2 洛伊斯波士顿酒店

历史悠久的洛伊斯波士顿酒店（Loews Boston Hotel）位于前身为波士顿警察局的总部，提供遍布酒店的免费无线网络连接、内部烧烤架和1间酒吧。客房内配备有1台46英寸的平面电视、免费瓶装水、熨烫设施和1张办公桌，这里的酒吧和餐厅提供精美的餐点。

地址：154 Berkeley St., Boston
交通：乘坐地铁橙线到Back Bay Station下车可到
网址：www.loewshotels.com
参考价格：150美元
电话：617-2667200

钱德勒酒店

钱德勒酒店（Chandler Inn Hotel）是一家欧洲风格的精品酒店，位于波士顿市历史悠久的南区，提供带免费无线网络连接的现代化客房。每间客房都配备了平面电视和iPad基座。私人浴室提供步入式大理石淋浴间。为方便客人，客房还配备了办公桌和可以24小时联系前台的电话。餐厅提供美式小酒馆美食、精调鸡尾酒、生啤酒和种类繁多的葡萄酒。晚餐每天供应，而早午餐仅于周末供应。

地址：26 Chandler St., Boston
交通：乘坐地铁橙线到Back Bay Station下车可到
网址：www.chandlerinn.com
电话：617-4823450

波士顿住宿地推荐

名称	地址	网址	电话	费用
The Westin Boston Waterfront	425 Summer St., Boston	www.westinbostonwaterfront.com	617-5324600	100美元起
W Boston	100 Stuart St., Boston	www.wboston.com	617-2618700	70美元起
Harborside Inn	185 State St., Boston	www.harborsideinnboston.com	617-7237500	80美元起
Fairmont Copley Plaza	138 St James Ave., Boston	www.fairmont.com	617-2675300	100美元起

在波士顿出行

波士顿城市非常小，但公共交通设施非常齐全，在波士顿出行基本不用担心交通问题。

地铁

波士顿的地铁不叫"Subway"，而是"T"，在波士顿市内随处可见"T"这个标志。波士顿地铁按照颜色分为红线、蓝线、橙线、绿线4条，车辆外观和月台站牌都是按照颜色区分的，十分容易辨别。是地铁绿线又分为B、C、D、E4种线路，乘坐时需要多加留意。

与其他城市地铁不同的是，在波士顿不使用车票乘坐地铁，而是利用Token这种硬币，你可以在地铁站的摊位买到。大部分分区间的地铁票价为1.25美元，但是乘坐地铁红线在Braintree、Quincy Adams、Quincy Center下车的话则需要支付2.5美元；乘坐地铁绿线D号路线时，Fenway至Reservoir的区间为1.5美元，Chestnut至Riverside区间为3美元。

运营时间：5:00至次日0:50。

地铁线路概况	
线路	概况
红线	共22个车站，从Alewife出发至南段有2条支线，分别是Ashmont和Braintree
蓝线	共12个车站，从Bowdoin到Wonderland
橙线	共19个车站，从Oak Grove到Forest Hills
绿线	西段有4条支线：B线前往波士顿学院，C线前往Cleveland Circle，D线前往Riverside，E线前往Heath St.

巴士

巴士遍布全市，行驶于波士顿市内以及郊外。虽然波士顿的巴士线路和车辆都非常多，但只需要谨记一条即可，那就是前往坎布里奇大学城（Cambridge）的1号线，非常便捷。波士顿市内的入站（Inbound）至出站（Outbound）的一段巴士线路是免费的，其余都是90美分。要到郊外的话，随着距离的增加费用也会增加，乘车时最好向司机询问清楚车费。

波士顿鸭子之旅

这是一种水陆两用车，既能在路面上行驶，也能像船一样行驶于查尔斯河中，专门用于旅游观光。出发地点是Boylston St.侧的旅游信息咨询中心的入口处和科学博物馆。

电话：617-7233825

费用：26美元

运营时间：3月27日至11月27日9:00至日落后1小时

时间改变

时间延长

如果你在美国北部停留的时间比较宽裕，建议在芝加哥游玩之后先到尼亚加拉大瀑布游玩1天，再前往波士顿。尼亚加拉大瀑布是美国非常著名的旅游景点。

去尼亚加拉大瀑布玩1天

尼亚加拉大瀑布

尼亚加拉大瀑布（Niagara Falls）横跨了加拿大与美国的国境线，是世界第一大跨国瀑布，也是世界七大奇景之一，还是美洲大陆最著名的奇景之一，与南美的伊瓜苏瀑布及非洲的维多利亚瀑布合称世界三大瀑布。它以宏伟的气势、丰沛而浩瀚的流水闻名遐迩。无论在瀑布的湖盆底部或其背后深处，还是伫立在巨大的约13层落差的马蹄形峭壁边缘喷雾之中，你都能感受其磅礴之态。

尼亚加拉大瀑布由马蹄形瀑布（Horseshoe Falls）、美国瀑布（American Falls）和新娘面纱瀑布（Bridal Veil Falls）3部分组成。马蹄形瀑布位于加拿大境内，其形如马蹄；美国瀑布在美国境内，由山羊岛隔开；新娘面纱瀑布也在美国境内，由月亮岛与其他两处隔开。

虽然马蹄形瀑布和美国瀑布一个在加拿大，一个在美国，可是两个瀑布都是面向加拿大，在美国境内看到的只是瀑布的侧面，如果要一睹瀑布的真面目，要到加拿大这一边，或者坐船到瀑布底下的尼亚加拉河才能看得清楚。"雾中少女"号游览船或"霍恩布洛尔"游轮可把游客直接带到位于美国一侧的美国瀑布和位于加拿大一侧的马蹄瀑布之前，让人在扑朔迷离的水雾之中领略惊心动魄、涤荡尘嚣的感觉。

旅游资讯

地址：Niagara Falls, NY 14303

交通：在芝加哥乘坐火车到尼亚加拉大瀑布；或在芝加哥乘坐飞机到法罗机场，再租车或坐出租车前往

网址：www.niagaraparks.com

票价：免费，但是体验瀑布之旅则需另外收费

开放时间：全天开放

电话：716-2828992

Tips

暑期是参观瀑布旺季，如果选择这个时间去，建议提前预订，在船上和地下看瀑布一定要穿上雨衣。

冬季注意事项

1.御寒，尼亚加拉地区冬季天气寒冷，且湿气较重，要注意防寒保暖；

2.防滑，尼亚加拉大瀑布飞溅的水花将地面、护栏灯打湿，遇到寒冷的天气会造成结冰现象，冬天去尼亚加拉大瀑布游玩一定要注意防滑，以免摔伤；

3.自驾游的游客要提前做好路线安排，避免因下大雪导致公路不通，影响了行程。

时间缩短

如果你在美国的时间不长，而又想去一个非常特别的地方，且希望体验极限运动，建议你直接前往美国阿拉斯加州。在这片土地上，你可以攀爬北美最高峰——麦金利山；也可以远离城市的喧嚣，感受到最美的极地风光。

去阿拉斯加州玩2天

麦金利山

麦金利山（Mount McKinley）位于阿拉斯加州东南部、阿拉斯加山脉中段，海拔6194米，是美国的最高峰，也是北美洲最高峰。这里的景色极其壮观，是登山爱好者的聚集地。这里大部分地区终年积雪，山间经常浓雾不断，雾气在皑皑白雪中缭绕弥漫时，几百米之外的景物便不可见。麦金利山国家公园是美国仅次于黄石国家公园的第二大公园，这里地处边陲，人烟稀少，气候寒冷，自然风光独特。每当中午，公园景色最为壮丽。

旅游资讯

地址：Mount McKinley, Denali, AK

交通：从芝加哥、旧金山、西雅图等地乘坐飞机到阿拉斯加州的泰德·史蒂文斯安克雷奇国际机场（Ted Stevens Anchorage International Airport），再租车或乘坐出租车前往

旅友点赞

麦金利山区由于受到温暖的太平洋暖流影响，气候比较温和。绿色的森林、雪白的山峰、广阔的冰川，在阳光下相互辉映，风光优美，令人耳目一新。

阿拉斯加动物园

在阿拉斯加动物园（Alaskazoo），你可以看到超过85种的阿拉斯加野生动物，包括白熊、北极熊、棕熊、黑熊、鹿、麋鹿、达尔羊、海獭、狼、狐狸、双峰骆驼、麝牛及狼獾。

旅游资讯

地址：4731 O'Malley RoadAnchorage, AK 99507

交通：从芝加哥、旧金山、西雅图等地乘坐飞机到阿拉斯加州的泰德·史蒂文斯安克雷奇国际机场（Ted Stevens Anchorage International Airport），再租车或乘坐出租车前往（车程约17分钟）

电话：907-3462133

网址：www.alaskazoo.org

北极村

在北纬约65°，距离费尔班克斯约22千米的地方，有一个叫作"北极"的城镇。这个小镇是美国的"圣诞老人之家"，圣诞老人之家是一座白色的平房，外墙上画着色彩鲜艳的各种圣诞故事画，还有五颜六色的彩灯装饰，感觉很像圣诞卡片上跳出来的房子一样。

旅游资讯

地址：North Pole Fairbanks

交通：从芝加哥、旧金山、西雅图等地乘坐飞机到阿拉斯加州的泰德·史蒂文斯安克雷奇国际机场（Ted Stevens Anchorage International Airport），再租车或乘坐出租车前往

自由女神像与帝国大厦

零元游丛书

少花钱✕多体验
✕不走寻常路

1 《零元游日本》
2 《零元游美国》
3 《零元游泰国》
4 《零元游韩国》
5 《零元游澳大利亚》
6 《零元游德国》
7 《零元游东南亚》
8 《零元游俄罗斯》
9 《零元游英国》
10 《零元游加拿大》
11 《零元游欧洲》
12 《零元游中国》

免费

零元游
日本
不用门票也能游遍日本
少花钱✕多体验✕不走寻常路
JAPAN
《亲历者》编辑部 编著

私房日本,150+免费景点大放送
深入地图,探索日本人眼中的精华去处
赠酒店,免费WI-FI,娱乐中心,交通全攻略
中国铁道出版社

一周游丛书

全新升级
★★★

1 《日本一周游》(第2版)
2 《法国一周游》(第2版)
3 《希腊一周游》(第2版)
4 《意大利一周游》(第2版)
5 《西班牙一周游》(第2版)
6 《欧洲一周游》(第2版)
7 《德国一周游》(第2版)
8 《北欧一周游》(第2版)
9 《海外一周游》(第2版)
10 《澳大利亚一周游》(第2版)
11 《美国一周游》(第2版)

行程精确 资讯贴心 双语地图
钱游百挑让你7天玩转日本

日本
一周游
第2版

《亲历者》编辑部 编著

7天游遍日本的完美计划

中国铁道出版社

自驾游丛书

1 《美国自驾 Let's Go》
2 《欧洲自驾 Let's Go》
3 《中国自驾 Let's Go》
4 《加拿大自驾 Let's Go》
5 《澳大利亚自驾 Let's Go》

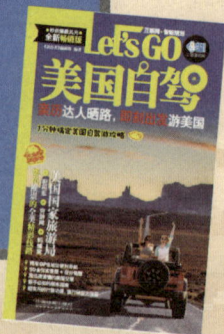

Let's GO
美国自驾
达人晒路,地图带你游美国